Maurice Höfgen

Teuer!

Maurice Höfgen

TEUER!

DIE WAHRHEIT ÜBER INFLATION, IHRE PROFITEURE UND DAS VERSAGEN DER POLITIK

dtv

MIX
Papier | Fördert gute Waldnutzung
FSC® C083411

3. Auflage 2023
Originalausgabe 2023

Umschlaggestaltung und Illustration: unfun.de
Gesetzt aus der Le Monde Livre Std
Satz und Grafiken: Uhl + Massopust, Aalen
Druck und Bindung: CPI books GmbH, Leck
Printed in Germany · ISBN 978-3-423-28327-4

*Für die Inflationsverlierer und diejenigen,
die Politik für die Verlierer machen wollen.*

Inhalt

EINLEITUNG: Sie ist wieder da! 9

1 WENN DIE WIRTSCHAFT FIEBERT –
und der Alltag teurer wird........................... 29

2 GASMANGEL STATT GELDSCHWEMME –
Woher kommt die Inflation? 47

3 ANGST ALS GESCHÄFTSMODELL –
Wie mit Inflation Stimmung gemacht wird............ 108

4 ENERGIERIESEN GEGEN VERBRAUCHER –
Inflation als Verteilungskonflikt..................... 141

5 GELÄHMTE ZENTRALBANK, GEFESSELTE MINISTER –
Wer kann die Inflation bekämpfen?.................. 184

AUSBLICK: Werden wir sie wieder los?................ 220

DANK 230

ANMERKUNGEN.................................... 231

Einleitung: Sie ist wieder da!

Jahrelang war sie weg, keiner hat sie wirklich vermisst, doch 2022 redeten alle über sie. Das ist auch richtig so, denn sie geht uns alle etwas an. Die Rede ist von der Inflation. Einkaufen, heizen, duschen: Der Alltag ist teurer geworden, viel teurer. Viele Menschen sind gezwungen zu verzichten. Die einen auf den Sommerurlaub und Biogurken, die anderen auf warme Wohnräume und volle Kühlschränke. Kein Wunder also, dass die Inflation laut Umfragen wieder zu den größten Sorgen der Deutschen zählt – neben dem schrecklichen Krieg in der Ukraine.

2022 musste mehr als jeder Zweite jeden Cent seines Monatseinkommens verwenden, um den Alltag zu wuppen. Sparen? Nicht mehr möglich. Sich etwas gönnen? Nur mit schlechtem Gewissen. In Deutschland hat jeder Dritte schon vorher kaum nennenswerte Ersparnisse gehabt. Keinen Puffer, auf den man in Krisenzeiten zurückgreifen kann, wenn der Liter Benzin und das Paket Butter plötzlich mehr als zwei Euro kosten; wenn der neue Strom- und Gasvertrag um ein Vielfaches teurer wird; wenn der Betrieb stockt und man in Kurzarbeit ein Drittel seines

Gehaltes verliert. Schon vor der Krise war jeder zehnte Erwachsene in Deutschland überschuldet, konnte also seine laufenden Rechnungen nicht mehr begleichen. Mehr als eine Million Menschen hatten schon vorher Energieschulden, konnten also ihre Strom- oder Heizrechnungen nicht bezahlen. In Hunderttausenden Fällen wurde der Strom abgesperrt. Ein Stapel offener Rechnungen und Mahnungsbriefe, rote Zahlen auf dem Kontoauszug und dann noch Mathelernen mit den Kindern – im Dunkeln. Schon die wirtschaftliche Verwüstungsspur der Corona-Pandemie hat die Armuts- und Überschuldungszahlen 2021 in neue Höhen getrieben. Die Pandemie und ihre Folgen waren noch nicht überwunden, da kam die Inflation zur Unzeit.

Doch vor der Inflation sind wir längst nicht alle gleich. Sie ist kein schwarzes Loch, in das unser aller Geld eingesaugt wird und dann für immer verloren ist. Denn nicht alle werden zwangsläufig ärmer, wenn die Inflationsrate steigt. Das wird häufig übersehen, wenn die Statistiker die neuen Zahlen verkünden. Inflation passiert nicht, Inflation wird gemacht – von Firmen, von Gewerkschaften, vom Staat, von uns allen. Und zwar dann, wenn wir uns darum streiten, wer wie viel vom Kuchen bekommt. Der Kuchen ist unser Wohlstand. In der Marktwirtschaft gilt: Wer mehr Geld hat, kann sich ein größeres Stück vom Kuchen kaufen. Deshalb streiten wir uns alle permanent um Geld. Darum, wie viel wir verdienen, zu welchen Preisen wir kaufen und verkaufen, wie viele Steuern wir zahlen, wer wie viel vom Staat bekommt und so weiter. Das ist völlig normal und gehört zur Marktwirtschaft wie der Topf zum Deckel. Der Streit um den Kuchen ist ein Verteilungskonflikt mit Gewinnern und Verlierern. Arbeitgeber gegen

Arbeitnehmer, Firmen gegen Verbraucher, Staat gegen Privatwirtschaft, Exporteure gegen Importeure. Wer sein Einkommen erhöht, kann ein größeres Stück vom Kuchen ergattern, wer das nicht schafft, muss mit weniger auskommen. Wenn Preise verändert werden, gibt es immer jemanden, der mehr verdient, und jemanden, der mehr bezahlt.

Etwa, wenn Autofahrer an der Tankstelle plötzlich mehr für den Liter Benzin hinlegen müssen. Der Autofahrer zahlt mehr, die Tankstelle verdient mehr. Das ist schlecht für den Autofahrer und gut für die Tankstelle – logisch. Meistens geht der Konflikt aber weiter. Die Tankstelle muss vielleicht auch mehr an den Ölgroßhändler zahlen. Und der Großhändler an die Raffinerie. Und die Raffinerie an den, der das Erdöl fördert. Wer genau Gewinner und Verlierer ist, lässt sich deshalb nicht immer auf den ersten Blick feststellen. In unserem Beispiel sind es die Ölförderer, weil sie das Öl weiterhin günstig aus dem Boden holen, aber teurer verkaufen konnten. Ihr Kuchenstück wird größer, das der Verbraucher kleiner.

Ein anderes Beispiel: Bäcker Lutze erhöht die Preise für seine hellen, runden Brötchen, weil seine Angestellten eine Gehaltserhöhung bekommen haben und die Gaspreise gestiegen sind, seit Putin seine Gaskrake Gazprom im Wirtschaftskrieg gegen Deutschland einsetzt. Oma Erna muss jetzt 50 statt 30 Cent pro Brötchen zahlen. Hier wird eines der einfachsten, aber auch wichtigsten ökonomischen Gesetze deutlich: Die Ausgaben des einen sind immer die Einnahmen eines anderen. Wenn Oma Erna 50 Cent fürs Brötchen zahlt, nimmt Bäcker Lutze 50 Cent ein. Wenn es am Tag vorher noch 30 Cent waren, ist das gut für Bäcker Lutze und schlecht für Oma Erna. Schon allein aus diesem

Grund kann Inflation nicht dazu führen, dass alle ärmer werden. Das wäre unlogisch. Für einen Konflikt braucht es mindestens zwei Parteien. Nicht alle können gleichzeitig und gegeneinander ihre Interessen durchsetzen, auch das verbietet die Logik. Die spannende Frage, wer den Streit um den Kuchen gewinnt und wer dabei verliert, hat außerdem viel mit Macht zu tun. Macht über Preise, Macht über den Markt und Machteinfluss auf die Politik. Darauf kommen wir in Kapitel 4 noch zu sprechen.

Wenn keiner der Streithähne im Gerangel um das größere Stück vom Kuchen nachgeben will, entsteht daraus eine Spirale, die sich immer abwechselnd durch steigende Preise und steigende Löhne stetig selbst befeuert. Diese Spirale meinen Ökonomen, wenn sie von »Inflation« sprechen. Sie, die Spirale, lässt die Preise nämlich dauerhaft und auf breiter Front steigen. Dauerhaft. Und auf breiter Front. Nicht einmalig, nicht nur in gewissen Bereichen. Sie hat auch einen Namen: Lohn-Preis-Spirale. Der eignet sich nicht für skandalträchtige Schlagzeilen, trotzdem wird das Phänomen gefürchtet. Von der Politik und von den Zentralbanken. Beide müssen nämlich dafür sorgen, dass die Lohn-Preis-Spirale idealerweise gar nicht erst entsteht. Und wenn doch, dass sie schnell endet. Politik und Zentralbank spielen Streitschlichter, wenn man so will.

NICHT JEDER PREISANSTIEG IST INFLATION

Ich habe den Begriff »Inflation« bis hierhin also falsch benutzt. Und zwar als Synonym für »gestiegene Preise«. So passiert es auch in Zeitungen, Talkshows, Bundestagsreden und den sozialen Medien. Nur geht dabei eben vieles durcheinander.

Wenn das neue iPhone teurer ist als das alte oder das Schokocroissant von heute auf morgen mehr kostet, sind das Preisanstiege, aber das bedeutet noch lange nicht, dass die Inflation steigt. Das gilt auch, wenn der Ölpreis sich erhöht und Tanken teurer wird. Der Ölpreis ändert sich ohnehin von Tag zu Tag, weil an der Börse ein stabiles Angebot auf schwankende Nachfrage trifft und den Preis Achterbahn fahren lässt. Die Statistiker, die die Inflationsrate bestimmen, kennen das Problem. Denn messen können sie selbstverständlich nur konkrete Ereignisse, also wenn Firmen ihre Waren mit neuen Preisschildern versehen oder Börsenkurse sich ändern. Diese Schwankungen und gestiegenen Preise bildet dann die Inflationsrate ab. Aber darüber, ob die Preisanstiege dauerhaft sind und damit die Definition von »Inflation« erfüllen, sagt die Inflationsrate gar nichts aus. Wenn der Staat Maßnahmen wie einen Tankrabatt oder eine Mehrwertsteuersenkung umsetzt, fällt die Inflationsrate dementsprechend bei der Einführung und steigt bei der Beendigung wieder an. Das staatlich verursachte Auf und Ab der Inflationsrate ist aber keine Inflation im eigentlichen Sinne.

Genauso verhält es sich, wenn Gas teurer wird, weil Russland nicht mehr liefert und es noch keine Alternativen zum Putin-Gas gibt. Die Gasknappheit hat 2022 einen wahren Preisschock ausgelöst. Sprunghaft stieg der Gaspreis in neue Höhen, als der russische Präsident völkerrechtswidrig in die Ukraine einmarschieren ließ. Eine »Inflation« war das allein aber (noch) nicht. Denn für einen *dauerhaften* Preisanstieg hätten Gas und ganz viele weitere Güter immer teurer und teurer werden müssen – ohne einen Weg zurück zu alten, günstigen Preisen. Das war aber nicht der Fall. Schon zwischen Kriegsbeginn und dem endgültigen Abdrehen der Nord-Stream-Pipeline im September 2022 war der Gaspreis immer wieder gefallen. Wer im Oktober an der Börse Gas bestellte, das 2023 bzw. zwei oder drei Jahre später geliefert werden sollte, zahlte deutlich weniger als für eine Lieferung im darauffolgenden Monat. An der Börse rechneten Käufer und Verkäufer also damit, dass die Knappheit beim Gas in den nächsten Jahren nicht mehr so akut sein würde wie im Oktober 2022. Das bedeutet, dass der Gaspreis in Zukunft wahrscheinlich wieder fällt und damit alles wieder günstiger wird, was mit viel Gas produziert wird, zum Beispiel Fensterglas, Dünger oder Brötchen. Vom Gaspreis selbst geht also keine sich selbst verstärkende Dynamik aus, die die Inflationsrate Jahr für Jahr neu antreibt.

Wenn wir genug Gas aus anderen Ländern bekommen, kann der Putin-Preisschock nach und nach wieder verschwinden. Zumindest zum größten Teil. Nach und nach, weil die hohen Börsenpreise erst mit einer gewissen Verzögerung bei den Versorgern ankommen und mit noch mehr Verzögerung dann auf der Nebenkostenabrechnung der Haushalte abgebildet werden. Auch wer günstige Verträge mit langen Laufzeiten abgeschlossen hat, kann sich also vor Preisanstiegen schützen. Was beim Gehalt im Arbeitsvertrag von Nachteil ist, weil das in der Regel nicht von heute auf morgen angepasst werden kann, ist beim Vertrag mit dem Gasversorger von Vorteil.

Warum verschwindet der Preisschock nur zum großen Teil und nicht vollständig? Weil Flüssiggas aus den USA, Aserbaidschan, den Vereinigten Arabischen Emiraten oder Algerien teurer sein wird als das günstige Erdgas aus den Gazprom-Pipelines. Und obendrein auch schlechter für Umwelt und Klima.

Die Gewinner der hohen Energiepreise sitzen übrigens meist im Ausland. In Saudi-Arabien, Katar, den USA, Norwegen – und Russland. Bis zu Putins Lieferstopp und der Sabotage an den Nord-Stream-Pipelines hat Gazprom mit der Förderung von Erdgas Rekordgewinne verbucht. Allein im ersten Halbjahr 2022 verdiente der Konzern fast 42 Milliarden Euro. Zum Vergleich: Im ganzen Jahr 2021 waren es nur rund 27,5 Milliarden Euro. Noch beeindruckender sind nur die Zahlen vom weltweit größten Ölförderer, Saudi Aramco. Der saudische Staatskonzern hatte kaum höhere Förderkosten als 2021, konnte aber 2022 mit den gestiegenen Börsenpreisen jeden geförderten Liter Öl zu deutlich höheren Preisen verkaufen. Der Gewinn verdoppelte sich daraufhin im ersten Halbjahr nahezu – auf satte 88 Milliarden Dollar. Während der größte deutsche Importeur von Putin-Gas Uniper fast pleiteging und vom Staat gerettet werden musste, legten Ölraffinerien die höheren Rohölpreise auf die Tankstellen und die wiederum auf die Autofahrer um. Die Autofahrer wurden zu den Verlierern. An der Zapfsäule konnten sie nichts dagegen machen, mit niemandem die Preise verhandeln. Wohl aber bei ihrem

Arbeitgeber mehr Gehalt oder von der Politik mehr Entlastungen fordern. So löste der Energiepreisschock die Sorge um eine inflationäre Lohn-Preis-Spirale aus, und eine bundesweite Debatte um Entlastungsmaßnahmen der Politik begann.

STREITSCHLICHTER GESUCHT

In der Debatte wurden alte ökonomische Glaubenssätze infrage gestellt, plötzlich riefen selbst bis ins Mark überzeugte Liberale nach staatlichen Eingriffen. So etwa der Präsident der Arbeitgeberverbände, Rainer Dulger, auf einer Pressekonferenz mit Bundeskanzler Olaf Scholz und der Präsidentin des Deutschen Gewerkschaftsbundes, Yasmin Fahimi. Anlass war die vom Kanzler ins Leben gerufene konzertierte Aktion gegen steigende Preise, bei der sich die Teilnehmer darauf einigten, die Preise für Strom und Gas zu deckeln. Den Arbeitgebern sei bewusst, dass man sich hierbei von »marktwirtschaftlichen Prinzipien« trenne, so Dulger, »aber in der jetzigen Situation müssen wir das Notwendige und Mögliche tun, damit das Land weiter stabil bleibt«.[1]

Dieser Satz ging in der Presse damals etwas unter, war aber eine echte Zäsur. Dass der Staat dem Markt Preise vorschreibt, war bis dato nämlich verpönt. Man erinnere sich an den Aufschrei der Arbeitgeber, als 2015 der Mindestlohn von 8,50 Euro pro Stunde eingeführt wurde. Der Vorgänger von Arbeitgeberpräsident Dulger, Ingo Kramer, bekämpfte die Einführung des Mindestlohns mit harten Bandagen. Seine Überzeugung: »Gemeinsam wissen wir [die Tarifpartner] am besten, was betrieblich machbar ist und was nicht. Politiker sind da verdammt weit weg.«[2] Im Klartext: Der Markt regele das schon, der Staat solle sich raushalten. Dulgers Forderung nach staatlichen Eingriffen in die Strom- und Gaspreise war deshalb bemerkenswert. Der Satz gehört in das Museum deutscher Wirtschaftsgeschichte.

Der Staat war bei dem Preisschock 2022 ohnehin viel gefragt. Aus allen politischen Ecken kamen Forderungen, die von ihm verlangten, Geld auszugeben, Steuern zu senken oder Spielregeln zu verändern. Für ein 9-Euro-Ticket, für mehr Kindergeld, für schwimmende LNG-Terminals, für die Übernahme von Uniper oder den treuhänderischen Staatseinstieg bei Rosneft, für den Tankrabatt, für Umsatzsteuersenkungen, für die Abschaffung der EEG-Umlage, für vollere Gasspeicher, für schnelleren Windkraft-Ausbau, für die Bepreisung von CO_2-Emissionen und so weiter. Mit der Aufzählung ließen sich mehrere Seiten füllen. Kurzum: Der Staat hat verdammt viel gemacht. Nicht alles allein wegen steigender Preise, sondern auch wegen der Folgen von Putins Überfall auf die Ukraine und des daraus resultierenden Wirtschaftskriegs zwischen Russland und dem Westen. Und wegen der Gefahr, dass Deutschland das Gas ausgehen könnte.

Krisen sind ein Fenster in die Schaltzentrale der Wirtschaft. Wer Wirtschafts- oder Finanzminister ist, sitzt dort an langen Hebeln. Gerade wenn es um Preise geht, wird der Einfluss des Staates häufig unterschätzt. Ein Fehler! Denn es gibt keinen anderen Akteur, der einen größeren

Einfluss nehmen könnte. Manche Hebel sind für jedermann sofort erkennbar, etwa wenn der Staat mit einem Tankrabatt die Preise an der Zapfsäule senkt oder die EEG-Umlage von der Stromrechnung streicht. Da sieht man die Veränderung eben schwarz auf weiß. Andere Hebel erkennt man nicht sofort. Etwa wenn die politischen Spielregeln so ausgestaltet sind, dass eine Handvoll großer Mineralölkonzerne den deutschen Ölmarkt dominieren und dadurch mitten in der Krise die Preise anheben kann, um Rekordgewinne einzufahren – und das Kartellamt seinem Job als Schiedsrichter nicht gerecht wird. Hier nimmt der Staat, anders als beim Tankrabatt, nur indirekt Einfluss auf die Preise, eben über Wettbewerbsgesetze und das Kartellamt. Oder wenn Kohleausstieg und Investitionsstau bei Erneuerbarer Energie dazu führen, dass auch in der Krise noch das knappe, teure Gas für die Stromerzeugung gebraucht wird und damit die Strompreise in ungeahnte Höhen katapultiert werden. Auch hier: ein deutlicher, aber indirekter Einfluss. Oder wenn die Erhebung der Mehrwertsteuer jeden Preisanstieg noch zusätzlich verstärkt, weil die Steuer immer am Ende prozentual auf den Produktpreis aufgeschlagen wird und dadurch in Euro gerechnet steigt. 7 Prozent Steuer auf 2,50 Euro pro Paket Butter sind eben mehr als 7 Prozent auf 1,80 Euro.

Finanzminister Christian Lindner will endlich wieder ein Tempolimit in der Schaltzentrale etablieren. Natürlich nicht für Autobahnen, nichts läge ihm ferner, sondern für Staatsschulden. Immer und immer wieder betonte er in der Inflationsdebatte, dass neue Staatsschulden wie Benzin auf explodierende Preise wirkten. Die Schuldenbremse wiederum sei deshalb eine Inflationsbremse. Anders gesagt: Christian Lindner will den Preisschock wegsparen. Dafür nimmt er sogar in Kauf, dass Jobs verloren und Firmen pleitegehen. »Natürlich ist Inflationsbekämpfung immer verbunden mit einer befristeten wirtschaftlichen Abkühlung. Aber das ist eben der Preis, diese Inflation zu stoppen«, so Lindner in der »Tagesschau«.[3] Das ist ein schlechter Plan. Und einer, der zeigt, wie wichtig die richtige Diagnose ist. Christian Lindner unterscheidet nicht zwischen Preisschock und Inflation.

Ein staatliches Sparprogramm kann vielleicht helfen, wenn die Wirtschaft brummt und überhitzt, wenn die Auftragsbücher überall gut gefüllt sind, Vollbeschäftigung herrscht, jeder Beschäftigte mehrere Jobs zur Auswahl hat und Gewerkschaften auf breiter Front massive Lohnsteigerungen durchboxen. Das ist nämlich die klassische Inflation, bei der die Firmen mit dem Produzieren kaum hinterherkommen und die Löhne die Preise treiben. Lindners Sparplan würde eine solche Wirtschaft ausbremsen und damit Druck von Preisen und Löhnen nehmen. Es gibt nur ein Problem: In dieser Situation waren und sind wir nicht.

Denn spätestens im Herbst 2022 kippte die Stimmung, nahezu alle Wirtschaftsinstitute schlugen Alarm: Deutschland rollt auf eine Krise zu! Die Auftragseingänge in der Industrie waren gesunken, die Konsumstimmung war auf einem Rekordtief, die Umsätze im Einzelhandel waren zurückgegangen – alle Zeichen standen auf Wirtschaftskrise. Kein Wunder, denn die deutsche Wirtschaft erlebte einen »Sandwichschock«. Von der einen Seite drückten die steigenden Energiekosten und die Sorge vor einem Gasmangel, was die Produktionskosten nach oben trieb und langfristige Planungen auf den Kopf stellte; von der anderen

Seite drohte die Nachfrage einzubrechen, weil die Verbraucher ihre Kaufkraft zunehmend an der Tankstelle, beim Versorger und im Supermarkt lassen mussten. Anders gesagt: Steigende Kosten trafen auf sinkende Nachfrage. Eine Albtraum-Kombination für Firmen.

Die Entlastungspakete der Ampel waren deshalb nicht nur wichtig, um die Folgen der Krise bei den Ärmsten abzufedern, sondern auch, um den Sandwichschock für die Wirtschaft zu dämpfen. Die Entlastungen haben Kosten gesenkt und die Nachfrage gerettet. Beides war extrem wichtig, um Unternehmen davor zu bewahren, vom Sandwichschock erdrückt zu werden und eine mögliche Pleitewelle zu verhindern.

Wenn der Staat in so einer Situation auch noch mithilfe einer Sparpolitik auf die Bremse steigt, wird es nur noch schlimmer. Eine unkontrollierte Pleitewelle, ausgelöst, weil dem Friseur, dem Bäcker und dem Kinobetreiber die Kunden wegbrechen, ist keine Erfolg versprechende Strategie fürs Gassparen. Klar, theoretisch kann man sagen: Wenn Läden dichtmachen, wird dort immerhin kein Wasser, kein Strom und keine sonstige Energie verbraucht. Der Friseurbetrieb zum Beispiel ist aber nun wahrlich kein Energiefresser. Ähnlich wie viele andere Dienstleister auch nicht. Wenn diese Läden verschwinden, wird es leer und dunkel in den Innenstädten. Für die Kunden bricht die Nahversorgung weg, für die Angestellten Job und Einkommen, für den Eigentümer die wirtschaftliche Existenz, für den Vermieter das Mieteinkommen, für die Wirtschaft als Ganzes ein kleines Stückchen Wohlstand, für alle Betroffenen ein großes Stückchen Vertrauen in die Politik. Und das ist erst recht problematisch, nachdem die Corona-Krise bereits eine ungerechte Schneise der Verwüstung bei Dienstleistern, bei kleinen Selbstständigen und bei Malochern mit bescheidenem Einkommen hinterlassen hat. Gas hingegen wird nicht in nennenswertem Umfang gespart. Die Kosten sind groß, der Nutzen klein.

KÖNNEN DIE TECHNOKRATEN ES RICHTEN?

Große Kosten, kleiner Nutzen – das gilt auch für die Strategie, die Zentralbanken seit dem Sommer 2022 verfolgen. Die Europäische Zentralbank (EU), die Bank of England (Großbritannien) und die Federal Reserve (USA) liefern sich einen Wettlauf darum, wer die Zinsen am schnellsten anheben kann. Alle drei sind nämlich für stabile Preise zuständig. So sehen es die für die Zentralbank gemachten Gesetze vor. Die meisten Ökonomen und Politiker sind bis heute überzeugt, dass das eine gute Idee ist und die Zentralbanken also die richtigen Werkzeuge gegen die Inflation haben.

Dabei wirken die Zentralbanken seit Jahren so, als seien sie mit ihrer Aufgabe heillos überfordert, allen voran die europäische. Nach der Eurokrise rund ums Jahr 2010 versuchte sie alles, um die Wirtschaft in Gang zu bringen und die Inflationsrate auf das erklärte Ziel von 2 Prozent zu hieven. Sie senkte die Zinsen bis auf null, berechnete den Banken sogar Minuszinsen für ihre Einlagen bei der Zentralbank und kaufte Staatsanleihen in Billionenhöhe. Mit anderen Worten: Sie ging *all in*, sie tat alles, was in ihrer

Macht stand – und scheiterte. Schließlich lag die Inflationsrate ab 2012 fast immer deutlich unter der Zielmarke von 2 Prozent, wie die Grafik unten zeigt. 2015, 2016 und 2020 kratzte die Rate sogar an der Nullprozentgrenze zur Deflation. Warum, dazu werden wir noch kommen.

Inflationsrate in der Eurozone Veränderung zum Vorjahresmonat in %

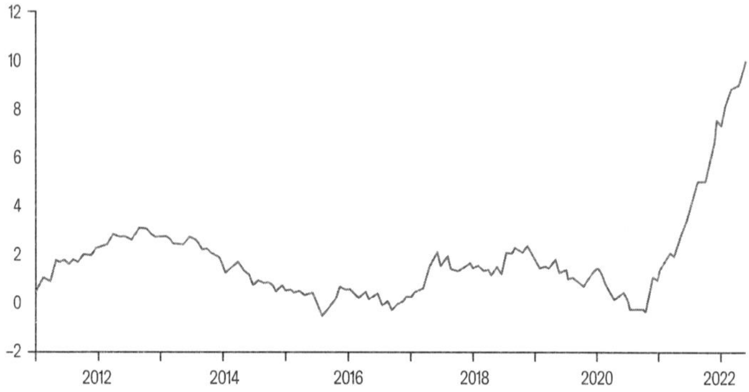

Eurostat, 2022

Heute ist die Aufgabe eine andere, ungleich schwierigere, nämlich, die Inflationsrate zu senken, statt sie zu erhöhen. Der Plan der Zentralbank ist dabei folgender: Geld »teuer machen«. Denn wenn die Zentralbank die Zinsen anhebt, müssen Banken Kredite »teurer machen«, verlangen also auch höhere Zinsen von ihren Kunden. Teurere Kredite aber erschweren Firmen, ihre geplanten Investitionen zu finanzieren. Die Anschaffung neuer Maschinen, der Bau von neuen Produktionshallen und solche Investitionen, die mit niedrigen Finanzierungskosten gerechnet wurden, müssen dann erst einmal verschoben werden. Weil sie sich nicht mehr rechnen oder zu riskant sind, wenn die Wirtschaft stottert. Eigentlich alle Investitionen, die nicht gerade unvermeidlich sind, werden somit erschwert. Und damit eben auch Investitionen in effizientere und grünere Energieversorgung, obwohl es genau die angesichts von Energie- und Klimakrise dringender denn je bräuchte.

Auch der Staat muss nach Zinserhöhungen der Zentralbank mehr Zinsen zahlen, wenn er Anleihen verkauft. Das führt wegen der Schuldenbremse zu Spardruck, denn sie begrenzt, wie viel mehr der Staat ausgeben darf, als er über Steuern einnimmt. Als Folge legt die Regierung vielleicht geplante öffentliche Investitionen auf Eis oder kürzt Sozialleistungen, um Geld einzusparen und die Schuldenbremse einzuhalten.

Ob bei den Firmen oder beim Staat, die Zentralbank will mit der Erhöhung der Zinsen bewirken, dass weniger Geld ausgegeben wird. In der Wirtschaft sorgt das nicht für Hochstimmung. Denn wenn gespart und weniger investiert wird, laufen die Geschäfte schlechter, Menschen verlieren ihren Job und ihr Einkommen, die Wirtschaft wird ausgebremst. Dieses Ausbremsen wiederum soll Firmen dazu bringen, ihre Preise zu senken, und Gewerkschaften davon abhalten, höhere Löhne zu fordern. Im Grunde wirkt das so ähnlich wie Lindners Sparplan, beides zielt darauf ab, die Nachfrage zu dämpfen, würgt aber gleichzeitig die Wirtschaft unkontrolliert ab. Auch hier stellt sich die Frage: Wie soll knappes Gas, Preistreiber Nr. 1, dadurch günstiger werden?

Darauf hat die Zentralbank keine vernünftige Antwort. Joachim Nagel, Präsident der Bundesbank, der für

Deutschland im Entscheidungsgremium der Europäischen Zentralbank (EZB) sitzt, sieht das selbst ein, wenn er sagt: »Wir haben einen Energiepreisschock, an dessen Wirkung wir kurzfristig nicht viel ändern können.«[4] Bei der EZB hofft man derweil auf Küchenpsychologie. Wenn nur alle Arbeitgeber und Arbeitnehmer der EZB zutrauen, dass die Inflationsrate mithilfe hoher Zinsen fällt, werden sie auf hohe Lohnsteigerungen und Preisanpassungen verzichten, so die Hoffnung. Mehr zu dieser Prophezeiung, die sich selbst erfüllen soll, später. Es zeigt sich jedenfalls – so viel sei schon jetzt verraten –, dass die Zentralbank mit ihrer Aufgabe überfordert ist. Sie hat lediglich den Zinshammer in ihrem Werkzeugköfferchen und nutzt ihn, um eben *irgendwas* gemacht zu haben. Doch der Aktionismus hat ungemütliche Nebenwirkungen. Für die Firmen, die deshalb pleitegehen; für die Malocher, die deshalb ihren Job verlieren und in (Energie-)Armut rutschen; für die Häuslebauer, die Probleme mit ihrer Anschlussfinanzierung bekommen; und für die Banken, bei denen Kredite ausfallen. Die Nebenwirkungen redet Nagel klein. Das sei eben eine »Durststrecke«, die es zu überwinden gelte.[5] Am Ende seien stabile Preise wichtiger, ein kurzzeitiger Wirtschaftseinbruch kann in Kauf genommen werden, so Nagels Überzeugung. Am Ende droht das Szenario *Operation gelungen, Patient tot*.

Am Rande: Im selben Interview, in dem Nagel zu Protokoll gibt, dass die EZB gegen den Energiepreisschock machtlos sei, aber trotzdem die Zinsen anhebe, wird er von den SZ-Journalisten gefragt, ob er zu Hause und in seinem Büro noch heize oder im Winter einen dicken Pulli tragen werde. Nagel beteuert, zu Hause sparsam zu heizen und auch im Bundesbank-Gebäude das Thermometer maximal auf 19 Grad zu stellen. »Ein dicker Pulli liegt bisher noch nicht in meinem Büro. Den werde ich mir aber demnächst mitbringen«, fügt er hinzu. Die Botschaft: Ich bin einer von euch. Das ist aus zwei Gründen zynisch. Erstens, weil er als Präsident der Bundesbank 484 762,78 Euro im Jahr verdient.[6] Der Preisschock geht an ihm komplett vorbei, höhere Zahlen auf seiner Nebenkostenabrechnung müssen ihn schlicht nicht interessieren. Und zweitens, weil er dafür verantwortlich ist, dass Tausende Menschen durch die Zinserhöhungen ihren Job verlieren. »Wir werden vorübergehend sicher einen Anstieg der Arbeitslosigkeit sehen«, gesteht er selbst im Interview, als ginge es nur um Zahlen, nicht um Existenzen und Abstiegsangst. In dem Licht betrachtet ist seine Botschaft heuchlerisch – erst recht, wenn man bedenkt, dass er auf Vorschlag der Sozialdemokraten zum Präsidenten ernannt wurde.

Ohnehin ist das, was eine Zentralbank darstellt, macht und machen kann, sehr weit weg von denen, die Deutschland mit ihrer täglichen harten Arbeit am Laufen halten. Dass die Zentralbank mit höheren Zinsen für mehr Arbeitslose und weniger Lohnzuwachs sorgen will, ist den wenigsten bewusst. Selbst denen, die sich politisch interessieren, abends die »Tagesschau« einschalten und beim Pendeln zur Arbeit die Nachrichten im Radio verfolgen. Aber es ist ein Problem, dass sich die Technokraten in den Streit um die Verteilung des Kuchens mächtig einmischen. Die Zinserhöhungen werden zum Nachteil derer umgesetzt, die den Preisschock mit kleinem Geldbeutel zu wuppen haben.

Schnell wird klar: Im Vergleich zu einer klassischen Inflation ist der Energiepreisschock verdammt kompliziert für die Politik. Aus Reflex zu den alten Hebeln zu greifen, kann gefährlich werden, etwa wenn Christian Lindner mit Sparmaßnahmen oder die Zentralbank mit Zinserhöhungen riskieren, die Wirtschaft auf Talfahrt zu schicken. Vielleicht wird es Zeit, einzusehen, dass die EZB seit zehn Jahren mit ihrer Aufgabe überfordert ist? Vielleicht sollte man überlegen, ihr die Verantwortung für die Inflationsrate abzunehmen, und sie lieber der Politik übergeben? Schließlich haben Finanz-, Wirtschafts- und Arbeitsministerien viel mehr Einfluss auf die Wirtschaft als die Zentralbank.

Wenn es kompliziert wird für die Politik, haben »Vereinfacher« und Scharlatane Konjunktur. So war es während der Hochphase der Corona-Pandemie, so ist es auch beim Thema Inflation. Da gibt es zum Beispiel die sogenannten Crashpropheten, die seit Jahren davor warnen, dass Niedrigzinsen, Gelddrucken und Schuldenmachen die Wirtschaft kollabieren lasse und mühsam Erspartes vernichtet werde. Irgendwann. Nicht selten bieten die Propheten eigene Finanzprodukte und Vermögensberatungen an – gerne auch Provision bringende Werbelinks zu Kryptobörsen – und werden dabei blind für ihren eigenen Interessenkonflikt. Der besteht darin, dass Gruselgeschichten über Finanzcrashs die Leute dazu bewegen, die Fonds und Beratungen der Crashpropheten zu kaufen. Oder auch dazu, bei Bitcoin oder anderen Krypto-»Währungen« einzusteigen, die die Crashpropheten hypen – und damit deren Kurse in die Höhe treiben. *Angst sells* ist das Motto. Wem finanzieller Verbraucherschutz am Herzen liegt, dem stellen sich die Nackenhaare auf.

Außerdem nutzen die Crashpropheten die Krise als Beleg für ihre Untergangsvorhersagen. »Seht nur, wir haben es euch immer gesagt, irgendwann kommt der Crash.« Zweistellige Inflationsraten seien jetzt die Quittung für zu viel Gelddrucken und zu viele Schulden. Dass es eine Corona-Pandemie und einen Krieg brauchte, um die Inflationsrate zweistellig werden zu lassen, spielt keine Rolle. Wenn überhaupt, sei das nur der Tropfen, der das Schuldenfass zum Überlaufen gebracht habe. Schuld sei der Staat, so viel sei sicher. Vor solchen Vereinfachern, die *Angst* und *Crash* als Geschäftsmodell betreiben, sei an dieser Stelle eindringlich gewarnt.

Mit zu viel Geld, das in Umlauf gebracht wird, oder zu vielen Staatsschulden haben weder Preisschock noch Inflation wirklich etwas zu tun, wie wir noch sehen werden. Im Gegenteil: Gegen den Energiepreisschock würde es sogar helfen, wenn der Staat mehr Geld ausgäbe. Um Entlastungen zu zahlen, LNG-Terminals zu bauen (was auch bereits getan wird), Solarpaneele zu installieren und die Nutzung der Windkraft auszubauen (hier herrscht noch Nachholbedarf). Das machte Deutschland nämlich unabhängiger von teurer fossiler Energie – und senkte die Preise.

Schon dieser erste Blick auf die Themen, die wir im Laufe des Buches näher betrachten werden, zeigt: Inflation ist komplex. Wir werden viele Steine umdrehen müssen, um sie zu verstehen. Und wir kommen nicht umhin, uns vielen, teilweise weit verbreiteten Missverständnissen zu stellen. Ich kann versprechen, dass jeder, der das Buch gelesen hat, danach in Talkshows zum Thema mitdiskutieren könnte und in Zukunft weder leeren Floskeln des Finanzministers noch Crashpropheten im Internet auf den Leim gehen wird.

1

Wenn die Wirtschaft fiebert – und der Alltag teurer wird

Über Inflation wird oft gesprochen, als wäre sie eine Krankheit. Das Symptom: Die Preise steigen wie Fieber bei einer Grippe. Um aber die Ursache herauszufinden, braucht es die richtige Diagnose. Schließlich behandelt man – wie wir mittlerweile alle wissen – eine Corona-Infektion auch nicht wie eine Wintergrippe. Der Arzt benötigt die richtige Diagnose, um die richtige Medizin verschreiben und eine Therapie anordnen zu können. Die Politik braucht ebenfalls die richtige Diagnose, um die Inflation einzudämmen – und sie am besten in Zukunft zu verhindern.

Die Profis vom Statistischen Bundesamt setzen jeden Monat das Fieberthermometer an und messen die Temperatur, also die Inflationsrate. Ist diese erhöht, hat die Wirtschaft Fieber. Was die Ursache ist, lässt sich daran allerdings noch nicht ablesen.

FIEBERMESSEN, ABER KOMPLIZIERT

Im Vergleich zum wirklichen Fiebermessen ist der Job der Statistiker leider sehr viel komplizierter. Sie messen an jedem Monatsende das Preisniveau und vergleichen es mit dem Wert des vorangegangenen Jahres. Eine Inflationsrate von 10 Prozent bedeutet, dass die Preise heute 10 Prozent höher sind als vor einem Jahr. Die Komplikationen fangen jedoch schon bei der Frage an, was »das Preisniveau« eigentlich ist. Denn dahinter steckt die abstrakte Idee, alle Preise, die es am Tag der Messung in ganz Deutschland gibt, in einem Wert abzubilden. Beobachten oder ablesen lässt sich »das Preisniveau« natürlich nicht. Außerdem können die Statistiker gar nicht alle Preise kennen. Wenn Bäcker Lutze neue Preisschilder an die Rosinenschnecken macht, bekommen die Statistiker das selbstverständlich gar nicht mit.

Das Preisniveau muss dennoch irgendwie berechnet werden. Genau das machen die Statistiker mit dem sogenannten Verbraucherpreisindex, kurz VPI. Der soll die durchschnittliche Preisentwicklung aller Waren und Dienstleistungen messen, die in Deutschland verbraucht werden. Dafür legen die Statistiker einen Warenkorb fest, der 650 Güterarten umfasst. Darin enthalten sind Lebensmittel, Kleidung, Möbel, Tickets für Kino und ÖPNV, Bücher, Mieten, Kraftstoffe, Heizkosten, Strom und so weiter. Alle Güter werden dann noch einmal so gewichtet, dass sie den Verbrauch eines durchschnittlichen Haushalts in Deutschland abbilden. Dafür machen die Statistischen Landesämter alle fünf Jahre die sogenannte Einkommens-

und Verbrauchsstichprobe. Rund 60 000 Teilnehmer zeichnen einige Monate lang freiwillig ihre Einnahmen und Ausgaben auf. Daraus kann anschließend errechnet werden, wie viel deutsche Haushalte im Schnitt wofür ausgeben. Ausgaben für Nahrungsmittel machen zum Beispiel in der aktuellen Gewichtung knapp 10 Prozent aus, Tabak und Alkohol 4 Prozent, Kleidung 5 Prozent, Verkehr 7 Prozent, Möbel und Haushaltsgeräte 5 Prozent, Bildung 9 Prozent, Gesundheit 5 Prozent, Kultur 11 Prozent, Restaurants und Hotels 5 Prozent, Mieten 20 Prozent und Energie rund 13 Prozent.

Für die Messung werden jeden Monat von den Statistikämtern mehr als 300 000 Einzelpreise erhoben, manche einfach aus dem Internet, andere aber auch aufwendig vor Ort in ausgewählten Geschäften. Heraus kommt ein Index, der sich mit alten Messungen vergleichen lässt. Die Differenz zum Vorjahr ist die Inflationsrate.

DIE TOTEN WINKEL DER STATISTIK

So gut der Index als pragmatische Vergleichsgröße ist, so anfällig ist er für statistische Verzerrungen – und Fehlinterpretationen. Manche können wir vernachlässigen, andere müssen wir auf dem Schirm haben. Der Arzt weiß schließlich auch, dass das Fieberthermometer nach einem Saunagang unbrauchbare Werte anzeigt. Die Inflationsrate wird in vielen Verträgen mit Wertsicherungsklauseln genutzt, zum Beispiel bei sogenannten Indexmietverträgen, bei denen der Vermieter jedes Jahr die Miete um die Inflationsrate erhöht. Deswegen muss der Index verlässlich und belastbar sein.

Zu vernachlässigen sind kleinere Messfehler durch Qualitätsunterschiede, wenn etwa das neueste Smartphone, die neueste Spielekonsole oder das neueste Autofabrikat teurer, aber eben auch besser als die Vorgänger sind. Solche technischen Verbesserungen versucht man herauszufiltern und zu bereinigen. Nicht immer ist das aber so offensichtlich wie beim neuen iPhone, deshalb gehen Details hin und wieder unter. Viel ändern an der Aussagekraft dürften diese kleineren Ungenauigkeiten aber nicht. Anders sieht es bei diesen drei Variablen aus: Konjunktur, Steueränderungen und Preissprünge.

Beginnen wir mit der Konjunktur. Preise schwanken mit der Konjunktur, weil Firmen ihre Produktion und ihre Preise von der Auftragslage abhängig machen. In der Krise, wenn es schlechter läuft, fallen die Preise typischerweise, weil viele Firmen verzweifelt versuchen, über Preissenkungen ihr Geschäft zu retten und anzukurbeln. Dafür sind sie sogar bereit, auf ein bisschen Gewinnmarge zu verzichten. Einerseits, weil sie unbedingt Umsatz brauchen, um die Fixkosten zu decken (also die Kosten, die unabhängig von der Produktionsmenge anfallen, zum Beispiel Miete, Zinsen und Personalkosten); andererseits, um ihre Marktanteile zu behalten oder gar die Anteile der Konkurrenz noch zu erobern. Die Produktionskapazitäten werden in der Krise, wenn möglich, abgebaut, um Kosten zu sparen. Das hat zur Folge, dass einzelne Maschinen stillstehen und Mitarbeiter entlassen werden.

Wenn es hingegen rund läuft und die Wirtschaft boomt,

erhöhen Firmen die Preise, um ihre Marge aufzupolieren. Üblicherweise nicht sofort, denn im Wettbewerb werden sie erst einmal versuchen, so viel zu verkaufen, wie es die eigene Produktionskapazität zulässt. Das Ziel dahinter ist simpel: Marktanteile sollen gewonnen, Konkurrenz soll verdrängt werden. Dafür versuchen sie auch, die Produktion so schnell wie möglich auszuweiten, kaufen also Maschinen und suchen neue Beschäftigte. Spätestens aber, wenn sie mit dem Produzieren nicht mehr hinterherkommen, sind Preiserhöhungen die lukrative Alternative, um die vollen Auftragsbücher zu vergolden.

Dieses Auf und Ab der Preise parallel zur Wirtschaftslage kann zwar die Inflationsrate verändern, ist aber nicht unbedingt gleich eine Inflation im eigentlichen Sinne – also kein dauerhafter, sich selbst verstärkender Preisanstieg auf breiter Front. Nicht das, was Ökonomen und Politiker fürchten. Im Sommer 2021 konnte man ebenfalls ein Auf und Ab erleben. Als die westlichen Länder nach einem harten Corona-Winter ihre Wirtschaft wieder hochfuhren, traf eine größere Nachfrage auf von der Pandemie gebeutelte Firmen, die in der Krise Maschinen stillgelegt und Mitarbeiter entlassen hatten. Um diese neue große Nachfragewelle zu bedienen, musste die eigene Produktion erst einmal wieder gesteigert werden, gegebenenfalls mussten neue Mitarbeiter eingestellt und eingearbeitet werden. Bis wieder alles reibungslos lief, war in einigen Branchen Preisdruck entstanden und die Inflationsrate war gestiegen. Eine Inflation war das per definitionem aber nicht.

Bleibt dennoch die Frage: Was ist das *normale* Preisniveau in einer Wirtschaft, in der es doch ständig auf und ab geht? Nun, ganz vereinfacht gesagt sind das die Preise, die Firmen in Zeiten *normaler* Auslastung aufrufen, wenn sie ihre angestrebten Profitziele erreichen. Ein bisschen komplizierter wird es dadurch, dass längst nicht alle Preise mit der Konjunktur schwanken. Was daran liegt, dass auch nicht alle Preise von profitorientierten Firmen gemacht werden. Entweder, weil der Staat über Regeln und Vorgaben den von der Privatwirtschaft gesetzten Preisen Grenzen vorgibt oder Preise für öffentliche Güter gleich selbst festlegt. Zum Beispiel, wenn wir Bus fahren, Amtsgänge erledigen, Post versenden, Müll entsorgen, die Kinder zur Schule schicken, das öffentliche Schwimmbad besuchen oder eine Wohnung mieten, die der Mietpreisbreme unterliegt.

Ökonomen der US-amerikanischen Zentralbank haben das einmal für die USA untersucht und herausgefunden: Etwas weniger als die Hälfte der Preise, die der Verbraucherpreisindex abbildet, hängt direkt mit der Konjunkturlage zusammen. Inkludiert werden hierbei beispielsweise Preise für Lebensmittel, Freizeit und Unterhaltung. Der Index steigt also, wenn die Wirtschaft brummt, und fällt, wenn sie stottert.[1] Andere Kosten wiederum sind von der Konjunktur völlig unabhängig. Etwa die für Gesundheit, Bildung, Verkehr und Finanzdienstleistungen. Nicht jeder Preisanstieg sagt also etwas über die Konjunktur aus. Es lohnt deswegen immer ein genauer Blick auf die Inflationsrate.

Noch größer ist die Gefahr für Fehlinterpretationen aber, wenn der Staat seine Steuersätze ändert. Denn alle Preise, die die Statistiker für die Berechnung der Inflationsrate nutzen, sind inklusive Umsatz- und Verbrauchsteuern. Beim Benzinpreis kommt also zunächst die Energiesteuer von 35 Cent pro Liter hinzu und dann noch 19 Prozent Umsatzsteuer. Wenn die Energiesteuer wie beim Tankrabatt oder die Umsatzsteuer wie während der Corona-Krise gesenkt werden, sinkt auch die gemessene Inflationsrate. Der Tankrabatt und das 9-Euro-Ticket haben die Inflationsrate im Sommer 2022 beispielsweise um circa einen Prozentpunkt gesenkt; die Umsatzsteuersenkung während der Pandemie sogar etwas mehr als 2 Prozent.

Sosehr es Politiker und Ökonomen freut, wenn die Inflationsrate durch Steuererleichterungen sinkt, so sehr geraten sie in der Zeit danach in Erklärungsnot. Denn wenn die Steuersenkung nur für einige Monate gilt, muss sie auch zurückgedreht werden. Dementsprechend steigt die gemessene Inflationsrate wieder. Für die Statistiker ein Graus, denn so werden die Zahlen in beide Richtungen verzerrt – erst nach unten, dann nach oben. Und über die wirkliche Inflation sagt beides nichts aus.

Das zeigt auch die folgende Grafik.

Verbraucherpreise in Deutschland Veränderung zum Vorjahresmonat in %

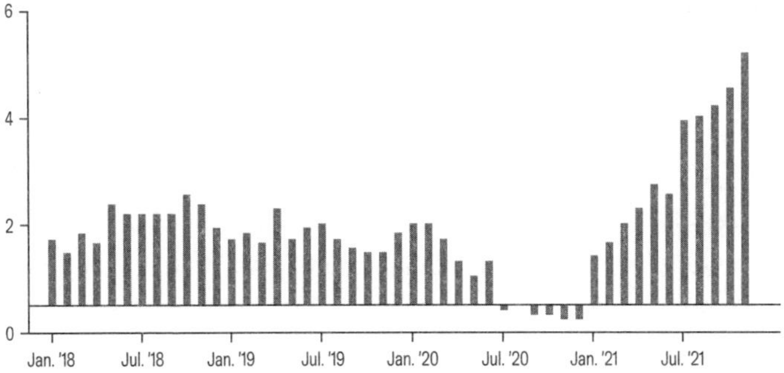

Statistisches Bundesamt, 2021

Im Juli 2020 wurde die Mehrwertsteuer für ein halbes Jahr gesenkt, um die Wirtschaft anzuschieben. Aus 19 Prozent wurden 16 Prozent, aus 7 Prozent wurden 5 Prozent. Brot, Butter, Badreiniger – alles, was der Umsatzsteuer unterliegt, wurde günstiger. Dadurch fiel die Inflationsrate im Juli 2020 sofort und war sogar negativ. Oh Schreck! Hilfe! Deflation!

Auf dem Niveau blieb die Inflationsrate auch die ganzen sechs Monate. Bis die Steuer im Januar 2021 wieder erhöht wurde. Zurück auf 19 Prozent und 7 Prozent. Auf einen Schlag wurden die Preise teurer, die Inflationsrate stieg wieder auf den Wert von vor der Steuersenkung, auf etwas unter 2 Prozent. Von Inflationsängsten und drohenden Knappheiten war da noch nicht die Rede. Inflation war kein Schlagzeilen- oder Talkshowthema.

Bis zum Juli 2021. Dann plötzlich sprang die Inflationsrate nach oben. Das erste Mal seit einer gefühlten Ewigkeit mussten die Statistiker eine Inflationsrate von fast 4 Prozent vermelden. Das ist doppelt so viel wie das erklärte Inflationsziel der Zentralbank. Mit einer Pressemitteilung war plötzlich Tumult in den Medien. Eine Meldung, auf die die Crashpropheten dieser Welt mit Vorfreude warteten, warnten sie doch seit Jahren vor der drohenden Hyperinflation. Vorfreude also darüber, die eigene Panikmache vor Staatsschulden und expansiver Geldpolitik nach Jahren niedriger Inflationsraten endlich bestätigt zu wissen. Was war passiert?

Die Statistiker hatten es in typischem Statistikersprech vermerkt: »Der Basiseffekt durch Mehrwertsteuersätze kommt im Juli 2021 erstmals zum Tragen.« Christoph-Martin Mai vom Statistischen Bundesamt ergänzt: »Der im Juli 2021 sprunghaft einsetzende Basiseffekt war zu erwarten, da die Weitergabe der Steuererleichterung an Verbraucherinnen und Verbraucher vor einem Jahr bei vielen Gütern zu sinkenden Preisen geführt hatte.« Seit Juli 2021 wurden die damaligen Preise bei normaler Umsatzsteuer mit den Preisen des vorherigen Jahres verglichen, als der verringerte Umsatzsteuersatz galt. Man könnte auch sagen: Äpfel mit Birnen. Die Statistik war durch die Steueränderung verzerrt, die Crashpropheten hatten sich zu früh gefreut. Ihre Stunde sollte erst noch schlagen.

Diese statistische Verzerrung wird im Sommer 2023 wiederkommen, wenn die Statistiker im Juli die Preise mit dem Vorjahr vergleichen müssen, als Tankrabatt und 9-Euro-Ticket galten. Vielleicht wird das aber gar nicht großartig auffallen, weil die Preissprünge bei Gas und Strom alles andere in den Schatten stellen werden. So oder so: In diesen Zeiten haben Statistiker keinen leichten Job und die Inflationsrate verliert an Aussagekraft.

Apropos Preissprünge. Auch sie verzerren die Inflationsrate, gerade, wenn sie nur in einem Bereich auftreten. Genau das erkennen die Statistiker, denn sie machen sich die Mühe und berechnen die Inflationsrate für jede Produktkategorie. Darauf sollte man stets achten, wenn man Fehlschlüsse vermeiden will. Nach einem halben Jahr des fürchterlichen Kriegs in der Ukraine lag die Inflationsrate für Energie bei fast 50 Prozent, für Lebensmittel bei um die 20 Prozent, für Dienstleistungen wiederum nur bei circa 2 Prozent. Energie war der Preistreiber Nummer eins. Allen voran Gas, Heizöl und Strom. Und auch Lebensmittelpreise waren davon beeinflusst, weil deren Herstellung, Lieferung und Lagerung viel Energie brauchen. Die extremen Preissprünge für Energie stellen zwei große Probleme für die Statistiker dar.

Verbraucherpreisindizes für Deutschland Index 2015=100

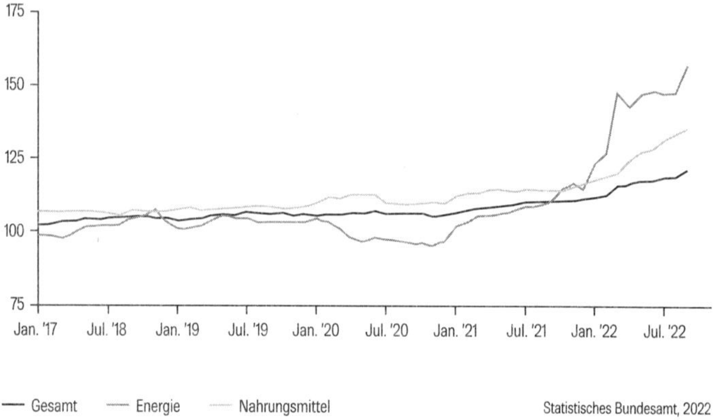

Erstens, Statistiker unterschätzen die Auswirkungen auf die Inflationsrate, wenn die Menschen aufgrund der Preissprünge ihr Ausgabeverhalten ändern. Das ist bei Energie im besonderen Maße so, weil dort kaum gespart werden kann. Man muss eben duschen, kochen, beleuchten, heizen, fahren, um den Alltag zu bewältigen. Bevor man darauf verzichtet, kürzt man woanders. Man geht seltener zum Friseur, schiebt Möbelkäufe auf, tritt beim Urlaub etwas kürzer, geht seltener ins Kino. Dadurch bildet die Gewichtung der Statistiker aber nicht mehr den wirklichen Verbrauch in den Haushalten ab.

Das bestätigen auch die Zahlen: Laut Institut der deutschen Wirtschaft (IW) gaben vor der Energiekrise nur 14,5 Prozent der Deutschen mehr als 10 Prozent ihres Einkommens für Energie aus. Mitten in der Krise war es aber mehr als jeder Vierte![2] Verschiedene Umfragen zeigten: Die Mehrheit der Verbraucher versucht, weniger und preiswerter zu kaufen. Die Konsumstimmung fiel im Herbst 2022 auf ein Rekordtief.[3] Energie sollte also eigentlich ein höheres Gewicht bekommen, Freizeit, Kultur und Dienstleistungen entsprechend weniger. Die Inflationsrate wäre dann allerdings wohl noch höher.

Zweitens, Energie kaufen wir, anders als Lebensmittel, nicht täglich oder wöchentlich im Supermarkt. Lässt man das Benzin an der Tankstelle einmal außen vor, schließt man Strom- und Gasverträge immer für längere Zeiträume ab. Und oft macht man das sogar gar nicht selbst, für viele Mieter übernimmt das der Vermieter. Während also die Inflationsrate für Lebensmittel quasi für alle Haushalte gleichermaßen gilt, ist das bei Energie nicht der Fall. Je nach Vertragssituation sind Menschen von den Preissteigerungen bei Strom und Gas völlig unterschiedlich betroffen.

Ich hatte zum Beispiel das Glück, dass der günstige Gasvertrag meines Vermieters auch für 2022 galt. Meine persönliche Inflationsrate beim Gas war also gleich null. Wer hingegen 2022 zu Rekordpreisen einen neuen Vertrag abschließen musste, sah sich im schlimmsten Fall gar einer Versiebenfachung des Preises ausgesetzt. Ähnlich, aber nicht ganz so drastisch, war es beim Strom. Was die Statistiker 2022 also für den Durchschnitt ausrechneten, war für viele Menschen weit weg von der Lebensrealität.

Um nicht missverstanden zu werden: Das ist keine Kritik an der Statistik als solche. Und auch keine an denen, die sie machen. Wer aber die toten Winkel einer Statistik nicht kennt, sollte mit ihr nicht arbeiten. Genau das wollen wir aber.

Es gibt auch ein paar Spezialstatistiken, um Ungenauigkeiten zu verhindern. Zum Beispiel den persönlichen Inflationsrechner, bei dem man die Produktkategorien selbst gewichten kann. Oder die sogenannte Kerninflationsrate, bei der Energie und Lebensmittel herausgerechnet werden. Hintergrund ist, dass beides von Preisschwankungen betroffen ist, die mit der inländischen Wirtschaft nichts zu tun haben.

Zu Beginn der Pandemie fiel der Ölpreis auf historische Tiefstände von unter 25 US-Dollar pro Barrel. Die Sorte WTI wurde kurzzeitig sogar zu negativen Preisen an der Börse gehandelt, weil die Nachfrage nach Öl abrupt einbrach. Ölhändler, die sich schon weit im Voraus Öl mit Terminkontrakten gesichert hatten, mussten schnell verkaufen, weil ihre Lager überfüllt waren. Weil sie keine Käufer fanden, rutschte der Preis in den Keller. Verkäufer mussten Käufer bezahlen, um Öl an der Börse loszuwerden. Diese kuriose Situation hat die normale Inflationsrate durcheinandergebracht, aber an der Kerninflationsrate nichts geändert. Ähnlich ist es mit den Preissprüngen beim Gas. Die trieben die Inflationsrate im Herbst 2022 auf über 10 Prozent, während die Kernrate zwischen 3 und 5 Prozent schwankte. Die Kernrate gibt also viel eher an, ob es sich um eine echte, hausgemachte Inflation handelt – oder um einen Preisschock von außen. Ebenso wie eine andere Statistik: der Index für Einfuhrpreise. Damit misst man die Preise, die Firmen für Güter bezahlen, die sie aus dem Ausland einkaufen. Zum Beispiel Öl, Gas, Chemie, Halbleiter oder Getreide. Der Index war im August

2022 mit über 32 Prozent dreimal höher als der Verbraucherpreisindex. Unschwer zu erkennen: Die Teuerwelle ist also importiert.

Und außerdem noch längst nicht vollständig bei den Verbrauchern angekommen. Das wiederum zeigt ein weiterer Index, der für die Erzeugerpreise. Da messen die Statistiker die Preisentwicklung von Rohstoffen und Industrieerzeugnissen, die in Deutschland hergestellt und im Inland an Firmen – nicht an Endverbraucher! – verkauft werden. Etwa Strom für einen Bäcker, Erdgas für ein Industrieunternehmen, Ammoniak für eine Chemiefirma, Dünger für einen Landwirt, Paletten für einen Verpackungshersteller oder Maschinen für einen Autohersteller. Der Index ist typischerweise ein Vorbote für den Verbraucherpreisindex. Erst kommen die Preissteigerungen bei den Firmen an, tauchen anschließend bei den Erzeugerpreisen auf und werden dann nach und nach von den Firmen über die Endpreise auf die Verbraucher umgelegt. Wir merken das dann, wenn zum Beispiel die Preisschilder im Supermarkt gewechselt werden – und die Preise höher ausfallen.

Allerdings ist nicht immer sicher, dass die Verbraucherpreise genauso hoch schießen wie die Erzeugerpreise. Ein Grund dafür: der Wettbewerb. Ähnlich wie Verbraucher sind auch Firmen unterschiedlich stark von Preisänderungen betroffen. Um keine Kunden zu verlieren, müssen die Firmen, die plötzlich deutlich teurer einkaufen als ihre Konkurrenz, die höheren Erzeugerpreise selbst schlucken und können sie nicht an die Verbraucher weitergeben.

Der Erzeugerpreisindex lag im Herbst 2022 fast 50 Prozent über dem des Vorjahres. Erdgas für die Industrie war viermal so teuer, Heizöl und Dünger doppelt so teuer,

Ammoniak dreimal so teuer, Maschinenpreise stiegen hingegen nur um 10 Prozent. Schon diese einzelnen Zahlen zeigen, was die Grafik unten aussagt: Erzeugerpreise sind ebenfalls von teurer Energie getrieben. Rechnet man die Energieträger wie Erdgas, Heizöl und Benzin heraus, liegt die Teuerung bei 14 Prozent – einem Drittel des Gesamtwertes. Schaut man hingegen nur auf Energie, liegen die Preise für Firmen ganze 139 Prozent höher als im Herbst 2021.

Erzeugerpreise in Deutschland Veränderung zum Vorjahresmonat in %

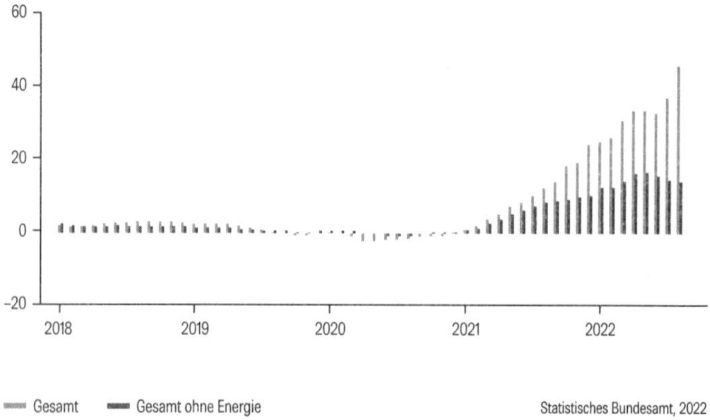

Statistisches Bundesamt, 2022

Gerade an Investoren-Stammtischen, ob in der Kneipe oder im Internetforum, und unter Wirtschaftsliberalen gibt es neben den Verbraucher- und Erzeugerpreisen noch einen anderen Aufreger: die Vermögenspreise. Gemeint sind vor allem Aktienkurse und Häuserpreise. Beide sind in den letzten Jahren im Schnitt stark gestiegen, viel stärker als die Verbraucherpreise, die bis vor der Pandemie und dem Krieg eher stagnierten. »Vermögenspreisinflation«, sagen einige dazu und fordern, Vermögenswerte in die Berechnung der Inflationsrate mit aufzunehmen. Wenn Aktienkurse oder Häuserpreise steigen, hat das jedoch mit *Inflation* nicht viel zu tun hat. Denn wenn Aktienkurse steigen, wird unser Alltag nicht teurer. Steigende Aktienkurse sind lediglich ein Zeichen dafür, dass mehr Menschen ihr Geld gegen Firmenanteile tauschen wollen als andersherum. Die Nachfrage übersteigt das Angebot. Entscheidend ist: Der Aktienkäufer nutzt sein Geld eben nicht, um Brot, Butter oder Kinotickets zu kaufen, sondern um aus seinem Geld mehr Geld zu machen. Etwa indem er eine Dividende kassiert oder in Zukunft zu höheren Preisen an jemand anderen verkauft.

Bei Häuserpreisen ist es ein bisschen komplizierter. Auch wenn diese steigen, wird der Alltag erst einmal nicht teurer. Es sei denn, man kauft oder baut gerade. Wer hingegen ein Haus besitzt oder vermietet, das im Wert steigt, und es selbst bewohnt, merkt davon im Alltag nichts. Das Leben wird dadurch nicht teurer. Wer in einem Haus, dessen Marktwert steigt, zur Miete wohnt, merkt davon ebenfalls nichts im Alltag. Anders als bei Aktien gibt es auch nicht für jedes Haus einen tagesaktuellen Marktpreis, den man an einer Börse oder anderswo ablesen könnte. Mieter merken Preissteigerungen erst, wenn die Miete steigt. Die wiederum ist aber ebenfalls in der Inflationsrate berücksichtigt, nur eben die Vermögenspreise nicht. Richtigerweise. Die verschiedenen Vermögenspreise mit einzurechnen, würde nur verzerren.

Wir halten fest: Allein die Inflationsrate korrekt zu messen und zu lesen, ist schon schwieriger, als man vielleicht denkt. Nur wer sich der Berechnungslogik und der toten Winkel bewusst ist, kann Fehlschlüsse umgehen. Für regierende Politiker ist das besonders wichtig, schließlich wollen sie zu hohes Fieber für die Wirtschaft vermeiden. »Inflation« ist nämlich unpopulär bei den Wählern. Je höher die Inflationsrate, desto unpopulärer. Gemessen an den Schlagzeilen und hitzigen Debatten, die die höhere Inflationsrate hervorgebracht hat, hat man das Gefühl, Deutschland steckt noch die Hyperinflation aus den 1920er-Jahren in den Knochen.

NUR KEIN FIEBERKRAMPF

Dass eine hohe Inflation schlecht ist, erklärt sich fast von allein. Wenn Preise dauerhaft und schnell steigen, werden Verträge zum Risiko. Ob Arbeitsvertrag, Kaufvertrag oder Mietvertrag – die Preise, die man in Verträgen festgehalten hat, können dann schnell unangemessen sein. Im Extremfall einer Hyperinflation lässt sich nichts mehr planen. Das Geld, das man verdient oder auf der hohen Kante hat, muss dann schnellstmöglich ausgegeben werden, bevor die Preise weiter steigen. Wenn Panik herrscht und alle ihr Geld ausgeben, als gäbe es kein Morgen, Firmen überfordert sind, Investitionspläne über Bord geworfen werden, ein wildes, chaotisches Wettbieten um die zu kaufenden Güter entsteht – dann droht der Wirtschaft der Fieberkrampf.

Deshalb braucht es stabile Preise. Das offiziell erklärte Inflationsziel der Zentralbank sind, wie wir bereits gelernt haben, 2 Prozent. Warum nicht null, fragen sich viele zu Recht. Ein Teil der Antwort ist profan: Um Deflation zu vermeiden. Die ist nämlich noch gefürchteter als milde Inflation. Warum, klären wir später. Da aber die Inflationsrate so viele tote Winkel und statistische Ungenauigkeiten aufweist, wie wir schon gesehen haben, geht man mit dem Ziel von 2 Prozent auf Nummer sicher, verschafft sich also einen Deflationspuffer, wenn man so will. Ohne den Puffer könnte es nämlich sein, dass man zwar eine statistische Punktlandung bei 0 Prozent hinlegt, aber tatsächlich trotzdem längst Deflation herrscht. Die Gefahr besteht erst recht in der Eurozone, in der es nur eine Währung und einen einzigen Leitzins für alle Länder gibt, aber diese Länder alle eine eigenständige Wirtschaftspolitik verfolgen. Verfolgte man das Ziel, die Inflation in allen Ländern im Schnitt bei 0 Prozent zu halten, liefe man Gefahr, dass einige Länder über 0 und andere unter 0 landen, also in die gefürchtete Deflation rutschen. Außerdem brächte ein Ziel von 0 Prozent die Zentralbank in eine missliche Lage, weil sie quasi jeden Anflug von Wirtschaftswachstum mit neuen Zinserhöhungen ausbremsen müsste. Denn Wachstum geht meist mit vorübergehend steigenden Preisen einher, weil sich bei Firmen die Aufträge in den Büchern stauen, die Kapazitäten ausgelastet sind und die Kaufstimmung der Verbraucher steigt. Wie im vorherigen Kapitel beschrieben, schwanken viele Preise mit der Konjunktur. Bei 0 Prozent als Inflationsziel müsste die Zentralbank also jedes noch so kleine Preisfeuer gleich austreten, sprich: die Zinsen erhöhen. Keine gute Idee!

Übrigens: Eine niedrige Inflationsrate sagt natürlich nichts darüber aus, wie gut es einem Land geht oder wie rund die Wirtschaft läuft. Kein Fieber zu haben, heißt ja auch nicht automatisch, dass der Körper kerngesund ist.

Wenn die Wirtschaft lahmt, viele arbeitslos sind und die Löhne stagnieren, hat ein Land vermutlich eine niedrige Inflationsrate, kommt aber eben auch nicht vom Fleck. Sie allein ist längst kein Zeichen von guter Wirtschaftspolitik, geschweige denn von Wohlstand. Zum Vergleich: Wenn eine Wirtschaft brummt, Geschäfte gut laufen, neue Jobs entstehen und Löhne kräftig steigen, kann die Inflationsrate zwar höher ausfallen, es kann der Wirtschaft und den Menschen aber trotzdem besser gehen. Die Herausforderung der Politik ist es also, stabile Preise und eine brummende Wirtschaft zu erreichen. Nicht entweder – oder, sondern beides zusammen – das ist Regierungskunst!

2

Gasmangel statt Geldschwemme – Woher kommt die Inflation?

Nun haben wir gesehen, wie Inflation gemessen wird und warum die Zahlen, die zu jedem Monatsende mit der »Tagesschau« in die deutschen Wohnzimmer posaunt werden, mit Vorsicht zu genießen sind. Denn auch Statistiken haben Schwächen und jede Statistik ihre Eigenheiten. Noch einmal: Das ist kein Vorwurf an die Statistiker, die haben keinen leichten Job, sondern vielmehr ein Appell, sich nicht von Schlagzeilen nervös machen zu lassen. Jede Inflationsstatistik verrät nämlich viel mehr, als in eine Schlagzeile passt.

Damit aber genug zum Fieberthermometer. In diesem Kapitel wollen wir uns jetzt mit den Ursachen der Inflation beschäftigen. Fiebermessen ist das eine, Ursachenforschung das andere. Ohne klare Diagnose zu den Ursachen der Inflation kann es keine vernünftige Therapie geben, um das Fieber zu bekämpfen. Und auch keine Präventionsmaßnahmen, um hohe Inflation in Zukunft zu vermeiden. Denn falsche Diagnosen führen zu falschen Therapien. Und Fehldiagnosen können nicht nur in der Medizin, sondern selbstverständlich auch in der Wirtschaftspolitik großen Schaden anrichten. Einen Energiepreisschock mit höheren Zinsen zu therapieren, ist, wie Viruserkrankungen mit Antibiotika zu begegnen. Es hilft nicht nur nicht, es schadet sogar.

Der Unterschied: Der Arzt kennt seine Patienten persönlich, ist also unmittelbar mit dem Schicksal konfrontiert, der Politiker oder der Zentralbanker wiederum nicht. Wer seinen Job verliert, weil der Finanzminister mit seiner Sparpolitik die Wirtschaft ausbremst, bekommt die Politik natürlich gar nicht mit. Schicksale bleiben häufig Zahlen in Statistiken. Die Schmerzen bleiben verborgen.

Das ist übrigens einer der Gründe, weshalb 5 Millionen Arbeitslose für Politiker, Ökonomen und Zentralbanker bequemer sind als 5 Prozent Inflation. Bei 5 Prozent Inflation beschweren sich fast alle, bei 5 Millionen Arbeitslosen nur die Betroffenen. Im Vergleich zu rund 70 Millionen Jugendlichen und Erwachsenen in Deutschland sind 5 Millionen Arbeitslose lediglich ein Makel in der Statistik. Was für das politische Marketing Sinn ergibt, leben die wichtigsten politischen Entscheidungsträger auch in der Praxis vor. Finanzminister Christian Lindner bezeichnete im Herbst 2022 die »wirtschaftliche Abkühlung« ganz lässig als »Preis«, den man zahlen müsse, um die Inflation zu stoppen.[1] Dass diese »Abkühlung« mit Jobverlusten einhergeht, erwähnt er mit keinem Wort. Bundesbankpräsident Joachim Nagel sagt das Gleiche, nur verklausuliert, sodass ihn eigentlich niemand versteht, der sich nicht beruflich oder aus privatem Interesse mit nerdigen Themen wie der Geldpolitik beschäftigt. Das klingt dann folgendermaßen: Es wäre falsch, wenn die Zentralbank aus »Sorge vor einem Abschwung« zögere, so Nagel.[2]

Ganz anders und viel ehrlicher klang da noch Altkanzler Helmut Schmidt. In einer Rede zur Lage der Weltwirtschaft 1982 sagte er in bemerkenswerter Offenheit: »Zu jeder budgetären oder monetären Restriktion gehört unangenehmerweise die politische Tapferkeit, dem eigenen Volk Opfer zuzumuten. Sie wiegen auch bei uns in Form von Arbeitslosigkeit am schwersten – wenn ich von den Entwicklungsländern spreche, sind natürlich Hunger und Entbehrung die schlimmsten Opfer.«[3] Von Schmidt stammt außerdem auch der berühmte Satz: »5 Prozent Preisanstieg sind leichter zu ertragen als 5 Prozent Arbeitslosigkeit.« Das Motto ist längst nicht mehr *en vogue*.

Was Helmut Schmidt den heutigen Amtsträgern voraushatte: Er sprach viel über wirtschaftliche Zusammenhänge, ja sogar über Theorie. Und er war Diplomvolkswirt, maßgeblich geprägt von der britischen Ökonomenlegende John Maynard Keynes.

Diplomvolkswirte gibt es in der heutige Ampelregierung übrigens nicht einen einzigen. Und auch Politikertypen wie Helmut Schmidt, die wirtschaftliche Zusammenhänge vor Millionenpublikum erklären, sogar über Theorie streiten, scheinen ausgestorben. Am ehesten gelingt das noch dem amtierenden Wirtschaftsminister Robert Habeck, am wenigsten Finanzminister Lindner. Habeck holt in Talkshows auch hin und wieder weiter aus und erklärt, ohne Kenntnisse vorauszusetzen. Lindner hingegen versteckt sich in Talkshows und Interviews häufig hinter Plattitüden. »Die Schuldenbremse ist eine Inflationsbremse«, sagt er dann. Oder dass der Staatshaushalt zur Bekämpfung der Inflation »aus den Schulden« herausgeführt werden müsse.[4] Ohne aber konkret zu erklären, warum und wie. Auch weil er das nicht muss, denn die Journalisten haken bei den Plattitüden selten nach. Schon gar nicht theoretisch. Beim Zuhörer kann nur hängen bleiben: »Na, der muss es ja wissen.«

Grund genug also, dass wir den Inflationsursachen einmal theoretisch auf den Grund gehen.

Grundsätzlich unterscheiden Ökonomen zwei Arten von Inflation. Die eine entsteht auf der Angebotsseite durch höhere Kosten, die andere auf der Nachfrageseite durch eine zu gut laufende oder gar überkochende Wirtschaft. Diese Arten von Inflation haben jeweils verschiedene Namen: »Kosteninflation« oder »Angebotsinflation« für die erste Art, »Nachfrageinflation« für die zweite. Im Englischen: *cost-push-inflation* und *demand-pull-inflation.*

Was beide verbindet: Sie verändern die Größe der Kuchenstücke und befeuern damit die Lohn-Preis-Spirale. Wie das im Detail funktioniert, schauen wir uns jetzt an.

KNAPP IST TEUER

Eine Angebotsinflation beginnt mit steigenden Produktionskosten für die Firmen. Weil steigende Kosten an der Gewinnspanne nagen, müssen Firmen die Preise erhöhen, wenn sie ihre gute Marge nicht verlieren möchten. Nehmen wir als Beispiel wieder unseren Bäcker Lutze. Weizenbrötchen verkauft er für 35 Cent pro Stück. Die Herstellung kostet ihn 30 Cent, alle Kosten eingerechnet. Die größten Kostenblöcke sind die Löhne für Fachverkäufer und Aushilfen, der Einkauf von Zutaten und Materialien, das Gas für den Ofen, der Strom für die Ladenbeleuchtung, das Wasser für die Waschmaschine, die Miete für das Ladenlokal und die Abschreibungen auf Öfen und Teiggeräte.

Wenn irgendetwas davon teurer wird, verdient Bäcker Lutze an jedem Brötchen weniger Geld – sofern er nicht den Preis anhebt. Macht er das und die Brötchen werden teurer, hat die Busfahrerin, die jeden Morgen bei Bäcker Lutze kauft, ein Problem. Sie muss jetzt einen größeren Teil ihres Einkommens für Brötchen ausgeben, hat also weniger Einkommen für ihre sonstigen Ausgaben. Ihr Reallohn sinkt. Das tut weh, war ihr Einkommen doch ohnehin schon nicht üppig, und sie genießt nicht das Privileg, reiche Eltern oder Großeltern im Geburtenlotto gezogen zu haben.

Bäcker Lutze hat das Problem also auf die Busfahrerin abgewälzt. Genauer gesagt: den Kaufkraftverlust. Damit hat er sein Stück vom Kuchen verteidigt, das der Busfahrerin wird kleiner. Wer aber hat jetzt mehr vom Kuchen?

Vielleicht der Ofenhersteller, dessen Öfen so einzigartig sind, dass er höhere Preise verlangen kann. Oder der Vermieter, der die Miete für den Laden erhöht hat – weil er's kann, schließlich ist der Bäcker auf die gute Lage angewiesen und hat keine Alternativen. Vielleicht auch der Mehllieferant. Vielleicht muss der allerdings seine Preise erhöhen, weil der Weizenpreis seit dem Kriegsbeginn in der Ukraine, der mit Lieferausfällen, Ernteproblemen und Börsenspekulation einherging, gestiegen ist. Oder es profitiert der Gasversorger, der sein Gas teurer verkauft, weil er es wegen des Energiekriegs mit Putin nicht mehr von Gazprom bekommt und jetzt teurere Ware aus Algerien kaufen muss. Bäcker Lutze muss dann mehr an den Versorger zahlen, der Versorger wiederum mehr an den Importeur und der mehr an den Gaslieferanten aus Algerien. Am Ende hat also nur der Gaslieferant dort wirklich mehr, der Kostenschock kommt aus dem Ausland – dort wird der Kuchen größer, in Deutschland kleiner.

Vielleicht hat aber auch die Gewerkschaft der Fachverkäufer, die in Bäcker Lutzes Laden arbeiten, höhere Löhne verhandelt, oder es gab eine Erhöhung des Mindestlohns für die Aushilfen – die Steigerung der Produktionskosten käme demnach aus den eigenen Reihen. Oder es war der Staat, der die Mehrwertsteuer auf Backwaren nach oben geschraubt hat.

Vieles hängt eben mit vielem zusammen. Sobald jemand in unserer arbeitsteiligen Wirtschaft seine Preise steigern kann, um ein größeres Kuchenstück zu bekommen, löst das Verteilungskonflikte aus. Wer die größeren Muskeln hat, kann das Armdrücken gewinnen und bekommt mehr vom Kuchen. Sind die Beschäftigten gut organisiert und die Gewerkschaften mächtig, können sie ihr Stück vergrößern. Braucht die ganze Welt Öl und Gas, können die Energiekonzerne ihr Stück vergrößern. Hat Bäcker Lutze keine Konkurrenz, kann er sein Stück vergrößern. Es kommt also vor allem auf »Marktmacht« an.

Unter all den eben aufgezählten Kostenblöcken gibt es einen, der besonders wichtig ist: der der Löhne. Genauer gesagt: die Lohnstückkosten. Gemeint ist damit der Anteil der Löhne an den Produktionskosten pro Stück. Wie viel also die Gehälter der Fachverkäufer, der Aushilfen und anderen Mitarbeiter von Bäcker Lutze an den Kosten eines gebackenen Brötchens ausmachen.

Die Lohnstückkosten werden größer, wenn die Löhne

schneller steigen als die Produktivität; und sie werden kleiner, wenn die Löhne langsamer steigen als die Produktivität. Wachsen Löhne und Produktivität im Einklang, ändert sich dementsprechend nichts. Produktivität heißt: Wie viele Brötchen kann Bäcker Lutze pro Mitarbeiter herstellen? Kauft er zum Beispiel eine neue Teigmaschine, kann er vielleicht mit den gleichen Mitarbeitern mehr Brötchen pro Stunde backen und seine Produktivität steigern. Für die Volkswirtschaft als Ganzes ergibt sich die Produktivität aus der Addition von allem, was an Gütern und Dienstleistungen hergestellt wird, geteilt durch die Arbeitsstunden, die alle Beschäftigten gemeinsam geleistet haben.

Je produktiver Bäcker Lutze und alle anderen Firmen in der Volkswirtschaft sind, desto größer ist der Kuchen, desto mehr gibt es zu verteilen. Nur bei steigender Produktivität können Arbeitgeber und Arbeitnehmer ihre Kuchenstücke vergrößern. Steigen die Löhne schneller als die Produktivität (also die Lohnstückkosten), wächst die Kaufkraft in den Händen der Arbeitnehmer schneller als der Kuchen. Wollen die Arbeitgeber kein Stück vom Kuchen aufgeben, müssten sie die Preise erhöhen und die Kuchenstücke teurer machen. Dieser Konflikt dreht die Lohn-Preis-Spirale und erzeugt Inflation.

Warum aber sind Lohnstückkosten so besonders wichtig? Nun, Löhne sind für die meisten Produkte und Dienstleistungen der größte Kostenfaktor. Und sie fallen auf jeder Stufe der Wertschöpfungskette an – von der Weizenernte über die Verarbeitung, den Transport, den Großhandel bis zur Fachverkäuferin bei Bäcker Lutze, die die Brötchen über die Theke reicht. Überall arbeiten Menschen und werden dafür bezahlt.

Dass Lohnstückkosten und Inflation eng zusammenhängen, zeigt auch ein Blick auf die Daten. Heiner Flassbeck und Friederike Spiecker haben im *Atlas der Weltwirtschaft 2022/23* einmal ausgerechnet, wie sich die Lohnstückkosten und die Verbraucherpreise in verschiedenen Ländern von 2000 bis 2019 im Durchschnitt entwickelt haben. Das Ergebnis: Je stärker die Lohnstückkosten gestiegen waren, desto stärker stiegen auch die Verbraucherpreise.

So hängen Löhne und Preise zusammen

Durchschnittliche jährliche Veränderungsrate 2000–2019	Lohnstückkosten	Verbraucherpreise
Eurozone	1,4 %	1,7 %
Deutschland	1,2 %	1,5 %
Frankreich	1,4 %	1,4 %
Italien	1,9 %	1,7 %
UK	2,2 %	2,0 %
Schweiz	0,3 %	0,4 %
Russland	12,2 %	9,8 %
Türkei	12,7 %	13,7 %
Japan	– 0,8 %	0,1 %
Australien	2,3 %	2,5 %
Brasilien	7,6 %	5,9 %
USA	1,5 %	2,1 %

Die Zahlen sagen zwar nichts über die Dynamik aus, weil es die Durchschnitte über zwei Jahrzehnte sind. Sie zeigen aber, wie stabil Löhne, Produktivität und Preise über eine lange Frist zusammenhängen. Die Dynamik kann sich von Jahr zu Jahr unterscheiden, weil Tarifverträge, Investitionsentscheidungen und Preisstrategien alle einen eigenen Zeithorizont haben. Zoomt man jedoch aus dem Klein-Klein des wirtschaftlichen Alltags heraus, gilt: Wer Inflation erklären will, muss auf die Löhne schauen. Für die USA lässt sich das grafisch für die vergangenen sieben Jahrzehnte zeigen. Auch hier erkennt man den Zusammenhang zwischen Verbraucherpreisen und Lohnstückkosten auf den ersten Blick.

Wie Lohnstückkosten und Verbraucherpreise in den USA zusammenhängen

Veränderung zum Vorjahr in %

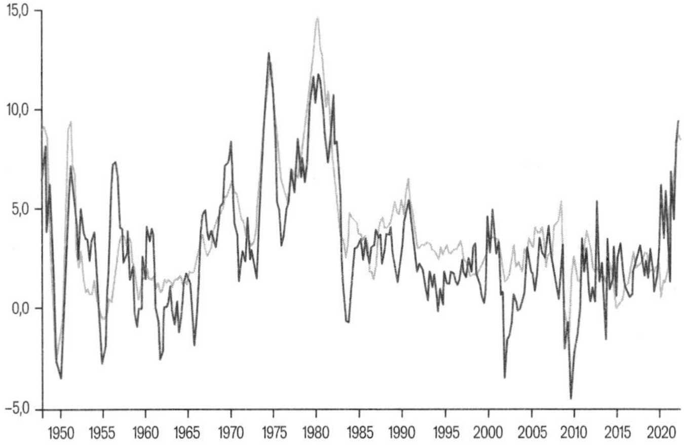

Verbraucherpreise — Lohnstückkosten

Federal Reserve Bank of St. Louis, 2022

Bevor wir zur Nachfrageinflation kommen, noch ein letztes prominentes Beispiel für Kosteninflation. Die kann auch daher rühren, dass der Wechselkurs der Währung abfällt. Wenn der Euro-Dollar-Kurs sinkt, bekommt man für jeden Euro weniger Dollar. Dann wird alles teurer, was wir in Dollar einkaufen und importieren. Zum Beispiel Erdöl. Erdöl wiederum steckt in Kraftstoffen und Chemie und macht sie teurer. Je mehr ein Land auf Importe angewiesen ist, desto größer die Gefahr, eine Kosteninflation zu importieren. Besonders anfällig dafür sind häufig die ärmsten Staaten der Welt. Wenn ein Land darauf angewiesen ist, Energie, Lebensmittel und Medikamente aus dem Ausland einzukaufen und mit fremder Währung zu bezahlen, sind Wechselkursänderungen ein ganz sensibles Unterfangen.

WENN DIE WIRTSCHAFT ÜBERKOCHT

Eine Nachfrageinflation entsteht anders. Nicht wenn die Produktion teurer wird, sondern wenn man mit der Produktion nicht mehr hinterherkommt, weil die Wirtschaft boomt und die Nachfrage schneller wächst, als die Firmen ihre Kapazitäten ausweiten können.

Im Vergleich zur Kosteninflation, die aus Knappheiten und Krisen entstehen kann, entwickelt sich die Nachfrageinflation aus etwas Positivem. Wenn die Wirtschaft voll ausgelastet ist, bedeutet nämlich, dass die Geschäfte der Firmen gut laufen, Gewinne eingefahren werden und es quasi keine Arbeitslosen gibt. Firmen suchen dann händeringend nach neuen Mitarbeitern. Wer Arbeit sucht, findet welche. Und zwar gut bezahlte Arbeit, denn man hat buchstäblich die Qual der Wahl. Firmen konkurrieren um Arbeiter, nicht Arbeiter um Jobs. »Vollbeschäftigung« nennen Ökonomen das.

Was beide Inflationsarten allerdings voneinander unterscheidet: Die Nachfrageinflation lässt die Preise langsam ansteigen; die Kosteninflation hingegen kann zu großen Preissprüngen führen, ja, sogar zur Hyperinflation, wenn ein Wettbieten wegen herrschender Knappheiten die Preise in ungeahnte Höhen treibt. Die Hyperinflationen 2007 in Simbabwe und 1923 in Weimar sind dafür gute Beispiele. Dazu aber an anderer Stelle mehr.

Nachfrage kann von vielen Seiten kommen. Sie entsteht immer dann, wenn Geld ausgegeben wird. Dabei ist erst einmal egal, von wem: ob vom Staat, von Haushalten oder von Firmen – aus dem In- oder Ausland. Wenn der Staat neue Schienen verlegt, die Haushalte neue Möbel und viele Brötchen kaufen, die Firmen neue Fabriken bauen oder Chinesen mehr Autos aus deutscher Produktion fahren wollen, kann die Wirtschaft überhitzen. Denn fast immer, wenn irgendwo Geld ausgegeben wird, muss etwas produziert werden. Brötchen beim Bäcker, Kraftstoffe in Raffinerien und auch Dienstleistungen wie der Haarschnitt beim Friseur. Die Produktionsressourcen sind aber begrenzt. Wir haben nur eine bestimmte Anzahl von Erwerbstätigen, nur einen bestimmten Entwicklungsstand der Technologie, nur eine begrenzte Fläche an Land, nur eine begrenzte Menge an Maschinen und nur begrenzte Energieressourcen. Angesichts dieser Grenzen ist es eben nicht möglich, alles gleichzeitig zu produzieren. Auf einem Stück Land lässt sich nur entweder eine Autofabrik oder eine Papierfabrik bauen, in einem Geschäftsraum entweder eine Bäckerei oder ein Friseursalon betreiben. Eine Arbeitskraft kann entweder an Krebs forschen oder als Vermögensverwalter an der Börse spekulieren. Alles gleichzeitig geht logischerweise nicht. Einige Kapazitäten lassen sich zwar ausweiten, allerdings braucht das meistens Zeit und Geld. Über Nacht oder auf Knopfdruck können wir keine bessere Technologie entwickeln, mehr Maschinen einsetzen, produktiver werden oder Fachkräfte aus dem Ausland anwerben. Deshalb gilt erst einmal: Immer wenn wir Geld ausgeben, kurbeln wir die Wirtschaft an. Das ist gut! Jede Ausgabe birgt aber deshalb auch das Risiko, die Wirtschaft zu überfordern – und eine Nachfrageinflation auszulösen. Wann das passiert, ist eine Frage der verfügbaren Kapazitäten – und wie schnell die sich ausweiten lassen.

Wenn die Aufträge sich in den Büchern stauen, tun Firmen alles dafür, ihre Kapazitäten zu erweitern. Erst einmal häufen sich die Überstunden der Belegschaft, neue Mitarbeiter werden gesucht, größere Mengen von den Lieferanten bestellt, man versucht, verfügbare Maschinen länger laufen zu lassen. Später werden dann neue Maschinen gekauft und Produktionsstätten gebaut. Wenn die Unternehmen mit diesen Maßnahmen die Aufträge nicht bewältigen können, erhöhen sie die Preise, um die höhere Nachfrage so in höhere Gewinne umzumünzen. Das kann dann wiederum die Lohn-Preis-Spirale entfachen. Erst recht, weil Vollbeschäftigung die Arbeitnehmer und deren Gewerkschaften in bessere Verhandlungsposition bringt, wenn es um höhere Löhne geht.

Nun fragen Sie sich vielleicht: Warum erhöhen die Firmen nicht einfach sofort die Preise, wenn die Wirtschaft boomt? Die Antwort ist simpel: Weil sie im wirtschaftlichen Wettbewerb um Marktanteile konkurrieren. Preiserhöhungen sind unbeliebt und können die Kunden zum Rivalen abwandern lassen. Viel wichtiger aber: Wer die vollen Auftragsbücher besser und schneller bedient, gewinnt Marktanteile und sichert sich damit einen langfristigen Vorteil im Wettbewerb.

Das geschieht durch sogenannte Skaleneffekte, im Englischen: »Economies of Scale«. Damit ist gemeint, dass die Produktionskosten pro Stück bei steigender Produktionsmenge fallen. Ein wichtiger Grund dafür ist, dass sich die Fixkosten – Miete, Personal, Zinsen, Abschreibungen und so weiter – auf mehr Produkte verteilen und damit sinken. Fixkosten fallen nämlich unabhängig davon an, wie viel produziert wird. Außerdem steigt die Verhandlungsmacht auf der Einkaufsseite gegenüber den Lieferanten proportional zu Einkaufsmenge und Marktanteil. Beides lässt die Stückkosten fallen und ermöglicht sowohl höhere Gewinne in der Gegenwart als auch Preissenkungen in der Zukunft; so gelingt es, bei der Konkurrenz noch mehr Kunden abzuwerben.

Nachfrageinflation ist in Deutschland und im Euroraum aber eher ein theoretischer Fall aus Lehrbüchern und Vorlesungen als eine wirkliche Gefahr in der Realität. Die Kosteninflation ist in der Praxis viel wichtiger als die Nachfrageinflation. Zumindest, solange die Politik sich eher der Schuldenbremse verpflichtet fühlt als echter Vollbeschäftigung. Statt Überhitzung und Vollbeschäftigung herrscht im Euroraum permanente Unterauslastung. Die

Arbeitslosigkeit im Euroraum lag in den letzten zwei Jahrzehnten meistens über 8 Prozent, noch nie unter 6 Prozent; die Jugendarbeitslosigkeit nie unter 13 Prozent. Hinter diesen Zahlen stecken Millionen von Menschen, die einen Job suchen, aber keinen finden. Arbeitslosigkeit und Unterbeschäftigung – hier sind auch Personen erfasst, die nur einen Teilzeitjob haben, aber einen Vollzeitjob suchen, sowie Personen, die unterhalb ihres Qualifikationsniveaus eingesetzt werden – sind der ultimative Gradmesser für die Auslastung der Wirtschaft. Gerade für eine zunehmend von der Dienstleistungsbranche dominierte Wirtschaft, wie Deutschland sie hat.

Das ifo Institut (Leibniz-Institut für Wirtschaftsforschung) versucht, die Auslastung zudem regelmäßig mit Befragungen bei den Unternehmen zu ermitteln. Gefragt wird zum Beispiel, wie viel Prozent der Anlagen oder Maschinen genutzt werden. Bei Dienstleistern wie Friseuren, Handwerkern und IT-Beratern ist das etwas schwieriger, weil die ja keine Anlagen oder Maschinen haben. Da fragt das ifo Institut andersherum. Nämlich, ob die Kapazitäten ausgereicht haben oder um wie viel Prozent sie ausgeweitet werden konnten. Für die gesamte Wirtschaft über alle Branchen hinweg lag die Auslastungsquote in den letzten zwei Jahrzehnten selten über 85 Prozent. Während der Finanzkrise 2008 und der Corona-Pandemie sank sie sogar auf 70 Prozent. Natürlich nur im Durchschnitt. Von Branche zu Branche ist die Auslastung unterschiedlich. Entsprechend kann es durchaus dazu kommen, dass eine Branche überhitzt, während der Durchschnitt noch wohltemperiert ist. Solche Flaschenhälse von ausgelasteten Branchen bergen ein Risiko für steigende Preise. Die Politik muss sie deshalb im

Blick haben – und zwar über Branchen und Regionen verteilt. Wenn Handwerker auf Monate ausgebucht sind, aber der Staat viele Gebäude energetisch sanieren will, entsteht ein Wettbieten zwischen Staat und Häuslebauern um die knappe Ressource – und erzeugt im Bausektor Preisdruck. Das Gleiche passiert, wenn in Bayern gebaut werden soll, aber freie Handwerker nur in Brandenburg verfügbar sind.

Aber noch mal: Wenn in einigen Branchen die Preise steigen, ist das noch lange keine klassische Inflation. Preise haben in der Marktwirtschaft schließlich die Funktion, Knappheiten anzuzeigen. Werden Handwerker, Halbleiter, Wärmepumpen oder Gas teurer weil sie knapp sind, ist der Preis ein wichtiges Signal dafür, wo entweder der Staat investieren muss oder private Firmen ein neues lohnendes Geschäft machen können, um das Angebot auszuweiten.

ERST PANDEMIE, DANN PUTIN

So weit zur Theorie, die wir brauchen, um die komplexe Praxis, die Welt da draußen, zu verstehen. Nur so bekommen wir etwas mehr Übersicht in die unübersichtlichen wirtschaftlichen Phänomene, die uns tagtäglich begegnen – wenn wir Nachrichten lesen, im Supermarkt einkaufen oder unseren Jobs nachgehen. Mit der Theorie im Gepäck schauen wir nun auf die Ursachen für die hohe Inflationsrate und kommen so zur viel spannenderen Praxis.

Das Leben ist teurer geworden. Nicht nur in Deutschland, auch in den Ländern um uns herum. Seit dem Sommer 2021 liegt die Inflationsrate bei 4 Prozent im Juli, bei knapp über 5 Prozent im Dezember, nach Beginn des Ukrainekrieges bei über 7 Prozent, im Herbst dann sogar zweistellig.

Grund dafür ist eine Aneinanderreihung von Schocks. Erst die Corona-Pandemie, dann Putins fürchterlicher Angriff – sowohl auf dem Kriegsfeld gegen die Ukraine als auch über Pipelines und Finanzmärkte auf den Westen. Die Schocks kamen von außen und trafen die deutsche Wirtschaft an empfindlichen Stellen: Die Gesundheit der Menschen und die Energiequellen waren betroffen und sind es noch immer. Beides ist notwendig für einen funktionierenden Alltag – und eine funktionierende Wirtschaft.

Corona hat die deutsche Wirtschaft ausgebremst. Im Corona-Jahr 2020 ist sie um 5 Prozent geschrumpft, fast so viel wie in der Finanzkrise 2008. Da das Virus um die Welt ging und an Grenzen nicht haltgemacht hat, sah es in anderen Ländern nicht besser aus: in Frankreich minus 8 Prozent, in Großbritannien – 9 Prozent, in den USA – 4 Prozent, Indien – 8 Prozent, Japan – 5 Prozent Wirtschaftsleistung. Die Weltwirtschaft im Lockdown hat Menschen arbeitslos gemacht und die Investitionspläne von Firmen durchkreuzt. In Deutschland waren auf dem Höhepunkt bis zu 10 Millionen Menschen in Kurzarbeit, weil Firmen dichtmachen mussten oder schlicht zu wenig Aufträge für ihr Personal hatten. Auch der Handel mit anderen Ländern ist eingebrochen. Deutschland hat 2020 fast 80 Milliarden Euro weniger im Ausland ausgegeben als im Vorjahr und 120 Milliarden weniger eingenommen. Weltwirtschaftskrise eben!

Von Inflation oder steigenden Preisen war keine Spur. Im Gegenteil: Deflation drohte. Da Corona die Weltwirtschaft ausgebremst hat, fiel der Ölpreis im April 2020 ins Bodenlose, war für kurze Zeit sogar negativ, um danach auf niedrigem Niveau von weit unter 50 USD pro Barrel zu verharren. Entsprechend günstig war Benzin an deutschen Tankstellen. 1,17 Euro pro Liter im April, 1,23 Euro im Dezember 2020. Der Ölpreis war ein guter Gradmesser für den schlechten Zustand der Weltkonjunktur.

Eine kurze Randnotiz: Das Ölkartell OPEC, bestehend aus den größten Ölförderländern der Welt, stimmt sich über die Fördermenge regelmäßig ab. Wenn alle so viel Öl wie möglich fördern würden, drohte das Ölangebot die weltweite Ölnachfrage zu übersteigen, und der Preis würde in den Keller gehen, könnte die Förderung sogar unprofitabel machen. Von einer funktionierenden Marktwirtschaft kann also auf dem Ölmarkt keine Rede sein. Die Förderer klüngeln, um ihre Profite zu sichern.

Im Sommer 2021 kam dann die Trendwende. Die Teuerwelle begann. Nach einem harten Corona-Winter kehrte die »Normalität« zurück. Ohne Lockdowns, überfüllte Intensivstationen und massenhafte Krankheitsausfälle ging es bergauf mit der Wirtschaft. Die Menschen reisten wieder, gingen ins Restaurant, kauften die Innenstädte leer, die Firmen machten wieder Geschäfte und investierten. Die Kurzarbeiterzahlen fielen, die Arbeitslosigkeit sank, Grenzübergänge wurden wieder geöffnet, der Handel mit anderen Ländern zog wieder an.

Das Problem: Viele Firmen hatten Kapazitäten abgebaut, um Kosten einzusparen. Daraus entwickelten sich Engpässe. Wenn die Weltwirtschaft einmal heruntergefahren ist, ruckelt es eben ein bisschen beim Wiederhochfahren. »Derzeit nicht lieferbar«, lautete das Motto. Wer das neue iPhone 13, die Playstation 5 oder einen neuen Geschirrspüler bestellen wollte, musste sich gedulden. Auch Neuwagen hatten lange Lieferzeiten, bei VW stand die Produktion teilweise still, weil Mikrochips fehlten.

Und Pandemie war ja immer noch. In Deutschland war die Lage überwiegend unproblematisch, in China und Vietnam gab es jedoch immer wieder Corona-Ausbrüche, die die Regierungen mit rabiaten Lockdowns bekämpften. Diese wiederum trafen die Lieferketten einiger Branchen besonders hart. Da weltweit in Arbeitsteilung produziert wird, führen Lockdowns in Vietnam und Hafenschließungen in China zu Chaos im Frachtverkehr, zu Materialmangel bei VW, zu langen Lieferzeiten bei Apple und zu Frust beim deutschen Schnäppchenjäger. Schiffe hingen vollbeladen in Häfen fest, die Frachtraten vervielfachten sich, weil freie Container Mangelware wurden, dazu kamen schlechte Ernten bei Weizen und Gerste sowie Lieferengpässe bei Holz. Bauholz, Paletten, Papier, Lebensmittel, Elektronik – all das wurde plötzlich teurer. Acht von zehn Industrieunternehmen hatten Probleme bei der Materialbeschaffung. Die wummernde Wohlstandsmaschine namens globale Lieferkette stockte.

Zu allem Überfluss stieg der Ölpreis wieder an, weil eine reibungslos funktionierende Weltwirtschaft mehr Verkehr bedeutet und mehr Kraftstoff braucht. OPEC weigerte sich allerdings, mehr Öl zu fördern, Ölproduzenten freuten sich über steigende Erlöse. Im Dezember 2021 kostete der Liter Benzin in Deutschland plötzlich 1,60 Euro, ganze 37 Cent mehr als im Vorjahr.

Ähnlich beim Gas. Mit dem Wiederhochfahren der Wirtschaft schoss auch die Nachfrage nach oben und trieb die Preise in die Höhe. An der europäischen Börse vervierfachte sich der Preis von 20 auf 80 Euro je Megawattstunde. Insbesondere aus Asien, wo die Wirtschaft mit Ausnahme der regionalen Lockdowns schneller wieder anlief, wurden viele LNG-Tanker nachgefragt.

Dazu waren in Europa die unterirdischen Gasspeicher besonders leer, weil der Winter 2020/21 vergleichsweise kalt und lang gewesen war. Erst nach der letzten Kältewelle Anfang Mai konnten die Speicher wieder aufgefüllt werden. Im November waren die Kapazitäten gerade einmal zu 67 Prozent genutzt, im Vorjahr waren es zu dem Zeitpunkt schon 94 Prozent gewesen. Ausfälle und Wartungsarbeiten an den Speichern hatten nach Angaben der Betreiber verhindert, dass über den Sommer nachgefüllt werden konnte.

Wie wir im Nachhinein wissen, war das Putins Kalkül. Denn der größte deutsche Speicher gehört seit 2015 der Gazprom-Tochterfirma Astora und war bewusst leergelaufen. Der Speicher liegt in Rehden in Niedersachsen, 2000 Meter unter der Erde und ist so groß wie 910 Fußballfelder. Er fasst ein Erdgasvolumen, mit dem rund zwei Millionen Haushalte ein Jahr lang versorgt werden könnten. Eine gezielte Vorbereitung auf einen möglichen Wirtschaftskrieg. Deutschland war von russischem Gas abhängig, ein großer Hebel für den Kreml-Autokraten. Gleichzeitig weitete Russland auch die sonstigen Gaslieferungen nicht so weit aus, wie die Nachfrage aus Deutschland es hergegeben hätte. Auch hier kann Kalkül unterstellt werden: Je teurer das Gas, desto größer der Druck auf Nord Stream 2. Das Tausende Kilometer lange Röhrennetz war fertig gebaut, auf dem neuesten Stand der Technik, aber der Betrieb noch nicht genehmigt. Ein hoher Gaspreis sollte die Genehmigung politisch beschleunigen, so wahrscheinlich Putins Absicht.

Und weil Gas teuer war, stiegen auch die Strompreise. Das liegt an dem Regelwerk, nach dem auf dem europäischen Strommarkt gehandelt wird – dem sogenannten Merit-Order-Prinzip. Dieses Prinzip gibt die Reihenfolge vor, nach der Strom aus den Kraftwerken in das Netz geleitet wird. Der Strom mit den niedrigsten Grenzkosten hat Vorrang. Das bedeutet in der Praxis: Zuerst wird Strom aus Wind und Sonne eingespeist, dann der etwas teurere Strom aus Kohle und Atom, und wenn das auch nicht reicht, um die Stromnachfrage zu decken, werden noch die Gaskraftwerke hinzugeschaltet. Das letzte Kraftwerk wird dann »Spitzenlastkraftwerk« genannt. Die Krux dabei: Alle Anbieter erhalten denselben Preis. Wegen des Merit-Order-Prinzips wird dieser durch das Spitzenlastkraftwerk bestimmt. Auch die günstigen Anbieter bekommen also die hohen Preise der Spitzenlastkraftwerke. Windkraftanlagen werden am Strommarkt so bezahlt, als würden sie Gas produzieren – und machen damit große Gewinne.

Die letzten fünf Jahre war der Gaspreis niedrig und damit auch der Strompreis. Übrigens: Als das System Anfang der 2000er-Jahre eingeführt wurde, war der Strom aus Wind und Sonne teurer als der aus Gas und Atom. Das hat sich mittlerweile geändert. Die Energiewende wirkt. Strom aus Wind und Sonne hat nun fast keine Grenzkosten. Je mehr auf diese Weise produziert wird, desto günstiger könnte unser Strom werden. Dafür müsste aber Gas verzichtbar werden. Das war im Herbst 2021 nicht der Fall, Deutschland litt unter einer Windflaute. So wanderte die Verteuerung des Gaspreises auch auf die Strompreise über.

Die Inflationsrate lag im Dezember 2021 bei über 5 Prozent. Der größte Treiber damals: Energie. Die war 18 Prozent teurer als im Vorjahr. Allerdings sei angemerkt, dass die Preise 2020 krisenbedingt historisch tief waren – der Vergleich also verzerrt ist. Wählt man beim Benzin das Jahr 2018 als Vergleichsmaßstab, bleibt nur noch ein Anstieg von ein paar Cent übrig. Zusätzlich war die Statistik durch Steueränderungen verfälscht. Im Vorjahresmonat war die Mehrwertsteuer 3 Prozentpunkte niedriger. Zudem hat die Ampel die CO_2-Steuer 2021 von 25 Euro auf 30 Euro pro Tonne erhöht, auch das machte ein paar Cent zusätzlich beim Kraftstoff aus.

Sobald die Kapazitäten wieder ausgeweitet wurden, sanken auch die Preise wieder. Beim Holz konnte man das gut sehen. Im späten Frühjahr 2022 gingen die Preise steil nach oben, als das Geschäft im Baugewerbe anzog und eine starke Nachfrage auf knappes Angebot traf. Im Mai erreichten die Holzpreise ihren Höchststand, die Lieferengpässe lösten sich und im November 2022 waren sie wieder auf ihrem alten Level von vor den Engpässen. Bei den Frachtraten von China nach Europa dauerte es etwas länger, aber auch dieser Preisschub war nur vorübergehend. Im Großen und Ganzen waren die Probleme angesichts der heftigen Krise eigentlich bescheiden. Dafür, dass die Wirtschaft weltweit in relativ kurzer Zeit hoch- und wieder heruntergefahren wurde, sind ein paar Wochen längere Lieferzeiten und moderate Preisanstiege in einigen Flaschenhals-Branchen (z.B. Holz, Halbleiter oder Frachtschiffe) fast schon eine Erfolgsmeldung. Überhaupt entstand der Preisdruck nur, weil die Wirtschaft wieder hochfahren konnte, also eine gute Botschaft. Hätte die Flaute länger angedauert, wäre die Nachfrage nach Energie und Gütern kleiner geblieben und mit ihnen auch die Inflationsrate.

Wirkliche Inflation, getrieben von der Lohn-Preis-Spirale, war das also nicht. Die Bruttolöhne waren im ersten Corona-Jahr 2020 noch um fast 1 Prozent gefallen. Das erste Mal seit der Finanzkrise 2008. Millionen Beschäftigte in Kurzarbeit mussten auf rund ein Drittel ihres Gehaltes verzichten, das ist in der Statistik der Bruttolöhne gar nicht enthalten. Gleichzeitig fiel allerdings auch die Arbeitsproduktivität um fast 3 Prozent. Hygieneeinschränkungen und Gesundheitsprobleme waren ein Produktivitätsschock.

2021 stiegen die Bruttolöhne zwar um 3 Prozent, allerdings von niedrigerem Niveau aus. Die Produktivität stieg um 2,5 Prozent. Die Tarifabschlüsse der Gewerkschaften waren auch 2021 schwach. In Summe schlägt für Tarifverträge im Schnitt gerade einmal ein Plus von 1,3 Prozent zu Buche – das ist sogar weniger als die Zielinflationsrate von 2 Prozent, die ja deutlich überschritten wurde. Mit den Löhnen lassen sich die hohen Inflationsraten also nicht erklären, mit gestörten Lieferketten und dem Energiepreisschock aber schon.

Index der tariflichen Monatsverdienste Veränderung zum Vorjahresquartal in %

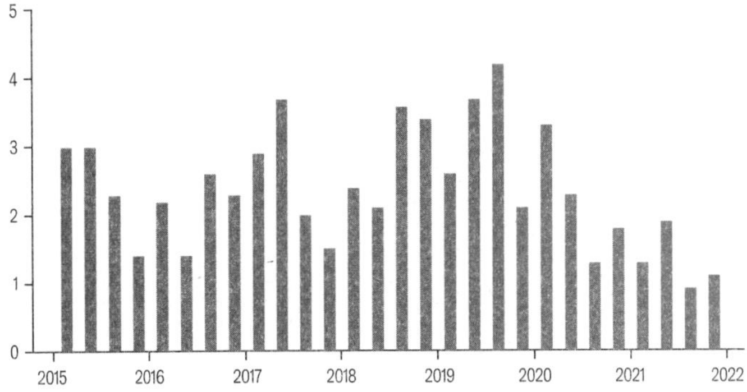

Statistisches Bundesamt, 2022

Dann kam der 24. Februar. Putin ließ Panzer über die Grenze zur Ukraine rollen. Noch vor Sonnenaufgang flogen Raketen und Gewehrsalven. Ein barbarischer Angriffskrieg begann. Damit tritt Putin nicht nur das Völkerrecht mit Füßen, sondern wirft auch die Welthandelsordnung über Bord. Europa, Kanada, Großbritannien, Japan und die USA verhängen harte Wirtschaftssanktionen gegen Russland. Das Vermögen russischer Oligarchen und die Währungsreserven der russischen Zentralbank werden eingefroren, russische Banken aus dem sogenannten SWIFT-Netzwerk ausgeschlossen, über das Banken bei internationalen Geldflüssen Informationen austauschen, und Geschäfte mit ihnen untersagt. Dazu kommen weitreichende Exportverbote: Russland bekommt zum Beispiel keine Hightechprodukte, keine Antennen, keine Navigationsgeräte, keine Klimaanlagen, keine Turbinen, keine Chemikalien, keine Fahrzeuge, keine Monitore, keine Konsolen und keine Bahnwaggons mehr aus Europa. Und vieles andere auch nicht mehr. Die vollständige Liste ist ellenlang und würde hier Seiten füllen.

Neben dem unbeschreiblichen Leid, das der Krieg verursacht, stockt auch der Weltwirtschaft der Atem. Russland ist nämlich Kornkammer und Energiequelle der Welt. »Wie lange noch?«, fragen sich alle. Viele europäische Länder hängen wie Junkies an Russlands Energie. Allen voran Deutschland. Wirtschaftsminister Robert Habeck sagt auf einer Pressekonferenz am 3. März 2022 – der Krieg war da gerade eine Woche alt: »Wenn ich bei den Energielieferungen bin, so will ich einmal feststellen, und das sage ich mit großem Bedauern, und das sage ich nicht freudestrahlend, dass Deutschland von russischen Energieimporten abhängig ist. Wir haben einen Import von 55 Prozent Gas, 50 Prozent Kohle und 35 Prozent Öl aus Russland. [...] Deswegen brauchen wir und werden auch die Möglichkeit für Energiezufuhren aus Russland offenhalten. Wir brauchen diese Energiezufuhren, um die Preisstabilität und die Energiesicherheit in Deutschland sicherzustellen.«[5]

Der Krieg und die Sanktionen sorgen offensichtlich für große Unsicherheit. Es kommt zu Panikkäufen und Spekulation. »Schnell noch Öl und Gas einkaufen, bevor der Krieg einen Stopp verursacht«, so das Motto an den Märkten. Gerüchte über ein europäisches Energieembargo vergrößern die Unsicherheit, ebenso wie der Zertifizierungsstopp von Nord Stream 2, auch wenn Robert Habeck auf besagter Pressekonferenz noch ein Embargo für Deutschland ausschließt: »Ich würde mich nicht für ein Embargo auf russische Importe von fossilen Energien einsetzen, ich würde mich sogar dagegen aussprechen, weil wir damit den sozialen Frieden in der Republik gefährden.«[6] Der Gaspreis schoss auf historische Höchststände. An der wichtigsten europäischen Börse, in den Niederlanden, wurde eine Megawattstunde für weit über 200 Euro gehandelt – zehnmal mehr als vor einem Jahr. Auch die Notierungen der Ölsorten Brent und WTI erreichten im weltweiten Großhandel Höhen wie seit einem Jahrzehnt nicht mehr. Benzin und Diesel kosteten an deutschen Tankstellen mehr als zwei Euro pro Liter, fast einen Euro mehr als ein Jahr zuvor. Der Preisanstieg war heftiger als während der beiden Ölkrisen 1973/1974 und 1979/1980 und der Finanzmarktkrise 2008/2009. Leichtes Heizöl, mit dem – man wundert sich – in Deutschland immerhin noch rund sechs Millionen Haushalte geheizt werden, verdoppelte sich im Preis unmittelbar nach Kriegsbeginn und war dann sogar fast dreimal so teuer wie 2021. Bei Kohle das gleiche Bild: An der Börse schoss der Preis für eine Tonne von rund 160 auf 400 Euro.

Damit längst nicht genug der schlechten Nachrichten. Auch der europäische Börsenpreis für Weizen explodierte: Von 260 Euro auf 420 Euro pro Tonne, ein Plus von 60 Prozent! Am Montag nach Kriegsbeginn titelte *Börse Online*: »Weizenpreis: Stärkster Preissprung seit 13 Jahren.«[7] Wo einige Panik schieben, sehen andere Spekulationsgewinne. Nicht anders das Bild bei Mais, Gerste, Raps oder Sonnenblumenöl. Der Kriegsbeginn wurde an der Börse als Investment-Chance gesehen. Allein in der ersten Märzwoche sind rund 4,5 Milliarden US-Dollar in Fonds geflossen, die mit Agrarrohstoffen handeln – so viel wie sonst in einem ganzen Monat.[8] Das schnelle Geld lockte wegen drohender Engpässe in der Ukraine. Nicht nur Russland, auch die

Ukraine ist Kornkammer der Welt, besonders die Schwarzmeerregion. Fast ein Drittel aller weltweiten Weizenexporte stammt von dort. 2020 stand die Ukraine für 9 Prozent aller Weizenexporte. Beim Mais waren es 14 Prozent, bei Gerste 13 Prozent, bei Raps 9 Prozent, bei Sonnenblumenöl knapp die Hälfte.

In Deutschland lag die Inflationsrate im März bei 7,3 Prozent. Größter Treiber? Sie ahnen es. Die Energie! Energieprodukte waren satte 40 Prozent teurer als im Vorjahr. Nahrungsmittel plus 6,2 Prozent. Dienstleistungen hingegen nur plus 2,8 Prozent – also fast auf Kurs zur Zielinflationsrate. Die Diagnose ergibt sich bereits aus den Zahlen: klassischer Angebotsschock. Kriege sind meistens mit solchen Angebotsschocks verbunden, weil der Handel zum Erliegen kommt und Lieferketten zusammenbrechen. Noch bevor ukrainische Getreidefrachter nicht mehr aus den Häfen kamen und Gazprom die Gaslieferungen an Deutschland gekürzt hat, waren die Preise in die Höhe geschossen, weil alle Akteure versuchten, zukünftigen Entwicklungen vorzugreifen. Schlagzeilen und politische Gerüchte spielen hier eine wesentliche Rolle.

Ein gutes Beispiel für den Einfluss von Schlagzeilen, Spekulation und Stimmung auf Preise ist auch die Embargodebatte. Rund zwei Wochen nach Putins Einmarsch, am 8. März 2022, verhängte US-Präsident Joe Biden ein Importverbot für Öl und Gas aus Russland. Auch in der EU wurde gleich nach dem Einmarsch hitzig über einen möglichen Boykott russischer Energie als Sanktionsmaßnahme debattiert. In Deutschland besonders, als neun Wirtschaftswissenschaftler eine Studie vorlegten, die die Auswirkungen eines Importstopps russischer Energie auf Deutschland modellierte. Die Studie traf einen Nerv und löste eine riesige Debatte um die Embargofrage aus. Konnten wir es uns leisten, Sanktionen gegen Russland zu verhängen? Wäre die deutsche Wirtschaft resilient genug? Die Botschaft des Modells in der Studie: So schlimm wird es schon nicht. Im günstigsten Fall seien 0,5 Prozent, im ungünstigsten Fall 3 Prozent Rückgang der Wirtschaftsleistung zu erwarten.[9] Lautstark forderten die Autoren deswegen einen sofortigen Importstopp, in jeder Talkshow wurde darüber gesprochen. An den darauffolgenden Tagen schoss der Gaspreis auf seinen zwischenzeitlichen Höchststand von weit über 200 Euro.

Gaspreise an der Börse im Jahr 2022

Preise an der Börse in EUR/MWh

Bundesnetzagentur auf Basis von European Energy Exchange AG, 2022

Industrie, Arbeitgeberverbände, Gewerkschaften und Energieversorger hielten wie eine eingeschworene Einheit gegen die Aussagen der Wirtschaftswissenschaftler – was selten passiert, stehen sich die Vertreter dieser Parteien doch sonst in verschiedenen Interessenkonflikten als Gegner gegenüber. Unisono warnten sie nun aber vor den katastrophalen Auswirkungen, die vor allem ein kalter Gasentzug für Deutschland mit sich brächte. Denn Gas ist längst nicht nur für die warme Stube und heißes Duschwasser entscheidend, sondern auch der mit Abstand wichtigste Energieträger für die industrielle Produktion. Vor dem Krieg machte Gas rund ein Drittel des Energieverbrauchs in der deutschen Industrie aus. Am wichtigsten ist Gas für die Chemiebranche, die nach der Automobilindustrie und dem Maschinenbau die drittgrößte Industriesparte Deutschlands ist. Aber auch in der Glas- und Keramikherstellung, der Metallverarbeitung, der Papierproduktion und der Herstellung von Nahrungs- und Futtermitteln ist Gas nicht von jetzt auf gleich wegzudenken. Alles Industriezweige, die unverzichtbare Vorprodukte für andere Branchen herstellen und dafür eben Gas benötigen. Ohne Chemieproduktion drohen etliche Engpässe in anderen Branchen. Ob Landwirtschaft, Nahrungsmittelproduktion, Automobilindustrie, Herstellung von Kosmetik und Hygieneartikeln, Bauwesen, Pharmaindustrie, Elektronikbranche und so weiter – überall stünden ohne die notwendigen Chemikalien die Bänder und Maschinen still.

Exemplarisch dafür steht der BASF-Standort Ludwigshafen. BASF ist der größte Chemiekonzern Deutschlands, fast 40 000 Beschäftigte arbeiten hier auf einer Fläche von 1400 Fußballfeldern und stellen mithilfe von Erdgas Chemieprodukte her, auf die niemand verzichten kann – und will. Stoffe für Medikamente, Schutzanzüge, Desinfektionsmittel und medizinisches Gerät – also alles wichtige

Utensilien, die uns durch die Corona-Pandemie gebracht haben. Aber auch Stoffe für den Alltagsbedarf werden hier gefertigt: Toilettenpapier, Lebensmittelverpackungen, Kleidung. Vor nicht allzu langer Zeit hat BASF eine neue Acetylen-Anlage in Betrieb genommen. Acetylen ist ein Grundstoff für Chemieprodukte und steckt in Lösemitteln, Elektrochemikalien, Arzneimitteln, Sportkleidung, Reifenklebern, Düften, Wärmedämmung, Pflanzenschutzmitteln und vielem anderen.[10] Am besagten Standort in Ludwigshafen wird das Gas außerdem für die Herstellung von Ammoniak benötigt.[11] Aus Ammoniak wiederum werden Düngemittel hergestellt. Wenn Dünger teurer wird, weil BASF mehr für Energie bezahlen muss, steigen die Lebensmittelpreise. Fehlt Dünger, sinken die Ernteerträge und deutsche Lebensmittel werden nicht nur teurer, sondern auch knapp. Auf diese Weise könnte man mehrere Branchen und Lieferketten durchgehen und schnell merken: Deutschland hängt an Putins Pipelines wie ein Unfallpatient an der Bluttransfusion. BASF-Unternehmenssprecherin Daniela Rechenberger warnte deshalb auch: »Erdgas lässt sich in der Chemieproduktion weder als Rohstoff noch als Energieträger kurzfristig ersetzen« und: »Eine Reduzierung der Erdgasversorgung auf unter die Hälfte des heutigen Bedarfs würde zu einer vollständigen Einstellung der Betriebstätigkeit führen«. Die riesigen Anlagen ließen sich außerdem nicht an- und abschalten wie das Licht im Wohnzimmer. Das dauere Wochen und sei außerdem sündhaft teuer.

Ende März 2022 machte Kanzler Olaf Scholz der Debatte um das Gasembargo endgültig den Garaus. Scholz, der sich die Wochen zuvor eher bedeckt hielt und teilweise für Außenstehende gar »abtauchte«, brannte – ganz entgegen der nordischen Ruhe, die er für gewöhnlich auszustrahlen pflegt – bei Anne Will geradezu ein Feuerwerk der Emotionen ab. Angesprochen auf das Embargo und die Studie, entgegnete Scholz beinahe patzig: »Die sehen das falsch.« Gemeint waren die Autoren der Studie, die Professoren Rüdiger Bachmann, Christian Bayer, Moritz Schularick und ein halbes Dutzend mehr. Scholz legte nach: »Es ist ehrlicherweise unverantwortlich, irgendwelche mathematischen Modelle zusammenzurechnen, die dann nicht funktionieren.« Er warnte eindringlich, dass ein Embargo »eine erhebliche Wirtschaftskrise« auslösen würde. Damit war klar: Deutschland und die EU folgen dem US-Embargo nicht. Durchatmen an den Märkten. Fürs Erste!

In den Folgemonaten fraßen sich die gestiegenen Energiepreise durch die Wirtschaft. Besonders betroffen waren die Verbraucher durch die Wocheneinkäufe im Supermarkt. Denn Lebensmittel müssen gedüngt, geerntet, gekocht, gekühlt, eingefroren und transportiert werden – alles sehr energieintensiv. Hinzu kamen die direkten Preissteigerungen bei Weizen, Raps und anderen Nahrungsmitteln. Beides zusammen hat die Lebensmittelpreise um zweistellige Prozentsätze steigen lassen, den Wocheneinkauf zur Zumutung für den Geldbeutel gemacht. Lebensmittelpreise sind hinter Energie zum Preistreiber Nummer zwei in der Inflationsstatistik geworden.

Im September 2022 wurde dann die nächste Marke gerissen: Die Inflation wurde erstmals seit der Nachkriegszeit zweistellig. Plus 10 Prozent errechneten die Statistiker. Bis in das Jahr 1951 muss man zurückgehen, um eine höhere Inflationsrate zu finden. Auch damals löste ein Krieg einen Angebotsschock aus. Durch den Koreakrieg stiegen die Preise für Rohstoffe damals rasant und zogen die Inflationsrate nach oben.

Verbraucherpreisindizes für Deutschland Index 2015=100

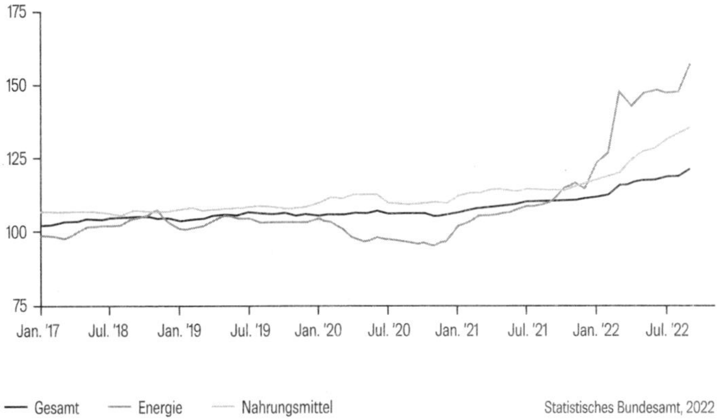

Statistisches Bundesamt, 2022

Was war der Grund für den erneuten Anstieg im Herbst 2022? Nun, zunächst einmal waren der Tankrabatt und das 9-Euro-Ticket gerade ausgelaufen. Beide Entlastungsmaßnahmen hatten die Inflationsrate für drei Monate um circa einen Prozentpunkt abgesenkt, wie Statistiker errechneten. Zudem verteuerten sich Nahrungsmittel weiter, lagen fast 20 Prozent über Vorjahresniveau.

Maßgeblich war aber weiterhin das Gasproblem. »Hauptursachen für die hohe Inflation sind nach wie vor enorme Preiserhöhungen bei den Energieprodukten«, erklärt der Präsident des Statistischen Bundesamtes, Dr. Georg Thiel.

Kein Wunder, denn Anfang September war eingetreten, wovor noch im Frühjahr gewarnt wurde: Über die wichtigste aller Pipelines, Nord Stream 1, kam nicht eine Kilowattstunde Gas mehr. Putin hatte abgedreht. Ab Juni 2022 hat Gazprom die Lieferungen gedrosselt: erst auf 40 Prozent, dann auf 20, und dann zum September wurde der Gashahn ganz abgedreht. Das katapultierte den Gaspreis an der Börse auf ein Allzeithoch von weit über 300 Euro pro Megawattstunde. Wer als Neukunde einen Gasvertrag beim Versorger brauchte, musste diesen am Tag des kompletten Lieferstopps für ganze 40 Cent je Kilowattstunde abschließen. Das ist sieben (!) mal mehr als zum gleichen Tag 2021. Und fast viermal mehr als noch zu Beginn des Krieges.

Entwicklung der Gaspreise für Neukunden Cent pro kWh

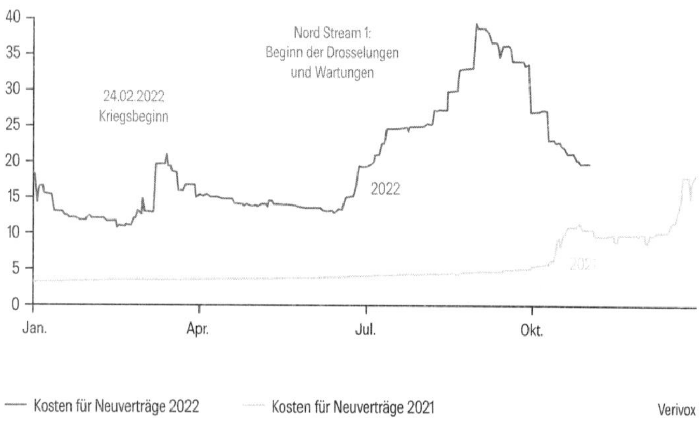

Die hohen Gaspreise ließen auch die Strompreise an der Börse auf Rekordhöhen springen. Denn solange Gas verstromt wird, bedeutet teures Gas auch teurer Strom – wegen des erwähnten Merit-Order-Prinzips an der Strombörse. Anfang September 2022 kam erschwerend hinzu, dass in Frankreich eine Atomkraftflaute herrschte. Rund die Hälfte der 56 französischen Atomkraftwerke waren außer Betrieb. Einige mussten gewartet werden, andere konnten nicht mehr ausreichend gekühlt werden, weil die Flüsse wegen der Sommerhitze nicht mehr genug Wasser trugen. Der fehlende französische Atomstrom verknappte das Stromangebot auf dem europäischen Markt – ein klassischer Preistreiber. Im September mussten Kunden neue Stromverträge zu je 56 Cent pro Kilowattstunde abschließen. Zum Vergleich: Im September des Vorjahres waren es noch 28 Cent. Für Neukunden hat sich der Strompreis also verdoppelt. Ein drastischer Preisanstieg, aber nicht ganz so drastisch wie beim vorher erwähnten Gaspreis.

Neben den tatsächlichen Knappheiten bei Strom und Gas haben deren teure Preise wiederum andere Knappheiten erzeugt. Firmen drosselten die Produktion oder stellten sie sogar ein, weil es sich schlicht nicht mehr rentierte. Zum Beispiel die Stickstoffwerke Piesteritz (SKW). Das Unternehmen aus Lutherstadt Wittenberg ist Deutschlands größter Ammoniak- und Harnstoffproduzent. Aus dem Harnstoff wiederum stellt SKW Piesteritz Stickstoffdünger und AdBlue her. Dabei gehörte das Unternehmen nach dem Konzernriesen BASF auch bei diesen Produkten zu einem der größten Hersteller in Deutschland. Bei AdBlue – dem Abgasreiniger, der bei Dieselmotoren die ausgestoßenen Stickoxide um 90 Prozent verringert – liegt der

Marktanteil in Deutschland bei sage und schreibe 40 Prozent.

Dafür braucht das Unternehmen Gas, viel Gas. Nicht nur als Energieträger, sondern auch als Rohstoff. Entsprechend hoch ist der Gas-Jahresverbrauch des Unternehmens, der sich auf 14 Terawattstunden beläuft. Das ist mehr als der Jahresverbrauch von rund 770 000 4-Personen-Haushalten.[12] Nach Angaben von SKW macht die Gasrechnung 80 bis 90 Prozent der variablen Produktionskosten aus. Steigt der Gaspreis, gehen die Produktionskosten durch die Decke und müssen schnell an die Kunden weitergegeben werden. Ansonsten lohnt die Produktion nicht mehr. Genau dazu kam es im Herbst 2022, als der Gaspreis auf Rekordniveau unterwegs war und die Bundesregierung obendrauf eine Gasumlage einführen wollte. Allein die Gasumlage (die letztendlich doch nicht eingeführt wurde) hätte SKW nach eigenen Angaben rund 30 Millionen Euro gekostet. Die Umlage plus horrende Preise an der Börse, damit war SKW überfordert und stellte die Produktion wochenlang ein. Sofort herrschte Untergangsstimmung in der Logistikbranche. Schließlich fährt fast jeder Lkw in der Branche mit Diesel – und ist damit auf AdBlue angewiesen. Hinzu kommen Millionen Diesel-Pkws. Das weiß auch der Pressesprecher des Unternehmens, Christopher Profitlich: »AdBlue ist das Lebenselixier der Logistikbranche.«[13] Auch für Landwirte und Kunststoffhersteller war der Produktionsstopp von SKW eine schlechte Nachricht, denn auch deren Produktionskette ist von Produkten der SKW abhängig, dem Stickstoffdünger etwa.

Nach drei Wochen völligem Stillstand warf SKW die Maschinen wieder an, wenn auch nur gedrosselt. SKW-Sprecher Profitlich betonte, der Preisschock sei finanziell nicht zu stemmen gewesen – und das, obwohl SKW eigentlich ein »kerngesundes« Unternehmen sei. Anderen AdBlue- und Düngerproduzenten in Europa ging es nicht besser. So hat zum Beispiel auch die Grupa Azoty aus Südpolen im Herbst 2022 die Düngemittelproduktionsanlagen nur noch zur Hälfte ausgelastet – weil sie sich wegen der hohen Energiepreise nicht mehr gerechnet hätten. Aus dem Gaspreisschock drohte europaweite AdBlue-Knappheit zu werden, die die Logistik lahmlegte. Dabei war AdBlue eigentlich nur ein Kollateralschaden. Denn beim AdBlue wäre es der SKW sogar möglich gewesen, die gestiegenen Produktionskosten auf die Kunden abzuwälzen. AdBlue macht nämlich nur einen geringen Teil der Kraftstoffkosten in der Logistik aus. Das Problem war eher der Dünger. Auf Landwirte ließen sich die Preise, nach Angaben des Unternehmens, nicht so einfach abwälzen. AdBlue und Stickstoffdünger werden aber im Verbund produziert, deshalb schwappte das Problem auf die Logistik über. Der Fall schlug medial große Wellen. Profitlich forderte die Regierung auf, finanzielle Hilfen für Betriebe wie SKW bereitzustellen und energieintensive Unternehmen von der Gasumlage zu befreien. So kam es dann später auch: Die Regierung brachte Hilfen auf den Weg und kippte in allerletzter Sekunde die geplante Gasumlage. Kurzes Aufatmen für SKW.

SKW ist aber natürlich nur ein Beispiel dafür, wie der Energiepreisschock Unternehmen in die Unwirtschaftlichkeit drückt und damit Lieferketten stört. In anderen Branchen, bei anderen Lieferketten drohen ähnliche Gefahren. In der Hinsicht ist die Energiekrise mit der Corona-Krise vergleichbar, weil beide gewisse Teile der Lieferketten lahmlegen und damit an Ecken in der Wirtschaft zu Problemen führen, die man zunächst gar nicht auf dem Schirm hat. Aber zur Einordnung sei gesagt: Das ist gewissermaßen der Preis für den Fortschritt durch Arbeitsteilung. Ohne Arbeitsteilung wären vielleicht die Lieferketten weniger anfällig für Störungen, dafür aber in normalen Zeiten nicht so produktiv – eine Art Kompromiss, Ökonomen würden sagen, ein »Trade-off«.

Für die Energiekrise liegt ein Vergleich aus der jüngeren Geschichte auf der Hand: der zur ersten Ölkrise in den 1970ern. Auch damals war Energie knapp. In dem Fall nicht das Gas, sondern Öl. So knapp, dass der damalige Kanzler Willy Brandt sogar autofreie Sonntage ausrief, um Öl zu sparen. Möglich war das mit dem sogenannten Energiesicherungsgesetz, dem die Ampel 2022 ein Update verpasste, um zum Beispiel die Gasumlage damit einzuführen.

Auslöser der Krise war damals das OPEC-Ölkartell. Während des Jom-Kippur-Krieges führten die OPEC-Staaten einen Ölboykott gegen die Verbündeten Israels ein und drosselten damit die Ölproduktion um fast ein Viertel. Daraus entstand ein Wettbieten um das verknappte Öl, das den Preis vervielfachte. Zu der Zeit war Öl noch wichtiger für die deutsche Wirtschaft als heute, vielleicht sogar noch wichtiger als Gas heute – zumindest bei der Energie. Rund die Hälfte gewann Deutschland nämlich in den 1970er-Jahren aus Öl. Zumal die deutsche Wirtschaft brummte und nur so nach dem Öl dürstete. Wie heutzutage sorgte auch damals teure Energie für steigende Produktionskosten, für einen Angebotsschock. Automobilbauer, Eisen- und Stahlgießereien, die Kautschuk- und Asbestindustrie, der Maschinenbau und der Eisenerz-Bergbau waren in besonderem Maße von der Ölknappheit und dem Preisschock betroffen. Die Inflationsrate erreichte ihren Höhepunkt damals bei 8 Prozent, wurde also anders als in der aktuellen Krise nicht zweistellig.

Einige wichtige Unterschiede gibt es allerdings. Die deutsche Wirtschaft brummte vor der Krise, es herrschte quasi Vollbeschäftigung, lediglich 1 Prozent der Erwerbstätigen war auf Jobsuche, die Gewerkschaften waren entsprechend mächtig und drückten auch während des Angebotsschocks hohe Lohnerhöhungen durch. Legendär ist die Tariferhöhung im öffentlichen Dienst um ganze 11 Prozent oder die in der Metall- und Elektroindustrie um fast 12 Prozent – beides wurde mit mehrtägigen Streiks durchgesetzt. Zweistellige Tarifanhebungen waren tatsächlich auch im Boom vor der Krise nicht ungewöhnlich. Grund zur Zurückhaltung sahen Gewerkschafter damals nicht, als der Ölschock die Preise steigen ließ. Vorher lief es ja rund. 1973 wuchs die Wirtschaft um fast 5 Prozent. Mit den steigenden Ölpreisen verging die Boomstimmung jedoch, Unternehmen schoben Investitionen auf, Verbraucher sparten bei der Tankquittung, das Wachstum ging auf deutlich unter 2 Prozent zurück. Die Zahl der Arbeitslosen vervielfachte sich. Von 150 000 Arbeitslosen im Jahre 1970 (0,7 Prozent) auf 270 000 1972 (1,2 Prozent), auf 580 000 1973 (2,6 Prozent) und mehr als eine Million 1975 (4,7 Prozent).[14]

Heute hingegen stolpern wir aus der Corona-Krise, in der die Wirtschaft 2020 noch schrumpfte und die Bruttolöhne sogar fielen, ungebremst in die Energiekrise. Von florierender Wirtschaft kann nicht die Rede sein. Und auch die Beschäftigungszahlen können nicht mit denen von 1972 mithalten – auch wenn Deutschland im Vergleich zum Rest Europas noch gut dasteht. Im Herbst lag die Arbeitslosenquote bei 5,4 Prozent. Offiziell waren 3,3 Millionen Personen ohne Beschäftigung – die tatsächliche Zahl ist immer etwas höher, weil die Agentur die Zahlen im Laufe der Jahre immer mehr frisiert hat. Arbeitslose, die krank sind, an Weiterbildungen teilnehmen oder älter als 58 Jahre sind, werden rausgerechnet. Weil sie dem Arbeitsmarkt nicht unmittelbar zur Verfügung stehen oder schwerer vermittelbar sind, so die offizielle Begründung. Dass damit die Zahlen besser aussehen, ist sicher kein unerwünschter Nebeneffekt. Zählt man diese Gruppe hinzu, kommt man auf über 4 Millionen Personen. Die Gewerkschaften sind nicht annähernd so mächtig wie damals. Die Tarifbindung und die Mitgliederzahlen sind stark zurückgegangen. Nur noch 44 Prozent der Arbeitsverträge sind durch einen Tarifvertrag geregelt, in den 1970er-Jahren waren es doppelt so viele. Wundern darf es uns also nicht, dass die Löhne in Deutschland selbst in normalen Zeiten – ohne krisenhafte Schocks von außen – häufig nicht einmal um die Zielinflationsrate von 2 Prozent gestiegen sind. Anders als heute suchten Gewerkschafter damals den direkten Konflikt mit der Zentralbank und der Regierung. Die Zentralbank machte nämlich das Gleiche wie heute: Sie zog die Zinsen drastisch an. 1972, als die Wirtschaft noch auf Hochtouren lief, lag der Leitzins der Bundesbank noch bei 3 Prozent; im Sommer 1973, keine zwei Jahre später, lag er schon bei 7 Prozent. Für Übernachtkredite von der Bundesbank mussten Banken im Winter 1973 statt 4 Prozent sogar schon bis zu 13 Prozent zahlen. Georg Neemann, zu der Zeit im Vorstand des Deutschen Gewerkschaftsbundes (DGB), wetterte öffentlich dagegen: »Die Bundesbank muss von ihrer Hochzinspolitik runter, der Kostendruck muss von dort her gesenkt werden.«[15] Sein DGB-Vorsitzender, Heinz Oskar Vetter, knüpfte sich die Regierung vor. Die Regierung folge in der Wirtschaftspolitik der »globalen Holzhammer-Methode« und lasse sich »von der Bundesbank manipulieren«.[16] Scharfe Töne, die man heute nicht mehr hört.

Doch Zahlen lügen bekanntlich nicht. Die Tariflöhne sind im ersten Halbjahr 2022 um magere 2,9 Prozent gestiegen. Teils resultiert das aus Lohnerhöhungen, die schon 2021 vereinbart wurden, teils aus neuen Abschlüssen. Abzüglich der höheren Preise bleibt fürs erste Halbjahr ein sattes Minus von 3,6 Prozent. Die hohe Inflationsrate lässt sich mit Lohnzuwächsen nicht erklären.

Entwicklung der Tariflöhne Veränderung zum Vorjahr in %

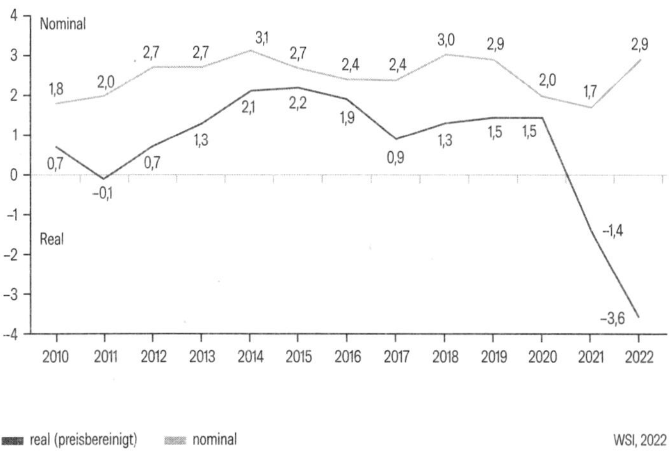

Also: Der Energiepreisschock heute ist mit dem der Ölkrise zwar vergleichbar, die wirtschaftliche Lage und die Stellung der Gewerkschaften sind jedoch ganz andere. Damals war die Inflation getriggert durch den Angebotsschock und weiter angefacht durch überbordende Lohnabschlüsse, die die Lohn-Preis-Spirale drehten. Heute gibt es ebenfalls den Schock als Trigger, aber keine sich selbst verstärkende Lohn-Preis-Spirale. Abzüglich der Inflation schrumpft der reale Wert der Einkommen drastisch. Von den Löhnen ging 2022 kein zündender Funke für den Beginn einer Lohn-Preis-Spirale aus. Das ist wichtig für die Diagnose. Denn wenn die Umstände andere sind, sollten die Rezepte von damals in der Schublade bleiben. Erst recht, wenn sie schon zu Zeiten der Ölkrise nicht besonders gut funktioniert haben. Denn der Angebotsschock und der Zinshammer der Bundesbank stießen die Wirtschaft in eine Krise, von der sie sich bis heute nicht erholt hat. Die Arbeitslosenquote ging nie wieder auf das Niveau von vor der Ölkrise zurück!

Schon damals belegte die Ölkrise aber ein Argument, das auch Klimaaktivisten wie Luisa Neubauer von »Fridays for Future« immer wieder anführen: Die Krise ist eine fossile Krise. Der Energiepreisschock ist ein fossiler Energiepreisschock. Die Preise sind so hoch, weil Deutschland von fossilen Energieimporten aus dem Ausland abhängig ist – noch dazu häufig von Importen aus Ländern, die Menschenrechte mit Füßen treten, Kriege um Ländergrenzen führen und sich um Demokratie und Rechtsstaatlichkeit nicht besonders scheren.

Die Klimakrise wird zum Preistreiber, wenn Extremwetterereignisse zunehmen und die Angebotsprobleme aus dieser fossilen Abhängigkeit verstärken. Nicht-genug-Tun hat auch Kosten. Diese Kosten sind nur meistens so lange verdeckt, bis eine humanitäre Katastrophe wie die Flut im Ahrtal oder eine wirtschaftliche Katastrophe wie explodierende Preise an der Strombörse auf den Plan treten. Das Problem ist: Wenn die Katastrophe da ist, kümmern sich alle um Symptomlinderung, weniger um die Ursache. Die hätte aber mehr Aufmerksamkeit verdient. Nicht anders verhält es sich beim Energiepreisschock.

Energie aus Wind und Sonne befreit aus dieser Abhängigkeit und ist obendrein langfristig noch günstiger. Strom aus Öl und Gas ist teuer, Strom aus Wind und Sonne im Vergleich lächerlich billig. Zur Diagnose gehört also folgende Feststellung: Hätte der Staat in den letzten zehn Jahren mehr Schulden gemacht, um mehr Geld in die Energie- und Verkehrswende zu investieren, wäre Deutschland nicht so abhängig von teuren Öl- und Gasimporten aus dem Ausland, dann wäre zudem die Inflationsrate geringer, der Alltag für die Menschen einfacher zu stemmen und die Geschäfte für die Firmen besser. Die Einsicht »grüne Energiepolitik ist auch gute Sicherheitspolitik« ist nach dem Krieg sowohl bei Wirtschaftsminister Habeck als auch bei Finanzminister Lindner – und sogar bei EU-Kommissionspräsidentin von der Leyen (CDU) – Konsens. Der Konsens müsste aber noch wachsen. Denn grüne Energiepolitik ist auch gute Preis- und Wirtschaftspolitik. Lindner nennt Wind- und Solarkraft »Freiheitsenergien«. Richtig. Sie befreien das Land aber nicht nur von den Fesseln der Autokraten, sondern auch von preislichen Angebotsschocks.

»Halt, halt, halt!«, würden einige Skeptiker jetzt rufen. Diejenigen nämlich, die immer noch an der längst widerlegten und veralteten Inflationstheorie hängen, wonach Inflation von »zu viel Geld« komme. Sie geht zurück auf den US-Ökonomen Irving Fisher (1867–1947), wurde später aber vor allem prominent von *dem* neoliberalen Vordenker schlechthin vertreten – Milton Friedman (1912–2006). »Monetarismus« ist das Etikett für diese Theorie. Und Totgesagte leben länger, wie es so schön heißt. In diesem Fall in den Köpfen von Ökonomen, Wirtschaftsjournalisten, Influencern und auch Politikern. Ob Professor Gunther Schnabl von der Universität in Leipzig, Hans-Werner Sinn, Ex-Präsident des ifo Instituts, »Spiegel«-Korrespondent Tim Bartz, ZDF-Moderator Theo Koll, Starinvestor Frank Thelen, Crashprophet Marc Friedrich, Bitcoin-Influencer Roman Reher (Blocktrainer), Funk-Youtuber MrWissen2Go, Arbeitgeberpräsident Rainer Dulger, AFD-Abgeordneter Kay Gottschalk, FDP-Abgeordneter Frank Schäffler oder Ex-Finanzminister Peer Steinbrück (SPD).[17] Sie alle sind Vertreter dieser Denkart.

»Wie kann es sein, dass Sie in Ihrer Diagnose gar nicht über die Geldmenge sprechen, Herr Höfgen?«, würde der Vorwurf von Monetaristen lauten, dem ich zuvorkommen will. Ihre Gegenthese: Nur, weil in den letzten Jahren so viel Geld gedruckt worden ist, ist es überhaupt möglich gewesen, dass die Preise so rasant steigen. Niedrigzinspolitik, Anleihekaufprogramme und Staatsschulden, sie alle seien der Nährboden für den Angebotsschock gewesen.

»Die Geldschwemme legte das Fundament für die gegenwärtigen Preissteigerungen, denn Inflation ist immer und überall ein monetäres Phänomen«, schreiben die Wirtschaftsjournalisten Tim Bartz und Christian Reiermann im »Spiegel«.[18] Nur weil *zu viel* Geld im Umlauf sei, hat sich der Energiepreisschock auf Nahrungsmittel und andere Gütergruppen ausbreiten können. Hätten die Zentralbanken das Geld knapp gehalten, so der Umkehrschluss, hätten andere Preise fallen müssen, wenn Energie teurer wird. Bartz und Reiermann schreiben im bereits zuvor zitierten »Spiegel«-Artikel: »In einer Volkswirtschaft mit konstanter Geldausstattung würden steigende Preise etwa für Energie gleichsam automatisch zu sinkenden bei allen anderen Produkten führen. Weil die Menschen mehr fürs Tanken ausgeben, sparen sie zum Beispiel beim Essen. Als Folge bleiben Lebensmittel übrig, sie werden billiger. Das Preisniveau ändert sich nicht.«[19] Schuld wären nach der Logik also eigentlich die Zentralbanker – EZB-Präsidentin Christine Lagarde und ihr Vorgänger Mario Draghi – und die Finanzminister – Christian Lindner und sein Vorgänger Olaf Scholz, die in der Krise viele neue Schulden gemacht haben – und nicht primär Wladimir Putin, nicht die Merkel-Regierungen, die Deutschland in die Abhängigkeit von fossilen Putin-Energien getrieben haben.

Monetaristen haben das Pech, dass die Wirklichkeit sie widerlegt, aber das Glück, dass ihre Theorie – oberflächlich betrachtet – intuitiv richtig und logisch klingt. So wird sie in Talkshows häufig unwidersprochen propagiert und verbreitet. Die intuitive Logik lautet: Was nicht knapp ist, ist auch nichts wert. Diese Annahme wird aufs Geld übertragen. Stellen Sie sich zwei Haufen nebeneinander vor.

Einen aus Geld und einen aus Äpfeln. Je mehr Bauern Äpfel anbauen und verkaufen, je größer der Apfelhaufen wird, desto weniger Geld ist der einzelne Apfel am Ende wert. Umgekehrt gilt: Je mehr Geld gedruckt wird, je größer der Geldstapel wird, desto weniger Äpfel bekommt man für das gleiche Geld, desto weniger wird das Geld wert. Der Geldstapel und der Apfelstapel stehen also – vereinfacht ausgedrückt – in einem festen Austauschverhältnis. So aber funktioniert Wirtschaft nicht. Unternehmen legen Preise nicht nach irgendwelchen ökonomischen »Micky-Mouse-Modellen« oder Geldmengenaggregaten fest.

Wie sollte das auch aussehen? Man stelle sich vor: Ein Bäcker steht mit mehlbefleckter Schürze an der Küchenzeile, die Stirn hat er in Falten gelegt, während er am Laptop den Livestream der EZB-Pressekonferenz verfolgt. Zentralbankpräsidentin Lagarde stellt die geldpolitischen Entscheidungen vor – wie üblicherweise alle sechs Wochen. Der Bäcker hört ganz genau hin, er will erfahren, wie die EZB die Geldmenge verändert. Schließlich muss er ja wissen, ob er seine Brötchen teurer machen muss – oder? Nachdem Lagarde im Eingangsstatement etwas über die wirtschaftliche Lage sagt, den Zinsentscheid und die Anleihekaufstrategie verkündet, muss der Bäcker überrascht feststellen, dass das Wort »Geldmenge« gar nicht vorkommt. Soll es bald mehr oder weniger Geld geben? Lagarde redet gar nicht darüber. Auch in der Pressemitteilung der EZB steht nichts. Der Bäcker nimmt sich vor, nach der Arbeit noch einmal auf die Website der EZB zu gehen, um nach der Geldmengenstatistik zu schauen. Schon kompliziert, denn da gibt es verschiedene. Einmal nur die Menge an Bargeld plus die Guthaben, die Banken bei der Zentralbank haben – diese Definition wird M0 genannt. Dann gibt es noch drei weitere: Bei M1 sind noch die täglich fälligen Kundeneinlagen aufgelistet, also zum Beispiel das Guthaben auf dem Girokonto; bei M2 noch Sparkonten mit einigen Jahren Laufzeit; und bei M3 alles, was als Geldvermögen gilt, auch Fondsanteile zum Beispiel. Über alle Geldmengendefinitionen führt die Zentralbank eine Statistik, aber da lassen sich nur die Werte aus der Vergangenheit ablesen, nicht die Geldmengen der Zukunft. Das liegt daran, dass der Zentralbank die Geldmenge für ihre Geldpolitik egal ist, sonst würde sie ja schon auf der Pressekonferenz darüber sprechen.

Mit der Wirklichkeit hat das alles nichts zu tun. Kein Bäcker schaut Pressekonferenzen der EZB oder recherchiert die Veränderung der Geldmenge – und auch sonst kein Unternehmer. Das Gedankenspiel ist überspitzt, ja klar, aber es soll zeigen, warum Inflation eben nicht allein durch die Veränderungen der Geldmenge zu erklären ist.

Man sieht nicht einmal den Ansatz eines Zusammenhangs zwischen Geldmenge und Inflationsrate, wenn man die Daten übereinanderlegt. Egal, ob man die enge Definition von M0 oder die breite Definition von M3 berücksichtigt, wie die Grafiken unten schon auf den ersten Blick erkennen lassen. Bei der Geldmenge M0 sind die Veränderungen von Jahr zu Jahr sogar so groß, dass die Inflationsrate zur flachen Linie wird. Bei M3 laufen die Linien mal parallel, mal gegenläufig, mal steigt erst M3, mal erst die Inflationsrate. Ein klarer, sofort ersichtlicher statistischer Zusammenhang ist schlicht nicht abzulesen.

Veränderung der Geldmenge M0 und der Preise in der Eurozone

Veränderung zum Vorjahr in %

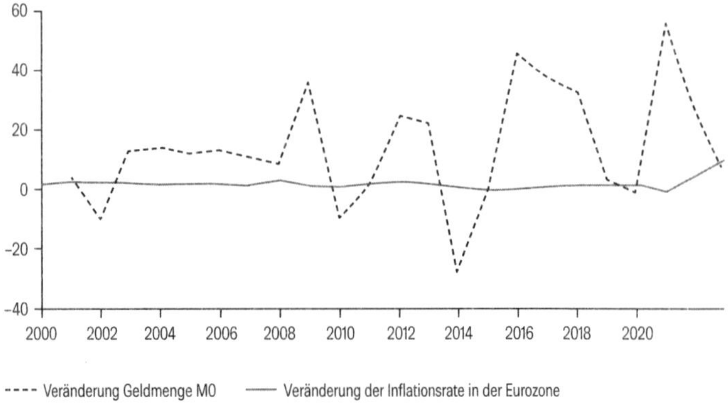

EZB und Eurostat, 2022

Veränderung der Geldmenge M3 und der Preise in der Eurozone

Veränderung zum Vorjahr in %

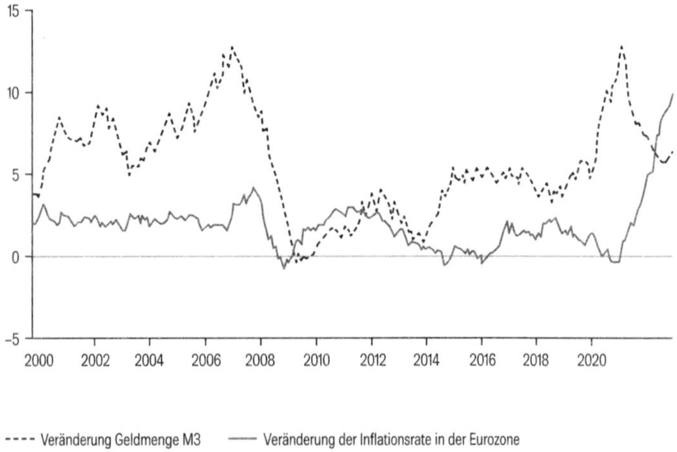

EZB und Eurostat, 2022

Weil es so schön war, noch ein Gedankenspiel. Angenommen, wir würden alle unser ganzes Geld von den Bankkonten abheben, damit nach Frankfurt am Main fahren, dazu noch das Geld aus unseren Geldbeuteln nehmen und auf einen Haufen vor den Zentralbanktower der EZB schmeißen. Ein riesiger Haufen Geld! Und dann kommen noch Finanzminister Lindner und EZB-Präsidentin Christine Lagarde mit Schubkarren voller 200-Euro-Scheine und schmeißen zusätzlich neues Geld obendrauf. Die Geldmenge steigt also. Passiert dann irgendetwas in der Wirtschaft? Macht der Bäcker seine Brötchen teurer? Nein! Wie auch? Der Bäcker und seine Kollegen bekommen das ja gar nicht mit. Genauso wäre es außerdem, wenn Lindner ein Feuerzeug dabeihätte und einen Teil des Geldes anzündete, die Geldmenge also verkleinerte. Es passiert erst etwas in der Wirtschaft, wenn Menschen Geld von diesem Haufen wegnehmen und damit einkaufen, zum Beispiel Brötchen vom Bäcker. Erst dann merkt auch der Bäcker etwas von der Geldmenge.

Aber: Passt er dann gleich seine Preise an, wenn die Kunden mehr Brötchen kaufen? Nicht zwangsläufig. Genau das aber unterstellen Monetaristen, wenn sie an das Verhältnis zwischen Geldhaufen und Güterhaufen denken. Den Geldhaufen kennt der Bäcker nicht, und den Güterhaufen kann er selbst größer machen, wenn mehr Kunden seine Brötchen wollen. Er erhöht vielleicht die Preise, wenn sein Mehl teurer wird, seine Beschäftigten mehr Lohn bekommen oder *so* viel mehr Leute seine Brötchen haben wollen, dass er mit dem Backen gar nicht hinterherkommt. Vielleicht. Aber auch nur vielleicht. Denn vielleicht will er seine Kunden nicht mit höheren Preisen vergraulen und versucht lieber alles, um einen zweiten Ofen anzuschaffen und neue Fachverkäuferinnen und Aushilfen zu finden, damit er die höhere Nachfrage bald bedienen kann. Außerdem: Würde Bäcker Lutze seine Preise erhöhen, weil er in der Geldmengenstatistik auf der Website der EZB erkennt, dass sie gestiegen ist, bekäme er Probleme. Denn wenn er seine Brötchen teurer macht, der Bäcker nebenan aber nicht, gehen die Kunden vielleicht zur Konkurrenz – und er verkauft dann weniger Brötchen. Ein Nachteil fürs Geschäft.

Bei Preisen geht es also um Geschäftsstrategien der Unternehmen und es geht um gesamtwirtschaftliche Nachfrage, nicht um die Geldmenge. Beides hängt nicht direkt zusammen. Wenn Krise ist, sparen Betriebe und Personen und versuchen die Moneten zusammenzuhalten – aus Vorsicht vor schlechteren Zeiten. Dann reduziert sich die Nachfrage, *ohne* dass die Geldmenge kleiner geworden ist. Andersherum könnten wir theoretisch morgen auch alle unsere Ersparnisse von der Bank holen, die Läden leer kaufen und damit die Wirtschaft ankurbeln, ohne dass die Geldmenge größer geworden wäre. Monetaristen sind sich dessen eigentlich bewusst, sie nennen das die »Geldumlaufgeschwindigkeit«. Wer aber von Geldmenge auf Preise schließt, nimmt an, dass diese Geldumlaufgeschwindigkeit konstant ist. Ist sie aber nicht! Denn die große Frage ist ja auch: Wo entsteht das Geld und wie wird es ausgegeben? Es macht nämlich einen großen Unterschied, ob ein Bäcker einen Bankkredit bekommt, um einen neuen Ofen zu kaufen; ein Häuslebauer einen Bankkredit bekommt, um seiner Familie den Traum vom Eigenheim zu erfüllen; ein Investor einen Kredit aufnimmt, um am Finanzmarkt zu spekulieren; oder der Staat Corona-Hilfen auszahlt, Gaspreise subventioniert, Zinsen an Halter von Staatsanleihen zahlt oder Kampfjets aus den USA einkauft. Der Bäcker etwa gibt den Kredit gleich wieder für seine Investition aus, bezahlt damit den Ofenlieferanten, was neue zusätzliche Nachfrage erzeugt und die Wirtschaft ankurbelt. Der Spekulant hingegen kauft damit womöglich anderen Spekulanten Wertpapiere ab, das Geld versickert im Finanzmarkt und erzeugt bei keinem Bäcker, Friseur oder Autobauer neue Nachfrage. Das stimmt zum großen Teil ebenso, wenn der Staat Zinsen an die Halter von Staatsanleihen überweist.

Ein anderes Beispiel: Deutschland bestellte im Frühjahr 2022 für knapp vier Milliarden US-Dollar atombombenfähige Kampfjets aus den USA. Die Überweisung ging an Lockheed Martin, den US-amerikanischen Großkonzern. Vielleicht musste der Finanzminister für die Dollarüberweisung vorher an der Börse Euro gegen Dollar eintauschen. Wohin also die frischen Euros am Ende gehen und ob sie zusätzliche Nachfrage erzeugen, kommt ganz drauf an. Klar ist jedenfalls, dass sie nicht gleich bei denen landen, die mit kleinem Geldbeutel ihren Alltag in diesem Land bestreiten und jeden Euro, den sie einnehmen, gleich wieder ausgeben. Wer nur über Geldmenge spricht, verkennt viele wichtige Details.

Zumal die Geldmenge per se eben auch gar nichts auslöst. Wie groß oder klein der Geldhaufen ist, ist egal. Ökonomen unterscheiden stattdessen Fluss- und Bestandsgrößen. Flussgrößen sind zum Beispiel Ausgaben. Wenn ich Brötchen kaufe, *fließt* Geld von mir zum Bäcker. Wenn ich hingegen spare, *fließt* kein Geld. Das Gegenteil der Flussgröße ist die Bestandsgröße. Da fließt nichts, da liegt nur etwas herum. Wie eben die Geldmenge. Bestandsgrößen an sich haben keine Auswirkungen. Die Geldmenge ebenfalls nicht. Das Geld liegt im Geldbeutel oder auf dem Bankkonto, aber es verändert in der Wirtschaft nichts. Um etwas verändern zu können, müssen Bestandsgrößen zu Flussgrößen werden. Geld muss also ausgegeben werden, damit es in der Wirtschaft etwas auslöst, damit es einen Einfluss auf Preise hat. Die Logik ist simpel, wird aber von Monetaristen ignoriert. Der polnische Ökonom Michał Kalecki hat dazu den schönen Satz geprägt: *»I have found out what economics is; it is the science of confusing stocks with flows.«* Übersetzt: »Ich habe herausgefunden, was die Ökonomik ist; die Wissenschaft über das Verwechseln von Bestands- mit Flussgrößen.«

Und wie gesagt: Nicht einmal die EZB interessiert die Geldmenge. Anders als Monetaristen noch immer annehmen, steuert die EZB die Geldmenge nicht. Weder will sie das, noch könnte sie das. Das hat die Bundesbank in Deutschland schon ganz konkret erfahren müssen. Sie hat mit der Geldmengensteuerung nämlich in den 1970er-Jahren herumexperimentiert. Ausgerechnet in der zuvor erwähnten Ölkrise. 1974 erklärte die Bundesbank das erste Mal, die Inflation über Geldmengensteuerung zu kontrollieren, und gab sogar öffentlich das Ziel aus, die Zentralbankgeldmenge (M0) solle im nächsten Jahr nicht mehr als 8 Prozent wachsen.[20] Präsident der Bundesbank ist damals Karl Klasen, früher Justiziar bei der Deutschen Bank. Die Wirtschaftswissenschaft jubelte. Zumindest der Teil, der sich Milton Friedman zum Vorbild nahm – und der war damals eben ziemlich groß.

Der Wirtschaftsjournalist Rudolf Herlt (1919–2005) schrieb im Februar 1975 dazu in der »Zeit«: »Es gibt eine ganze Schule von Nationalökonomen, die darauf schwören, dass ein inflationsfreies Wachstum am sichersten dadurch zu erreichen sei, dass die Währungsbehörden die Geldmenge von Jahr zu Jahr nur um einen festgelegten Prozentsatz steigen lassen. Der Vater dieser Monetaristen-Familie ist der Chicagoer Professor Milton Friedman.«[21]

Die Geldmenge ist vor allem davon abhängig, wie viele Kredite die Banken vergeben und wie der Haushaltssaldo des Staates aussieht. Denn bei Bankkrediten und Staatsausgaben entsteht neues Buchgeld, bei Kredittilgung und Steuerzahlungen verschwindet Buchgeld. Vergibt eine Bank mehr Kredite, als Kunden tilgen, steigt die Geldmenge. Gibt der Staat mehr Geld aus, als er über Steuern einnimmt, steigt die Geldmenge. All das wiederum ist von vielem abhängig, vor allem aber davon, wie es um die Wirtschaft steht und wie die Wirtschaftspolitik gestaltet wird. Wie sollte die Zentralbank das nur steuern?

Nun, die Idee der Bundesbank war, die Banken über die sogenannte Mindestreserve zu begrenzen. Die Mindestreserve definiert, wie viel Guthaben Geschäftsbanken bei der Zentralbank halten müssen – und zwar im Verhältnis zu den Kunden- und Spareinlagen. Die Theorie dahinter wird auch »Geldmengenmultiplikator« genannt. Je nach Mindestreserve könnten Banken also nur ein Vielfaches der Zentralbankgeldmenge als Kredit vergeben, so lautet die Idee. Im Geschäftsbericht der Bundesbank von 1974 schreibt sie, dass »die Bundesbank die Buchgeldschöpfung der Banken an ihre eigene Geldschöpfung« als Mindestreserve binde. Weiter heißt es: »Aufgrund dieser

Zusammenhänge kann die Zentralbankgeldmenge, obgleich nur ein Teil, selbst für das Ganze stehen: nämlich für die gesamte von der Notenbank ermöglichte monetäre Expansion.«[22] Die Bundesbank versuchte also damals explizit über diese Mindestreserve die Kreditvergabe der Banken zu kontrollieren und einzuschränken, doch sie scheiterte mit dem Vorhaben. Mehrmals änderte die Bundesbank die Mindestreserve-Sätze, doch die Kreditvergabe reagierte nicht so, wie der berüchtigte Geldmengenmultiplikator es vorsah. Weil die Theorie falsch ist.

Sie geht davon aus, dass die Nachfrage nach Krediten unendlich sei und lediglich das Angebot eingeschränkt werden müsse. Das ist aber nicht so. Firmen und Häuslebauer nehmen nur Kredite auf, wenn sie sich zutrauen, sie auch zurückzahlen zu können. Für diese Sicherheit ist es wichtig, dass die Wirtschaft gut läuft. Sobald die wirtschaftlichen Vorzeichen auf Krise stehen, geht die Kreditnachfrage zurück. Banken und Zentralbanken sind gleichermaßen chancenlos, wenn sie versuchen, diesen Mechanismus zu steuern. Denn zum Aufnehmen eines Kredits kann man selbstverständlich nicht gezwungen werden. Auch ein billiger Kredit mit niedrigen Zinsen bleibt für Unternehmen ein Risiko, das gescheut wird, solange die Wirtschaftslage mies ist. Die Jahre seit der Eurokrise haben genau das bewiesen. Trotz Niedrigzinsen in ganz Europa lief das Kreditgeschäft schleppend. Weil die europäische Wirtschaft stagnierte. Außerdem verkennt die Theorie des Monetarismus, dass die Mindestreserve zwar eine Kostenbelastung für die Banken ist, aber keine harte Einschränkung.

Denn um die Mindestreserve zu erfüllen, müssen Banken nicht jeden Tag über genug Guthaben bei der Zentralbank verfügen, sondern nur am Ende der sogenannten Erfüllungsperiode nachweisen, dass sie im Durchschnitt in diesem Zeitraum genug Guthaben bei der Zentralbank hatten. »Erfüllungsperiode«, sperriger Begriff, bezeichnet diesen Zeitraum, in dem die Erfüllung der Mindestreserve kontrolliert wird. Heutzutage macht die EZB das üblicherweise alle sechs bis sieben Wochen.

Daraus folgt: Banken müssen nicht vor der Kreditvergabe genug Kontoguthaben bei der Zentralbank haben, um einen neuen Kredit vergeben zu können, sondern erst danach. Sie vergeben also zuerst den Kredit und besorgen sich im Nachhinein die nötigen Guthaben bei der Zentralbank, um die Mindestreservepflicht zu erfüllen. Diese Guthaben können sie sich jederzeit von anderen Banken oder der Zentralbank selbst leihen. Gegen Zinsen selbstredend. Das kostet also was, ist aber keine ultimative Einschränkung. Und wenn eine Bank die Mindestreservepflicht nicht erfüllt? Dann gibt es Sanktionen. Üblicherweise verhängt die Zentralbank dann einen Strafzins, der ein paar Prozentpunkte über dem Zins liegt, zu dem sich die Banken Guthaben von der Zentralbank hätten leihen können – dem sogenannten Spitzenrefinanzierungssatz, wieder ein sperriger Begriff. Diesen Strafzins müssen sie allerdings nur auf das Guthaben zahlen, was zur Erfüllung der Mindestreservepflicht gefehlt hat. Da die Mindestreserve nur einen mickrigen Bruchteil der Kreditvergabe ausmacht, heute liegt der Satz bei einem Prozent, tut der Strafzins den Banken nicht besonders weh. Steuern kann eine Zentralbank die Kreditvergabe über die Mindestreserve also nicht.

Die Vorstellung, dass Banken erst ein Guthaben von der

Zentralbank bekommen und dieses dann an Kreditnehmer weiterverleihen, ist auch schon technisch falsch. Banken verleihen keine Zentralbankguthaben, können sie auch gar nicht. Damit das ginge, müssten wir alle ein Konto bei der Bundesbank oder der EZB haben. Haben wir aber nicht. Wir als Privatpersonen führen unser Konto bei einer Geschäftsbank, nicht bei der Zentralbank. Das machen nur die Banken selbst und der Staat. Der ganze Prozess funktioniert umgekehrt. Eine Bank vergibt erst einen Kredit, wenn sie einen sicheren, zahlungskräftigen Kreditnehmer findet, danach kümmert sie sich um die Mindestreserve. Allerdings nicht unbedingt am selben Tag, denn erst zu einem bestimmten Stichtag muss sie genug Reserve haben. Der Mitarbeiter, der Kredite verkauft, und die Mitarbeiterin, die sich um die Mindestreserve kümmert, sitzen in völlig verschiedenen Abteilungen und haben im Tagesgeschäft nichts miteinander zu tun, außer, sie sind zum Mittagessen in der Kantine verabredet!

Dass Zentralbanken mit der Mindestreserve nur ein stumpfes Schwert in der Hand halten, um die Geldmenge zu steuern, musste die Bundesbank also erst selbst herausfinden. Heute spielt die Theorie in der Bundesbank und auch bei der EZB keine Rolle mehr. Im April 2017 hat die Bundesbank zu ihrem üblichen Monatsbericht noch ein Papier über Geldschöpfung veröffentlicht. Darin verabschiedet sie sich unmissverständlich von dem Gedanken, die Kreditvergabe der Banken über die Mindestreserve kontrollieren zu können: »Dabei hängt die Fähigkeit der Banken, Kredite zu vergeben und Geld zu schaffen, nicht davon ab, ob sie bereits über freie Zentralbankguthaben oder Einlagen verfügen.«[23] Viel mehr, so sinngemäß, schränkten Regulierungsvorschriften und die Knappheit kreditwürdiger Kunden die Kreditvergabe ein. Übrigens: Einige Länder haben auch gar keine Mindestreserveregelung. Australien, Kanada, Großbritannien und Schweden zum Beispiel.

Hätte das alte Geldmengenkonzept der Bundesbank gefruchtet und die Monetaristen mit ihrer Inflationstheorie recht, müsste die Inflation heute in den Ländern am höchsten sein, in denen die Zentralbanken ihre Bilanzsumme am stärksten aufgebläht haben, also am meisten Zentralbankguthaben (M0) erzeugt haben. Spitzenreiter in der Kategorie im weltweiten Vergleich sind Japan und die Schweiz, wie die Grafik unten zeigt. Die haben mit Anleihekäufen noch viel mehr auf die Tube gedrückt als etwa die EZB. Seit der Finanzkrise hat sich die Zentralbankgeldmenge von 20 Prozent auf rund 140 Prozent der Wirtschaftsleistung vervielfacht. Die EZB lag vor der Finanzkrise bei circa 10 Prozent und Ende 2021 bei knapp unter 80 Prozent, die britische und die US-amerikanische Zentralbank kommen von 5 Prozent und lagen Ende 2021 bei rund 40 Prozent. Die chinesische Zentralbank wirkt dagegen fast bescheiden, ihre Bilanz ist seit der Finanzkrise lediglich um ein paar Prozentpunkte auf knapp unter 30 Prozent gewachsen.[24] Die chinesische Zentralbank ist tatsächlich auch die einzige große Zentralbank, die ihren Leitzins in den letzten Jahren *nicht* in Richtung null gedrückt hat, in den anderen großen Industrieländern versuchten die Zentralbanken gegen die niedrigen Inflationsraten und Stagnation anzukämpfen. In der Schweiz hingegen zum Beispiel war der Leitzins sogar jahrelang negativ.

Und: Haben die Monetaristen nun recht? Offensichtlich nicht. Mit der Zentralbankgeldmenge lässt sich die Welt nicht erklären. Japan und die Schweiz, die Länder mit der offensivsten Zentralbank und den größten Notenbankbilanzen haben mit Abstand auch die geringsten Inflationsraten. Japans Inflationsrate liegt im Herbst 2022 bei 3,7 Prozent, die der Schweiz bei 3,0 Prozent. Noch deutlicher wird der Vergleich über die letzten 5 Jahre. Die Preise in Japan und der Schweiz lagen im Herbst keine 5 Prozent über dem Niveau von 2015. Zum Vergleich: Die USA liegt in der Statistik bei fast 25 Prozent, Großbritannien bei 19 Prozent, die EU bei 17 Prozent, China knapp über 15 Prozent.[25] Dabei gibt Japans Zentralbank schon seit 30 Jahren Vollgas, ohne Inflation zu erzeugen. Dabei hätten sie so gerne ein bisschen mehr Inflation gehabt, um aus der Deflationsfalle zu entkommen. All jene Monetaristen, die seit Jahren davor warnen, dass die »Geldschwemme« bald zu hoher Inflation führe, haben die beiden Extrembeispiele Japan und Schweiz gegen sich.

Der Begriff »Geldschwemme« ist außerdem eine Nebelkerze – er führt in die Irre. Der Zentralbank geht es bei der Geldpolitik um Preise, nicht um Geldmenge. Alles, was sie macht, soll die Zinsen beeinflussen. Besser gesagt: die Finanzierungskosten für Kreditnehmer.

Dafür legt sie zum einen fest, zu welchem Zinssatz die Geschäftsbanken Geld von ihr leihen bzw. an sie verleihen können, und dafür kauft bzw. verkauft sie zum anderen Staats- und Unternehmensanleihen. Um das technisch kurz auszuführen: Für die Banken bietet die EZB zum Beispiel drei Zinssätze an. Den Einlagezins, zu dem Banken Zentralbankguthaben, das sie nicht brauchen oder als Mindestreserve halten müssen, bei der EZB parken können; den Hauptrefinanzierungszins (auch »Leitzins« genannt), zu dem Banken Zentralbankguthaben für eine Laufzeit von mindestens einer Woche gegen Sicherheiten leihen können; und den Spitzenrefinanzierungszins, zu dem Banken Zentralbankguthaben über Nacht gegen Sicherheiten leihen können, wenn sie schnell an Guthaben kommen müssen. Daneben gibt es einen sogenannten Interbankenzins. Das ist der Zins, zu dem die Banken sich untereinander Zentralbankguthaben leihen. Seine Höhe liegt in der Regel zwischen dem Einlagezins und dem Spitzenrefinanzierungszins. Denn die verleihende Bank will mehr bekommen, als sie für die Einlage bei der EZB bekommt, und die leihende Bank will weniger zahlen, als sie bei der EZB zahlen müsste. Wie teuer es für die Geschäftsbanken ist, an Zentralbankguthaben zu kommen, wirkt sich darauf aus, welche Zinsen Oma Erna auf ihr Sparbuch bekommt und welche Bäcker Lutze für seinen Kredit zahlen muss.

Auch die großen Anleihekaufprogramme, unter Ökonomen »Quantitative Easing« genannt, hatten nicht das Ziel, die Geldmenge zu erhöhen. Während der Corona-Krise legte die EZB zum Beispiel das 1,85 Billionen Euro schwere PEPP-Programm auf. Eine Zahl, die so viele Nullen hat, dass man sie kaum begreifen kann. Dahinter steckt aber auch nur Kalkül: Die EZB will die Renditen auf Anleihen senken. Denn wie viel Rendite eine deutsche Staatsanleihe abwirft, beeinflusst die Preise von allen anderen Finanzmarktprodukten. Deutsche Anleihen gelten als die sichersten in der Eurozone, sozusagen als Fels in der Brandung. Sie sind die risikolose Benchmark. Niemand würde eine Unternehmensanleihe kaufen, die riskanter ist, aber weniger Rendite verspricht als die deutsche Staatsanleihe. Das wäre leichtsinnig, denn es bedeutete mehr Risiko und weniger Ertrag. Andersherum sinken die Zinsen auf Sparbücher, Lebensversicherungen und Hauskredite, wenn risikolose Staatsanleihen weniger einbringen.

Wenn die EZB viele Anleihen kauft, sorgt die höhere Nachfrage für steigende Anleihepreise – und drückt damit die Rendite. In Zahlen: Wenn eine einjährige Anleihe mit einem Nennwert von 100 Euro 1 Prozent Zinsen einbringt, aber auf dem Markt zu 101 Euro gehandelt wird, weil die EZB und viele andere Käufer diese Anleihe haben wollen und den Preis in die Höhe getrieben haben, dann sinkt die Rendite von 1 auf 0 Prozent. Und genau das ist das Ziel der EZB: Preise beeinflussen. Der höhere Preis einer Unternehmensanleihe steigert den Marktwert des Unternehmens. Das hat es dann leichter, neue Anleihen auszugeben (ohne zu viele Anteile abzugeben) oder neue Bankkredite aufzunehmen. Der höhere Preis einer Staatsanleihe wiederum macht die Staatsfinanzierung günstiger – zur Freude der Euro-Finanzminister, deren Zinskosten dadurch sinken.

Zu verstehen, wie diese Anleihekäufe funktionieren, immunisiert gegen Panikmache von Crashpropheten und Fehlurteile von Monetaristen. Die Vorstellung, die EZB »flute« die Wirtschaft mit Geld, wenn sie solche billionenschweren Anleihekaufprogramme fährt, klingt zwar intuitiv richtig, vermittelt aber ein falsches Bild. Die EZB kauft Banken Anleihen mit neu erzeugtem Zentralbankgeld ab, ja. Das kann sie auf Knopfdruck erzeugen, ebenso wie Banken Buchgeld. Man kann sich das vorstellen wie einen Eintrag in einer Excel-Tabelle. Einmal auf die Tastatur getippt, schon ist neues Guthaben in der Welt. Als Schöpferin des Euros verfügt die EZB theoretisch über unbegrenzte Feuerkraft. Sie könnte alle Anleihen, die es in Euro zu kaufen gibt, auch aufkaufen – theoretisch, wie gesagt. Das sagten sowohl Ex-Präsident Draghi als auch die amtierende Präsidentin Lagarde öffentlich. Draghi antwortete einem Journalisten auf einer Pressekonferenz auf die Frage, ob der EZB das Geld ausgehen könne: »Nun, technisch gesehen nicht. Uns kann das Geld nicht ausgehen, […]«[26] Auch Lagarde bekam die Frage auf einer Pressekonferenz gestellt. Ihre Antwort war nicht weniger eindeutig: »Als einziger Emittent von auf Euro lautendem Zentralbankgeld wird die EZB jederzeit in der Lage sein, bei Bedarf zusätzliche Liquidität zu generieren.«[27] Die EZB werde weder Konkurs gehen, noch wird ihr das Geld ausgehen. Selbst finanzielle Verluste, wenn zum Beispiel Anleihen im Bestand der EZB an Wert verlieren, schränkten die EZB nicht ein, fügte Lagarde an.

Aber zurück zum Anleihenkauf. Die EZB kauft einer Bank eine Anleihe ab. Was genau passiert dann eigentlich? Nun, die verkaufende Bank tauscht die Staatsanleihe gegen Guthaben bei der Zentralbank. Sie hat dann weniger Anleihen, aber mehr Guthaben bei der Zentralbank auf ihrer Bilanz. Buchhalter nennen das einen »Aktivtausch«. Unterm Strich verändert sich die Bankbilanz nicht. Zum Vergleich: Das ist so, als würden wir Geld vom Tagesgeldkonto aufs Girokonto umbuchen. Wir schichten um, aber reicher sind wir danach nicht. Ebenso bei Banken.

Das Irreführende daran: In der Geldmengenstatistik sieht es so aus, als hätten die Banken jetzt viel mehr Geld als vorher. Denn für die Statistik zählt nur, wie viele Guthaben die Banken bei der Zentralbank haben (sogenanntes Zentralbankgeld), nicht aber wie viele Staatsanleihen sie besitzen. Dabei sind Staatsanleihen so schnell am Markt gegen Zentralbankgeld zu verkaufen, dass sie auch als »Geld« in der Statistik zählen sollten. Was auf dem Tagesgeldkonto liegt, zählen wir schließlich auch als Geld. Dann würde klar werden, dass »Geldflut« ein ziemlich sinnloser Begriff dafür ist – in gleicher Höhe haben die Banken im Austausch Staatsanleihen verloren.

Mit den Guthaben in Billionenhöhe aus den Anleihekaufprogrammen der letzten Jahre können Banken zudem wenig anfangen. Sie brauchen die Guthaben zwar, um Zahlungen mit anderen Banken abzuwickeln, Staatsanleihen vom Staat zu kaufen oder Bargeld für die Bankautomaten zu bekommen, aber eben nicht, um Kredite an den Bäcker oder Häuslebauer zu vergeben oder das Geld in die Wirtschaft und unter die Leute zu bekommen. Wie zuvor erläutert, haben wir Privatmenschen gar kein Konto bei der Zentralbank, auf das Geld überwiesen werden könnte. Dieser Überschuss an Zentralbankgeld ist für die Banken also überhaupt nicht notwendig. Kredite vergeben sie unabhängig von ihrem Guthaben bei der Zentralbank. Denn Kredit schöpfen sie per Knopfdruck aus dem Nichts, das Guthaben bei der Zentralbank brauchen sie erst später. Das ist aber nie ein Hindernis für gesunde Banken, weil sie die Guthaben zu jeder Zeit von der Zentralbank oder anderen Banken bekommen können.

Monetaristen verbreiten statt Substanz undurchsichtigen Nebel. Sobald man sich ein wenig in den Maschinenraum des Geldsystems hinabbegibt, bleibt nichts anderes von diesen Theorien übrig als Falten in der Stirn. Inflation hat eben nichts mit Geldmenge zu tun, sondern damit, wie die Wirtschaft läuft. Geben die Leute ungewöhnlich viel aus, steigen die Löhne besonders schnell oder gibt es irgendwo Knappheiten und überlastete Branchen? Dann kann es Inflationsdruck geben. Die Geldmengenstatistik ist dafür egal. Die hohen Inflationsraten in Deutschland kommen vom Angebotsschock, der die Energiepreise explodieren lässt, nicht von expansiver Geldpolitik, nicht vom Schuldenmachen, nicht vom »Gelddrucken«.

Dass es erst eine Pandemie und einen Krieg braucht, damit es nach einem quasi inflationslosen Jahrzehnt den Anschein macht, Monetaristen hätten mit ihrem Geldmengenwahn recht, sagt eigentlich schon alles.

3

Angst als Geschäftsmodell – Wie mit Inflation Stimmung gemacht wird

Angst ist kein guter Ratgeber, heißt es. Das gilt auch beim Thema Inflation. Doch vor kaum einem anderen wirtschaftlichen Phänomen haben die Menschen so viel Angst wie vor der Inflation. Pleitewellen, Arbeitslosigkeit – alles nicht so schlimm wie Inflation, so der Eindruck. Man hat das Gefühl, die Hyperinflation aus den 1920er-Jahren ist bis heute omnipräsent. Schubkarren voller Geldscheine, grassierendes Chaos, steigende Armut – das sind die Bilder, die dazu in den Köpfen auftauchen. Nicht anders ist es, wenn man an weitere Länder denkt, die eine Hyperinflation durchgemacht haben: Simbabwe, Venezuela, Argentinien. Das kann keiner wollen. Und weil die Inflation als Vorstufe der Hyperinflation gilt, ist sie wohl genauso verpönt.

In der Angst wittern einige ein Geschäftsmodell: Crashpropheten. Seit der Finanzkrise haben sie Dauerkonjunktur. Sie verkaufen Bücher wie geschnitten Brot, werden auf YouTube hunderttausendfach geklickt und vermarkten dabei gleich noch ihre Anlageberatung, betreuen zusätzlich ihre eigenen Fonds und kassieren über Affiliate-

Werbemodelle für Finanzanlage mit ab. Immer häufiger handeln sie auch mit Bitcoin und anderen Kryptoanlagen, die als Heilsbringer gegen ein kaputtes, inflationäres Geldsystem gepriesen werden. Die Methode ist stumpf, aber wirkungsvoll. Mit einer Mischung aus Halbwissen, Falschinformationen, rhetorischen Tricks, polemischer Empörung und Selbstinszenierung werden Zuschauer und Leser beschallt – hin und wieder auch mit einem Fuß über die Grenze zur Verschwörungstheorie.

DER LEIM DER CRASHPROPHETEN

Die Erzählungen der Crashpropheten sind alle recht ähnlich. Und sie gehen in etwa so: Die nächste Finanzkrise steht längst vor der Tür, die Wirtschaft werde unter Schuldenbergen und Hyperinflation zusammenbrechen. Schuld sind die bösen Politiker und Zentralbanker mit ihrer Gelddruckerei und ihren Niedrigzinsen, die sich dabei noch selbst bereichern und ihre Macht ausbauen wollen. Im Hintergrund laufen schon längst die Arbeiten an einem neuen Geldsystem, Bargeld gibt es dann nicht mehr, vorbei ist es mit der Freiheit, die EZB wird zur allwissenden Datenkrake, die Regierungen werden im großen Stil Privateigentum enteignen, ja, gar das Ende der Demokratie steht bevor.

Die Wurzel allen Übels ist aber laut diesen Menschen vor allem das Geldsystem, genauer gesagt: das Fiat-Geldsystem, bei dem Geld nicht mehr mit Gold, Silber oder anderem gedeckt ist – und Geld per Knopfdruck erzeugt werden kann. Die großen Verlierer sind in diesem Szenario die Sparer, die schamlos, aber schleichend enteignet werden. Und zwar – hier schließt sich der Kreis zu den Monetaristen – immer, wenn neues Geld erzeugt würde. Crashpropheten sind Monetaristen. Inflation kommt für sie vom Gelddrucken und ist immer und ausnahmslos ein monetäres Phänomen. Das Thema Inflation ist die Einflugschneise für die Crashpropheten. Leicht zu skandalisieren, weil die Angst davor verfängt. Sie gerieren sich als vermeintliche Anwälte der Inflationsgeprellten und bieten Scheinlösungen an, um beim nächsten Crash nicht zu den Verlierern zu gehören, sondern gar noch zu gewinnen.

Einer der bekanntesten Crashpropheten ist Marc Friedrich. Der studierte Betriebswirt ist heute Bestsellerautor, Youtuber mit mehreren Hunderttausend Abonnenten und Honorarberater mit eigenem Fonds. Selbst beschreibt er sich zudem als »Vordenker und Freigeist«.[1] 2019 veröffentlichte er mit Matthias Weik zusammen das wohl erfolgreichste »Crash-Buch« der letzten Jahre: *Der größte Crash aller Zeiten: Wirtschaft, Politik, Gesellschaft. Wie Sie jetzt noch Ihr Geld schützen können*. Das Buch schaffte es auf Platz 1 der Spiegel-Bestsellerliste. Friedrich und Weik schreiben vom »Endspiel«, das längst laufe, vom »einmaligen Notenbankexperiment«, von drohenden »Negativzinsen«, von »Zombieunternehmen«, vom Geldsystem, das »unheilbar krank« und nicht mehr zu retten sei. Wenn die »Zentralbanken die Schleusen öffnen« und »ohne Ende Geld drucken«, drohe eine Inflation von »mindestens 10, 20 Prozent pro Monat (nicht pro Jahr!)«. Darauf folge die finanzielle Repression der Eliten gegen die Bürger. Das

Fazit: »Mit Christine Lagarde als EZB-Chefin dürfen wir uns auf einige Einschränkungen, Verbote und Steuern gefasst machen« und die »Staaten werden sich auf Kosten der Bürger entschulden«.[2]

Wer das liest, dem kann angst und bange werden. Um die Gesellschaft und um das eigene Geld. Hätte da nur jemand Tipps, wie man sich schützen kann. Wie praktisch: die gibt es gleich am Ende des Buches. Und im Nachfolgebuch *Die größte Chance aller Zeiten*. Oder im ganz neuen Buch *Die größte Revolution aller Zeiten: Warum unser Geld stirbt und Sie davon profitieren*. Und auf YouTube. Und in Friedrichs Honorarberatung. Warum nicht gleich seinen SOLIT-Wertefonds kaufen? Der hieß früher, als Friedrich und Weik sich geschäftlich noch nicht getrennt hatten, »Friedrich & Weik Wertefonds«, wird allerdings im Tagesgeschäft nicht von ihnen selbst gemanagt. 2020 gab es ein vernichtendes Urteil von Stiftung Warentest: ungewöhnlich teuer, zweifelhafte erfolgsabhängige Gebühr und schlechte Performance.[3]

Auf der Website des Fonds gibt es ein Anschreiben an die Anleger, in dem das eingangs beschriebene Horrorszenario ebenfalls aufgebaut wird – mit Panikmache, rhetorischen Tricks, Fehlinformationen und ein bisschen Verschwörungstheorie. In der zugehörigen Broschüre steht: »Liebe Anlegerin, lieber Anleger, die Welt spielt verrückt. Die EU, der Kapitalismus, die Marktwirtschaft und die Weltwirtschaft stecken in ihrer historisch schwersten und dauerhaftesten Krise in einem noch nie da gewesenen Ausmaß.«[4] Wo immer es rhetorisch möglich ist, wird das Stilmittel der Übertreibung bemüht. »Weltweite Schuldenorgien, Bargeldflut, Nullzinsen, Investment-Blasen, Bankencrashs und Inflationsgefahren bedrohen Ihr Vermögen und Ihre Altersrücklagen. Die anhaltende Corona-Krise verstärkt dies zusätzlich.« Noch mehr Untergangsstimmung. Und natürlich mit dabei: die Gefahren der Inflation. Die dürfen nie fehlen.

Crashpropheten eint auch die Unterstellung, Regierungen *wollten* Inflation. Darin verarbeitet ist die ultralibertäre Überzeugung, die den Staat als Autorität zum Feind des freien Individuums macht. Günstig also, wenn man sich als finanzieller Verbraucherschützer aufspielen kann, der die Bürger vor den Politikern, den Inflationsmachern, zu beschützen versucht. Das Argument lautet: Die Inflation helfe dem Finanzminister, die vermeintliche Last der Staatsschulden erträglicher zu machen. Denn wenn die Preise und die Löhne steigen, steigen die Steuereinnahmen gleich mit, insbesondere bei der Einkommen- und Mehrwertsteuer, der Schuldenstand aber nicht.

Das stimmt zwar, gilt aber für jeden Schuldner, der seine Einnahmen erhöht, er wird zum Inflationsgewinner – ob Staat oder privat, ist dabei egal. Mit der politischen Wirklichkeit passt die Unterstellung, Regierungen wollten absichtlich Inflation erzeugen, trotzdem kaum zusammen. Politiker wollen wiedergewählt werden, dafür müssen sie populär sein. Kaum etwas ist aber unpopulärer als Inflation. 2022 wurden alle Zeitungen des Landes rauf und runter mit Inflationssorgen und Forderungen an die Regierung gefüllt. Christian Lindner, Olaf Scholz und Robert Habeck mussten sich in etlichen Interviews und Talkshows immer wieder rechtfertigen, wieso die Inflation so hoch sei, und sich der Sorge stellen, sie stiege weiter, und wurden permanent nach Entlastungen gefragt. Die Arbeit an

Entlastungspaketen behinderte gar die Umsetzung der Lieblingsprojekte aus dem Koalitionsvertrag und gab den Oppositionsparteien immer neue Steilvorlagen für Kritik an der Regierung. Dass die Ampel insgeheim glücklich sei über die Inflation, ist weit hergeholt. Und dass sie ökonomisch zu den Inflationsgewinnern zählt, auch. Erstens, weil die Milliarden für die Entlastungspakete und den Abwehrschirm samt Strom- und Gaspreisbremsen die höheren Steuereinnahmen nämlich übersteigen. Zweitens, weil die EZB die Inflation mit Zinserhöhungen und einem Stopp an Anleihekäufen zu bekämpfen versucht. Das führt dazu, dass die Ampel 2023 rund 30 Milliarden mehr an Zinsen an die Halter von deutschen Staatsanleihen zahlen muss.

Zurück zum Anschreiben von Friedrich und Wenk. »Wir sind gegenwärtig Zeugen eines historisch einmaligen Notenbankexperiments, das langfristig scheitern wird«, heißt es dort. Welches Notenbankexperiment? Nullzinsen und Anleihekäufe? In Japan gibt es seit 20 Jahren große Anleihekaufprogramme. Wer Geldpolitik versteht, erkennt schnell, dass daran nichts Experimentelles ist. Zinsveränderungen und Anleihekäufe gehören zur Geldpolitik wie Föhn und Schere zum Friseurhandwerk. Rhetorisch ist das »Experiment« ein gewiefter Schachzug. Denn wer will schon Versuchskaninchen sein? Es geht weiter: »Das Zeitalter hoher Renditen ist vorbei und das wird noch lange so bleiben. Folglich muss in Zeiten wie diesen Vermögenssicherung an erster Stelle stehen. Weil wir unendlich viel Geld und andere Papierwerte drucken können – aber keinen einzigen Sachwert –, geht das Zeitalter der Papierwerte zu Ende und das Zeitalter der Sachwerte hat begonnen. Sachwerte sind kein bloßes Versprechen, können niemals wertlos werden und waren in Zeiten wirtschaftlicher Verwerfungen Papierwerten immer deutlich überlegen.« Wo werden denn keine Renditen mehr erzielt? Kursgewinne an Börsen, Dividendenausschüttungen, steigende Hauspreise – überall herrscht viel Bewegung. Gelddrucken kann natürlich Sachwerte erzeugen. Wenn VW einen Kredit aufnimmt, entsteht neues Geld, das dann im Produktionsprozess dafür sorgt, dass Autos entstehen. Wenn der Staat einen Straßenbauer mit dem Bau einer Straße beauftragt, dann entsteht im Moment der Bezahlung neues Geld im Gegenzug für eine neue Straße.

Außerdem: Auch Sachwerte können wertlos werden, wenn keiner sie will. Es gibt etliche Sachwerte ohne Marktpreis, weil keine Nachfrage (mehr) dafür besteht. Als kleines Gedankenexperiment: Was würde nur mit dem Goldpreis passieren, dem wohl berühmtesten Sachwert der Welt, wenn die Zentralbanken ihre heute unnützen Goldbestände, die noch aus der Zeit stammen, als die Währung mit Gold gedeckt war (damals hatte sie also einen Nutzen), auf einen Schlag verkaufen würden? Der Goldpreis ginge in den Keller. Wie immer, wenn plötzlich viel Angebot auf wenig Nachfrage trifft. Allein die Bundesbank besitzt mit 3500 Tonnen immerhin die zweitgrößten Goldreserven der Welt. Die meisten besitzt die USA mit mehr als 8000 Tonnen.[5]

Schaut man in den FAQ-Teil der Fondsseite, findet man noch mehr Untergangsgejodel: »Die nötigen Zutaten für eine Währungsreform sind allesamt vorhanden: expansive Geldpolitik mit massiv steigender Inflation sowie eine stark ansteigende Staatsverschuldung, die durch die Druckerpresse der Notenbanken finanziert wird. Finanzexperten sind sich deshalb einig: Die Währungsreform des Euro ist daher nicht gänzlich auszuschließen! Je weiter die Inflation voranschreitet, sprich die Geldentwertung, umso schneller geht die Kaufkraft für die Bevölkerung verloren.«[6] Dass die Eurozone und erst recht Japan zwischen 2010 und 2020 trotz all dieser schlimmen Dinge wie steigende Schulden, größere Bankbilanzen und niedrigere Zinsen nur knapp an einer Deflation vorbeigeschrammt sind, findet man hingegen auf der Seite nicht. Ebenso wenig die Einordnung, dass es eine Jahrhundertpandemie und einen Krieg brauchte, um die Inflationsrate über das Ziel von 2 Prozent zu hieven. Wenn die Geldpolitik dafür allein verantwortlich sein soll, wo war die Inflation dann die ganzen Jahre vorher?

Der Fonds hingegen biete einen »Rettungsanker« gegen die Geldentwertung. Welch Heldentat, könnte man meinen. Die Performance des Fonds spricht aber eine andere Sprache. Wer im November 2019, vor der Coronakrise, in den SOLIT-Wertefonds investiert hat, hat ein Plus von 14 Prozent im Depot stehen. Wer im gleichen Zeitraum einfach auf den MSCI World (ein breit gestreuter globaler Aktienindex, der die Kursentwicklung von rund 1600 Aktien aus 23 Industrieländern abbildet und typischerweise als Vergleichsmaßstab für Fondsperformances dient) gesetzt hat, hat ein Plus von 29 Prozent im Depot stehen. Doppelt so viel also. Nicht weniger bitter ist der Jahresvergleich von November 2022 bis November 2021, also genau der Zeitraum, in den der Energiepreisschock und der Krieg fallen. Minus 10 Prozent für den SOLIT-Wertefonds und nur minus 3 Prozent für den MSCI World. Das bedeutet: Wer sich die letzten drei Jahre für den absoluten Standard-

ETF »MSCI World« entschieden hat, hat besser abgeschnitten – und dabei noch ein paar Prozent Ausgabeaufschlag und Gebühren gespart.[7] Der Fonds »rettet« einen ironischerweise eher vor Rendite als vor Krise und Inflation.

Die Bedrohungslage wird auf den Säulen des Monetarismus zusammengereimt und als Verkaufsargument genutzt. Mit finanziellem Verbraucherschutz und Aufklärung im Sinne des Gemeinwohls haben Crashpropheten allerdings wenig zu tun. Im Gegenteil: Es widerspricht allem, was man unter Verbraucherschutz verstehen könnte.

Dass die Inflationsrate seit dem Winter 2021 außergewöhnlich hoch ist, nutzen Crashpropheten als Bestätigung ihrer Vorhersagen. Wir haben es immer schon gesagt, heißt es dann. Als die Energiepreise im Winter 2021 stiegen, die Lieferketten pandemiebedingt gestört waren, die Statistik durch die Mehrwertsteuer verzerrt war, aber der Krieg noch nicht begonnen hatte, entbrannte unter Ökonomen schon der Streit darüber, ob die höhere Inflationsrate nur vorübergehend sei. Das eine Lager verwies auf die Sondereffekte und forderte nur etwas Geduld. Dazu gehörte auch EZB-Direktoriumsmitglied Isabel Schnabel. »Wir gehen davon aus, dass im November der Höhepunkt der Inflationsentwicklung erreicht ist«, sagte Schnabel Ende November 2021 im Morgenmagazin von ARD und ZDF.[8] Monetaristen und Crashpropheten hielten dagegen: die 5 Prozent Inflation im November 2021 seien nur der Anfang, die Inflation sei gekommen, um zu bleiben. *Der Ketchup sei aus der Flasche*, so die berühmte Metapher vom ehemaligen Präsidenten des ifo Instituts und wohl bekanntesten Ökonomen in ganz Deutschland, Hans-Werner Sinn. Die EZB habe mit ihrer Gelddruckerei lange Zeit auf die Flasche geklopft, ohne dass sich etwas tat, jetzt aber kam mit einem Ruck zu viel heraus, jetzt sei der Teller viel zu voll. Und ähnlich wie man den Ketchup nicht mehr zurück in die Flasche bekommt, bekomme man die Inflation auch nicht wieder gesenkt. Weil der Krieg einen neuen zusätzlichen Preisschock ausgelöst hat, fühlt sich das Lager der Monetaristen und Crashpropheten mit ihrer Geldmengentheorie im Recht. Und oberflächlich sieht das ja auch so aus. Die Oberfläche aber täuscht, wie die Diagnose gezeigt hat.

DROHT HYPERINFLATION?

Crashpropheten und Monetaristen spielt noch ein anderer Mythos in die Karten, der sich hartnäckig hält. Und zwar der, dass auch die Hyperinflationen der Vergangenheit in erster Linie durch übertriebenes Gelddrucken entstanden seien. Ob 1923 in der Weimarer Republik oder 2007 in Simbabwe. Es ist ein Jammer, dass sich diese stumpfe Erzählung so nachhaltig hält und unser ökonomisches Denken bis heute prägt.

Schaut man genauer hin, erkennt man schnell: In Weimar wie in Simbabwe war ein wirtschaftlicher Schock auf der Produktionsseite ursächlich für die Hyperinflation.

Die deutsche Wirtschaft war von Kriegsverwüstungen gebeutelt. Infrastruktur war zerbombt, Fabriken zerstört. Rund zwei Millionen deutsche Soldaten waren gefallen, viele weitere verletzt und traumatisiert. Die Industrieproduktion war 1919 auf das Niveau von 30 Jahren zuvor zurückgefallen, hatte sich mehr als halbiert – dagegen sind die ökonomischen Folgen aus Corona- und Finanzkrise ein Kindergeburtstag. Es dauerte fast zehn Jahre, bis die deutsche Industrieproduktion wieder auf dem Niveau von vor dem Krieg war. Ein Krieg ist eben die Mutter aller Produktionsschocks. Erst recht, wenn man noch berücksichtigt, dass die Industrie im Krieg von Konsumgütern auf Munition, Waffen und Ausrüstung umgestellt wird. Lebensmittel, Möbel und Dienstleistungen haben sich unterzuordnen. Teilweise so weit, dass mittelständische Fabriken qua Anweisung umfunktioniert wurden. Wo vorher Nähmaschinen, Autos oder Fahrräder hergestellt wurden, musste auf Ausrüstung und Kriegsfahrzeuge umgerüstet werden. In der Landwirtschaft wurden Fachkräfte knapp, weil sie für die Front eingezogen wurden. Weil der Handel mit anderen Ländern unterbrochen wurde – das prominenteste Beispiel ist die britische Seeblockade 1915 –, fehlten wichtige Importgüter. Etwa Dünger für die Landwirtschaft. Die Ernten fielen schlecht aus, Lebensmittel wurden knapp und mit Wochenkarten rationiert. Als nach vier Jahren Kriegsproduktion plötzlich wieder die Versorgung der Bevölkerung, nicht die Vernichtung der gegnerischen Soldaten im Vordergrund stand, ruckelte die Umstellung auf Friedensproduktion gewaltig.

Die denkbar schlechtesten Vorzeichen für den Friedensvertrag von Versailles, der dann im Jahr 1919, rund ein halbes Jahr nach Kriegsende, geschlossen wurde – und pures Gift für die angeknackste deutsche Wirtschaft war. Zunächst sollte Deutschland innerhalb von knapp zwei Jahren rund 20 Milliarden Goldmark zahlen. Weil die Mark an Gold gebunden war, entsprach das damals rund 7000 Tonnen Gold. Das Problem: Um an Gold zu kommen, musste Deutschland Exportüberschüsse erzielen, also mehr der heimisch produzierten Waren ans Ausland verkaufen als von dort einkaufen. Die Konsumgüterproduktion reichte allerdings schon kaum für die heimische Nachfrage und konkurrierte dann noch mit der aus dem Ausland – ein Wettbieten um knappe Güter entstand. Die Reparationen sollten später sogar noch steigen. Erst auf über 200 Milliarden, im Jahr 1921 stimmte Deutschland dann unter Druck der Alliierten, die die Rheinstädte Duisburg und Düsseldorf besetzt hatten, der Summe von 132 Milliarden Goldmark zu. Das war mehr als das Dreifache der jährlichen Wirtschaftsleistung. Hinzu kamen Gebietsabtretungen, die vorher noch ein Viertel der Steinkohleförderung, ein Drittel der Stahlproduktion, etwas weniger als die Hälfte der Roheisenproduktion und einen riesigen Teil der Erzförderung ausmachten.[9] Alles deutsche Exportschlager, die die so bitter benötigten Goldunzen ins Land brachten. Dazu mussten Abertausende Verkehrsmittel abgetreten werden: Lkws, Lokomotiven, Zugwaggons und fast die ganze Hochsee-Handelsflotte. Der Nachkriegshunger der Bevölkerung nach Konsum und bescheidenem Wohlstand traf auf eine abgemagerte Wirtschaft, der die Siegermächte noch eine radikale Diät verpassten.

Dass das nur schiefgehen konnte, sah einer der bekanntesten Ökonomen der Geschichte voraus: John Maynard Keynes. Keynes war während des Krieges im britischen Finanzministerium tätig und nahm stellvertretend an den Friedensverhandlungen in Versailles teil. Schockiert und verzweifelt über die Forderungen der Siegermächte, quittierte Keynes vor dem Ende der Verhandlungen seinen Job und schrieb zurückgezogen in einem Landhaus von Freunden das Pamphlet, das ihn schnell bekannt machen sollte: *Die ökonomischen Konsequenzen des Friedens*. Das Buch ist eine Abrechnung mit dem Versailler Vertrag – und der Kurzsichtigkeit der Verantwortlichen. Keynes schrieb unmissverständlich, dass von Deutschland Unmögliches verlangt werde, und skizzierte die Gefahren, die daraus erwuchsen, dass in Europa ein wirtschaftlich vernünftiger Frieden verpasst würde. Statt überdimensionierter Reparationen, die der deutschen Wirtschaft eine halsabschneidende Schocktherapie verpassten und unweigerlich wieder zu Konflikten führten, schlug Keynes Kreditprogramme und Wiederaufbauhilfe vor.

Das Werk war ein großer Erfolg und wurde in mehrere Sprachen übersetzt. Und es ist heute noch aktuell, weil heute Deutschland in der Eurozone häufig von anderen Ländern Unmögliches fordert – mit politisch fatalen Konsequenzen. Gerade Ex-Finanzminister Wolfgang Schäuble (CDU), der maßgeblich daran beteiligt war, Griechenland vor zehn Jahren eine desaströse Sparpolitik zu verpassen, ist hier zu nennen.

Das Bittere: Es kam 1923 sogar noch schlimmer, als Keynes für Deutschland vorhergesagt hatte. Weil Deutschland mit den Reparationszahlungen abermals in Rückstand geriet, machte Frankreich seine Drohung wahr, das Ruhrgebiet zu besetzen. 60000 französische und belgische Soldaten besetzten das Zentrum der deutschen Schwerindustrie. Das Ziel war, deutsche Kohle- und Koksproduktion als Pfand für die Erfüllung der deutschen Reparationsverpflichtungen zu sichern. Die treibende Kraft dahinter war Frankreich, über dessen Ex-Premierminister schon Keynes kein gutes Wort in seinem Buch verlor. Die übrige Wirtschaft wurde durch die Besatzung von ihren wichtigsten Energie- und Rohstoffquellen abgeschnitten. Die Regierung reagierte mit passivem Widerstand, wies an, die Befehle der Besatzer zu ignorieren, und unterstützte sogar einen Generalstreik, indem sie die Gehälter der Streikenden, die zeitweise bis zu zwei Millionen waren, weiterzahlte. Da es schlicht zu wenig zu kaufen gab, entstand ein Wettbieten um knappe Güter, das sich über rasant steigende Löhne und Preise immer weiter aufschaukelte – und letztlich zur Hyperinflation führte. Die Lohntüte musste schnell ausgegeben werden, um nicht an Wert zu verlieren, doch viel gab es nicht zu kaufen. Der perfekte Inflations-Cocktail.

Das ökonomische Chaos zwang Reichskanzler Gustav Stresemann dazu, den Widerstand gegen die Besatzer nach neun Monaten zu beenden und die Reparationen nach einer Währungsreform wieder aufzunehmen. Der Schaden war aber auch längst angerichtet.

Auch in Simbabwe gab es einen Angebotsschock. Maßgeblich war eine Landreform Ende der 1990er-Jahre, die Bauern – vor allem weißen Farmern – Ackerland und Agrarflächen entzog und diese an Günstlinge der Regierung vergab. Die enteigneten Bauern zerstörten aus Frust über die politische Entscheidung und Wut über die Gefährdung ihrer persönlichen Existenz die aufgebaute Infrastruktur, bevor sie aus dem Land flohen. Als Zeichen des Widerstandes vernichteten sie außerdem Traktoren und Bewässerungsanlagen, töteten ihr Vieh, hinterließen verbrannte Erde. Hinzu kam, dass die Günstlinge, denen die Flächen vermacht wurden, damit gar nichts anfangen konnten, weil sie keine Ahnung von Landwirtschaft hatten. In Kombination mit der Zerstörung der bisherigen landwirtschaftlichen Infrastruktur sowie fehlender wirtschaftspolitischer Unterstützung für die neue Bewirtung warfen die Flächen keinen Ertrag mehr ab. Banken wurden skeptisch, mussten Kredite der enteigneten Bauern mit Verlusten abschreiben und trauten den neuen Eigentümern wenig zu. Die wiederum konnten also nicht in neue, moderne Anschaffungen investieren – ein Teufelskreis. Die Nahrungsmittelproduktion in dem ohnehin armen Land mit kaum entwickelter Industrie halbierte sich in kürzester Zeit. Die landwirtschaftlichen Erträge sanken drastisch und halbierten sich innerhalb von wenigen Jahren. Teile der Böden lagen brach und wurden gar nicht mehr bewirtschaftet. Die Folge: eine handfeste Nahrungsmittelkrise. Was das mit einem armen, politisch instabilen Land macht, ist wenig überraschend. Das Wettbieten um knappe Güter schaukelte die Preise in immer neue Höhen – bis zur Hyperinflation –, zerstörte die wirtschaftliche Ordnung sowie das ohnehin dünne Bankwesen und führte zu Korruption, boomenden Schwarzmärkten und Flucht. Die Währung verlor gegenüber dem US-Dollar massiv an Wert, was die Last der US-Dollar-Schulden vervielfachte und nahezu alle Importe massiv verteuerte. Massenarbeitslosigkeit und blanke Existenznöte waren die Folge. Wenn die Schocks und das Chaos so groß sind, kommt die Wirtschaftspolitik an ihre Grenzen. Die Regierung versuchte sich verzweifelt im Fiebersenken, passte staatliche Transfers auf das neue Preisniveau an und legte immer wieder teure Gefälligkeitsprogramme auf. Das staatliche Haushaltsdefizit explodierte, weil die Steuereinnahmen wegbrachen. Erstens wegen der kollabierenden Wirtschaft, zweitens wegen der wachsenden Schwarzmärkte. Das Chaos war perfekt.

Ob Deutschland, Simbabwe oder bei anderen Hyperinflationsereignissen – immer wieder wird man feststellen: Am Anfang stand ein massiver Angebotsschock. Krieg, Embargos und Missernten sind der Stoff, aus dem Hyperinflationen gemacht sind. Der Schock löst ein regelrechtes Wettbieten um Knappheiten aus, die Verteilungskämpfe schaukeln die Preise immer schneller in immer neue Höhen – bis zum Tod der Währung. Ohne heftigen Angebotsschock ist eine solche Hyperinflation fast gar nicht möglich, selbst wenn der Staat Geld ausgeben würde, als gäbe es kein Morgen. Denn die zusätzliche Nachfrage würde erst die freien Produktionskapazitäten mobilisieren, dann Investitionen in zusätzliche Kapazität anreizen und erst am Ende zu allmählichen Preissteigerungen führen. Aber eben keine solchen Preissprünge verursachen.

Wichtig ist außerdem die zeitliche Abfolge bei Hyperinflationen: Die Inflationsursache, der Angebotsschock, kommt zuerst, das staatliche Defizit und die »Gelddruckerei« erst danach. Die Inflation verursacht also das Defizit und nicht das Defizit die Inflation – anders als von Monetaristen und Crashpropheten behauptet. Natürlich kann es falsch sein, wenn Regierungen sich in der Verzweiflung mit expansiven Ausgabeprogrammen an Symptomlinderung versuchen, allerdings wurde damit die Hyperinflation damit nur verschlimmert, nicht ausgelöst. Wenn steigende Ausgaben und steigende Löhne auf sinkende Produktion treffen, dann ergibt sich daraus ein klassischer Inflationscocktail. Wenn der Kuchen schlagartig kleiner wird, aber Nachfrage und Einkommen nominal wachsen, werden die Kuchenstücke logischerweise schlagartig teurer.

Der schon erwähnte Ökonom Hans-Werner Sinn warnte

in der Corona-Krise davor, dass Deutschland in eine Hyperinflation – vergleichbar mit der nach dem Ersten Weltkrieg – laufen könnte. Die neuen Staatsschulden, die niedrigen Zinsen und die großen Anleihekaufprogramme drohten sich »eines Tages inflationär zu entladen«. Und »wenn das passiert, ist hier der Teufel los«, so Sinn in einem Interview mit der »Neuen Zürcher Zeitung«.[10] Was er mit Teufel meint, beschreibt er im Interview sehr deutlich: Im schlimmsten aller Fälle drohe infolge der Hyperinflation ein »neuer Hitler«. Harter Tobak, ja. Zu dieser drastischen Warnung kommt er, weil er die Weimar-Inflation mit der heutigen vergleicht. Sinn sagt dazu: »Der deutsche Staat hatte sich im Krieg und in den schwierigen Jahren danach mit der Druckerpresse finanziert, denn die Reichsbank erwarb immer mehr von den zunächst am Markt verkauften Staatspapieren.« Das habe die Inflation immer mehr angeheizt und die Preise steigen lassen. Erst allmählich, dann galoppierend, und schließlich entstand eine Hyperinflation, die den Geldwert fast vollständig vernichtete, so Sinn. Dabei sei nicht nur der Geldadel verarmt, sondern auch der kleine Mittelstand. Weil er zu arm gewesen sei, um Aktien und Häuser zu besitzen. Sparguthaben und Lebensversicherung seien im Zuge der Hyperinflation wertlos geworden. »Zehn Jahre später haben sie Adolf Hitler zum Reichskanzler gewählt«, warnt Sinn. »Ich sage nicht, dass so etwas wieder passieren wird. Aber wir müssen jetzt eine Politik machen, die das von vornherein verhindert. Es braucht engere Budgetbeschränkungen, man darf nicht mehr länger aus der Druckerpresse leben.« Sinn forderte also eine Kehrtwende in der Corona-Politik: Schluss mit Schulden und Nullzinsen, Schluss mit der berühmten

»Bazooka«-Politik, her mit einer neuen Sparpolitik – gegen den Rechtsruck.

DEFLATION IST SÜSSES GIFT

Eine brandgefährliche Analyse, die auf einer Fehlinterpretation der Geschichte beruht – und zu fatalen Politikempfehlungen führt. Denn nicht das Chaos durch die Hyperinflation brachte den Rechtsruck, sondern die Massenarbeitslosigkeit und die tiefe Wirtschaftskrise unter Reichskanzler Heinrich Brüning. Als Adolf Hitler von Paul von Hindenburg im Januar 1933 zum Reichskanzler ernannt wird, liegt die Hyperinflation schon zehn Jahre zurück. Der Aufstieg der Nazis gelang in Zeiten der Deflation, nicht während der Inflation. Grund für die Deflation waren die Weltwirtschaftskrise und die katastrophale Sparpolitik von Brüning. Um Deutschland aus der Krise zu befreien und den Reparationsforderungen nachzukommen, verpasste Brüning der Wirtschaft mit mehreren Notverordnungen eine einmalige Spartherapie. Renten, Krankenversicherung, Arbeitslosen- und Sozialhilfe – überall wurde rigoros zusammengestrichen. Im öffentlichen Dienst kürzte Brüning die Löhne um 25 Prozent. Insgesamt strich er die Staatsausgaben um satte 20 Prozent zusammen. Gleichzeitig erhöhte er die Sozialbeiträge und etliche Steuern, nicht zuletzt die Einkommensteuer um ganze 5 Prozent. Den Arbeitgebern erlaubter er, Löhne um die Hälfte zu kürzen. Im Dezember 1931 ordnete er gar an, Löhne, Preise und Mieten auf das Niveau von 1927 zu senken. Sein Ziel war es, die deutsche Produktion billig zu machen, um sie im Ausland zu verkaufen. Doch diese spezielle Therapie verschlimmerte die Krisensymptome!

Löhne sind eben nicht nur Produktionskosten, sondern auch Einkommen, mit denen die Menschen das nachfragen, was sie in den Fabriken und den Unternehmen produzieren. Was Brüning damals nicht verstand, verstanden auch Angela Merkel, Wolfgang Schäuble und Christine Lagarde nicht, als sie Griechenland in den 2010er-Jahren eine ähnliche Sparpolitik verordneten. Wenn man den Menschen ihre Löhne kürzt, verlieren sie Einkommen. Dann schränken sie ihre Ausgaben ein, fragen also weniger Waren nach, die Unternehmen verlieren Umsatz und kürzen ihre Produktion. Wenn weniger produziert wird, werden nicht so viele Mitarbeiter benötigt und es folgt eine Entlassungswelle. Sparpolitik setzt auf diese Weise eine deflationäre Abwärtsspirale in Gang, die in Pleitewellen, Armut und Massenarbeitslosigkeit mündet. So geschah es in Griechenland, so geschah es in der Weimarer Republik. In Deutschland fiel die Wirtschaftsleistung in den Jahren unter Brünings Führung um rund ein Drittel, die Industrieproduktion um etwas mehr als 40 Prozent – besonders betroffen waren die Industriestädte im Ruhrgebiet. Die logische Folge: Die Arbeitslosigkeit stieg von 1,5 auf 6 Millionen an. Und das sind nur die offiziellen Zahlen, die tatsächliche Arbeitslosigkeit dürfte höher gelegen haben. Jeder dritte Erwerbstätige war ohne Job, fast jede Familie hatte im Durchschnitt ein arbeitsloses Mitglied. Auch der Außenhandel ging drastisch zurück. Bankkredite fielen aus, Bankhäuser und Unternehmen gingen reihenweise bankrott. Der Lebensstandard sank drastisch, soziales Leid breitete sich aus und führte zunehmend zu Unruhen.

Gewinn daraus schlug die NSDAP, die gegen Brünings Sparpolitik opponierte Profit. Hitler verstand genau, dass Brünings Politik ein Segen für die NS-Propaganda war. Die soziale Not war fruchtbarer Nährboden für den Aufstieg der Nazis. Vom September 1930 bis zur Wahl im Juli 1932 verdoppelten sie ihre Stimmen von 18 auf 37 Prozent. Gestartet waren sie 1928 bei gerade einmal 2 Prozent. Brüning und seine Sparpolitik wurden zu den Totengräbern der Weimarer Demokratie.

Nicht auszumalen, Sinns Plädoyer für Sparpolitik wäre mitten in der Corona-Krise umgesetzt worden. Das wäre ökonomischer und sozialer Sprengstoff gewesen, der am Ende – entgegen Sinns Analyse – gar der AFD in ihrer Opposition gegen Lockdowns, Masken und Impfstoffe in die Karten gespielt hätte. Wenngleich – das muss entkräftend dazu gesagt werden – die Wirtschaftskrise in den 1930er-Jahren anders und tiefer war als die ökonomischen Bodenverluste durch die Pandemie. Damals brach die Wirtschaft um sage und schreibe 15 Prozent ein, die Arbeitslosigkeit sprang von unter zwei auf rund sechs Millionen Arbeitslose und die Krise dauerte rund vier Jahre.

Deflation hat einen besseren Ruf, als sie verdient. Das liegt daran, dass die Geschichtsverkürzung von Hans-Werner Sinn unter den Deutschen weit verbreitet ist. Die Hyperinflation 1923 und die Massenarbeitslosigkeit 1932 sind in vielen Gedächtnissen zu einer einzigen Krise verschmolzen, wie eine repräsentative Umfrage von Dr. Nies Redeker vom Berliner Jacques Delors Centre 2019 zeigte.[11] Fast 40 Prozent der Befragten gaben an, bei der Weltwirtschaftskrise von 1932 an Hyperinflation und Währungsabwertung zu denken. Auf die Frage danach, wie hoch die Inflation 1932 war, gaben mehr als die Hälfte der Befragten an, die Inflation hätte über 10 Prozent gelegen. Fast jeder Sechste antwortete sogar, 100 Prozent oder mehr. Dabei herrschte eben Deflation, nicht Inflation. Lediglich 4 Prozent der Befragten antworteten korrekt. Dass die beiden Krisen zu einer verschmelzen, ist gerade deshalb fatal, weil es völlig gegensätzliche Krisen waren – und eben aus der Deflationskrise das größte deutsche Verbrechen an der Menschlichkeit erwuchs. Die Umfrage erklärt aber, warum die Gefahren der Inflation in Deutschland überschätzt und die der Deflation unterschätzt werden.

BITCOIN: IM SCHNEEBALLSYSTEM GEGEN INFLATION SCHÜTZEN?

Das ist auch zu beobachten bei einem neuen Trendthema in Sachen Geld und Währung: dem Bitcoin. Die Schnittmenge zwischen Bitcoin-Vertretern, Monetaristen und Crashpropheten ist groß. Erwähnter Buchautor und Honorarberater Marc Friedrich deckt gleich alle drei Label ab. Im Bitcoin sieht Friedrich die systematische Lösung für das vermeintlich systematische Problem des heutigen Geldsystems.

Während moderne Währungen – auch Fiatwährungen genannt – theoretisch in unendlicher Menge erzeugt werden können, ist der Bitcoin knapp. Mehr als 21 Millionen Coins wird es nicht geben, darauf ist der Bitcoin limitiert. So hat es der sagenumwobene Erfinder des Bitcoins, Satoshi Nakamoto, im Programmiercode festgelegt.

Deshalb sei der Bitcoin eine deflationäre »Währung«, der Euro, der US-Dollar und alle anderen Fiatwährungen hingegen inflationär, so die Überzeugung von Marc Friedrich und anderen Bitcoin-Befürwortern. Jetzt kann man schon einhaken und sagen: »Halt! Der Bitcoin ist gar kein Geld und auch keine Währung, sondern einfach ein Spekulationsobjekt, Bitcoin ist wie Gold, nur eben in digital.« Das stimmt alles. Das lassen wir aber für den Moment einmal außen vor und kümmern uns um die Frage: Wenn Inflation böse ist, ist Deflation etwas Gutes? Offensichtlich nicht, wie die Krise der Weimarer Republik ja gezeigt hat. Trotzdem sollten wir uns noch mal kurz den Unterschieden zwischen Inflations- und Deflationsproblemen widmen.

Während bei der Inflation die Preise und die Löhne steigen, sinken sie bei der Deflation. Bei der Inflation verliert derjenige an Kaufkraft, der seine Löhne nicht erhöhen kann; bei der Deflation derjenige, der Lohnsenkungen für sich verhindern kann. Für das gleiche Geld bekommt man bei Inflation weniger und bei Deflation mehr. Für einen selbst klingt das zwar erst einmal gut, wenn man für das Geld, das man spart, in Zukunft mehr kaufen kann, für die Volkswirtschaft als Ganzes ist Deflation aber eine Katastrophe, denn sie bringt die Leute zum Sparen. Und genau deshalb fürchten Ökonomen die Deflation. Das Problem: Wenn weniger Geld ausgegeben wird, können die Unternehmen weniger verkaufen, dann werden sie weniger produzieren, dafür brauchen sie weniger Mitarbeiter und entlassen Teile der Belegschaft. Menschen werden arbeitslos, verlieren ihr Einkommen und müssen ihre Ausgaben weiter kürzen. Die Wirtschaft taumelt in eine Abwärtsspirale, in der die Nachfrage wegbricht, die Arbeitslosigkeit grassiert, die Firmen ihre Investitionen streichen und über Preissenkungen verzweifelt versuchen, ihr Geschäft zu retten. Der Wohlstand sinkt und die Schuldenlast steigt. Denn wer Kredite zu bedienen hat, aber Einkommen verliert, hat es entsprechend schwerer. Banken müssen in der Folge Kreditausfälle schlucken und werden immer weniger neue Kredite vergeben, was wiederum die Nachfrage weiter schwächt. Auch langfristige Investitionen und Grundlagenforschung kommen zum Erliegen und bremsen Innovation und Fortschritt. Der Grund: Für langfristige Investitionen müssten Firmen das Geld dann ausgeben, wenn das Preisniveau noch hoch ist, aber könnten die daraus entstehenden Waren erst in einer Zukunft verkaufen, in der das Preisniveau gefallen sein wird. Das macht viele Investitionen unrentabel. Ein riesiger Hemmschuh für die Volkswirtschaft. Und wie immer gilt: Die Ausgaben des einen sind die Einnahmen eines anderen. Jede abgeblasene Investition ist an anderer Stelle ein verlorener Auftrag.

Die deflationäre Abwärtsspirale führt in eine Pleitewelle, die Massenarbeitslosigkeit mit sich bringt, wie eben unter Brüning in Weimar oder in Griechenland zu sehen war. Wenn rechte Parteien bereitstehen und das zu nutzen wissen, kommt nach Deflation der Faschismus. Massenarbeitslosigkeit ist ein Konjunkturprogramm für rechte Parteien. Das sieht man leider auch heute in Europa, wo Millionen Menschen ihre Stimmen für Rechtspopulisten wie

Marine Le Pen (Frankreich) oder Giorgia Meloni (Italien) abgeben.

Sparen ist also privat eine Tugend, aber Gift für die Marktwirtschaft. Bitcoiner ignorieren dieses Problem und reden sich die Welt schön. Häufig heißt es dann, wir würden aus ökologischer Sicht ohnehin zu viel konsumieren und bei Deflation gäbe man das Geld eben wirklich nur für die Sachen aus, die es auch wert sind. Ohne rastlosen Konsum wäre gar ein stressfreieres Leben möglich. Auch wäre der Druck weg, immer profitabler und produktiver werden zu müssen. Was romantisch klingt, ist ein Armutsprogramm für die Gesellschaft, die Axt für unseren materiellen Wohlstand und das Rezept für politisches Chaos. Mit ökonomischem Aderlass bekommt man keine wirtschaftliche Entwicklung und auch keinen Klimaschutz hin – ganz egal, wie sehr man sich in der Logik von individueller Konsumkritik verrennt. Investitionen schaffen Innovationen und machen uns als Gesellschaft produktiver. Und Produktivität bringt Wohlstand. Je besser, je ökologischer wir Waren mit weniger Ressourcen produzieren können, desto besser. Deflation verhindert genau das. Außerdem: Wer glaubt, den Menschen in der Weimarer Republik oder in Griechenland ging es nach der deflationären Sparpolitik besser und sie hätten dadurch ein entspannteres, stressfreieres Leben gehabt, verschließt die Augen vor der Wirklichkeit. Ebenso wenn man glaubt, dass Massenarbeitslosigkeit und Wirtschaftsflaute ein Programm für sinnvollen Klimaschutz wären. Damit würde jede Akzeptanz für einschränkende Klimaschutzmaßnahmen verpuffen und politisch der rote Teppich für Klimawandelleugner ausgerollt.

Apropos Wirklichkeit: Die hat die Bitcoiner mit ihrem Deflationsmärchen 2022 eingeholt. Sie versprechen sich von dem vermeintlich deflationären Coin nämlich einen praktischen Inflationsschutz, sind damit aber voll vor die Wand gelaufen. Machen wir den Vergleich: Bei einer Inflationsrate von 10 Prozent bekam man für jeden Euro, den man im November 2022 ausgegeben hat, 10 Prozent weniger als vor einem Jahr. Ein schmerzhafter Verlust von Kaufkraft. Wenn man hingegen den Euro im November 2021 gegen Bitcoin getauscht hat, um ihn vor »Inflation zu schützen«, und ihn ein Jahr später, im November 2022, nutzen wollte, kamen zu den 10 Prozent Inflationsrate auch noch 66 Prozent Kursverlust hinzu. So viel zum Thema »Bitcoin als Inflationsschutz«.

Kursentwicklung Bitcoin Wechselkurs in Euro

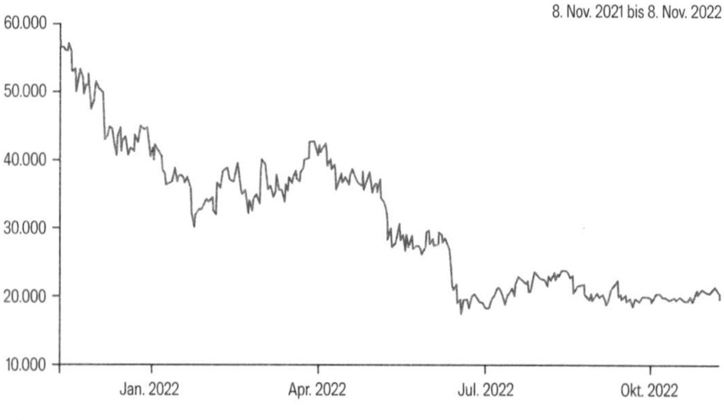

Binance, 2022

In der Bitcoin-Community ist man sich aber trotz der schweren Kursverluste einig, dass der Bitcoin langfristig nur steigen kann. Auch Interessenkonflikte werden ignoriert. Die Wahrheit ist jedoch: Der Bitcoin ist ein großes Schneeballsystem. Eine riesige, spekulative Umverteilungsmaschine innerhalb eines Nullsummenspiels. Denn beim Bitcoin kann nur ausgezahlt werden, was jemand anderes vorher eingezahlt hat. Wie beim Pokertisch im Casino. Alle Spieler bringen Geld mit und nur dieses Geld wird am Tisch umverteilt. Wer jetzt mit Verlusten ausgestiegen ist, hat anderen Gewinne beschert. Und solche Systeme funktionieren nur, solange man immer neue »Dumme« findet, die frisches Geld in das System schießen, wenn sie sich einkaufen. Im Englischen sagt man deshalb: *greater fool theory*.

Getragen wird das Ganze von einer Mischung aus gerissenen Spekulanten und einer radikal-libertären Fanbase, die den Bitcoin ideologisch auflädt und als Befreiung von der bösen staatlichen Zwangswährung versteht, die all unsere Ersparnisse im kommenden Inflationscrash entwerten wird. Wie staatliche Währungen und moderne Volkswirtschaften funktionieren, verstehen dort die wenigsten. Überzeugte Bitcoin-Befürworter halten Schulden und Geldschöpfung für das größte Übel. Ihre Alternative: Eine knappe Ware sollte als Geld verwendet werden, zum Beispiel Bitcoin. Einige der Befürworter wie etwa Marc Friedrich argumentieren gar, der Bitcoin könne *langfristig* im Wert nur steigen – allein schon aus mathematischen Gründen –, denn der Bitcoin sei eben ein begrenztes Gut. Und begrenzte Güter würden immer wertvoller, so ihre Annahme. Der Bitcoin sei eine Lebensversicherung für die Kaufkraft.[12] 2021 rief Friedrich sogar das Kursziel von

100 000 US-Dollar für einen Bitcoin aus – und scheiterte mit seiner Glaskugel-Prognose kläglich.[13]

Mit Mathematik hat das, was Friedrich und die anderen Bitcoin-Hooligans sagen, aber wenig zu tun. Der Preis des Bitcoins wird – wie alle Preise an Börsen – nach Angebot und Nachfrage definiert. Der Preis fällt, wenn es mehr Verkäufer als Käufer gibt; und steigt wiederum, wenn es mehr Käufer als Verkäufer gibt. Damit der Preis über lange Zeit steigt, muss irgendetwas die Nachfrage nach Bitcoin sicherstellen. Was aber soll das sein?

Bei staatlichen Währungen sorgt zum Beispiel die Steuerpflicht dafür, dass es eine Nachfrage nach der Währung gibt. In Deutschland kann man seine Steuern nur in Euro zahlen, nicht in US-Dollar, nicht in Bitcoin. Wenn man seine Steuerpflicht erfüllen will, kommt man an Euro deshalb nicht vorbei. Man will seinen Lohn in Euro ausgezahlt bekommen und der Bäcker Lutze verkauft seine Brötchen gegen Euros. Ebenso sorgt die Tatsache, dass der Euro ein Schuldschein ist, für breite Nachfrage. Er entsteht durch Kredite, durch neue Schuldner-Gläubiger-Beziehungen. Wer in Euro verschuldet ist, wer also einen Kredit in Euro zurückzahlen muss, hat immer einen Grund, Euros nachzufragen.

Beim Bitcoin ist das nicht so. Bitcoin ist im Grunde eine Ware und kein Schuldschein. Er entsteht nicht durch Kredit, sondern wird aus einem Informatiknebel gebuddelt – wie Gold aus Minen. Dabei versuchen Miner unabhängig voneinander kryptografische Aufgaben zu lösen. Der Miner, der zuerst die Lösung für die Aufgabe findet, erhält den Bitcoin zur Belohnung. Mit Schuldner-Gläubiger-Beziehungen hat der Bitcoin also nichts zu tun. Wer einen Euro hat, steht hingegen immer in jemandes Schuld. Kontoguthaben bei Geschäftsbanken sind aus buchhalterischer Sicht eine Forderung von uns gegenüber der Bank und eine Verbindlichkeit der Bank uns gegenüber. Die Bank ist Schuldner, der Bankkunde Gläubiger. Wer einen Bitcoin schürft oder Gold besitzt, der steht deswegen mit niemandem in einem Schuldner-Gläubiger-Verhältnis. Denkt man das zu Ende, kommt man zu der Einsicht, dass es nicht wirklich viel gibt, das die Nachfrage nach Bitcoin sicherstellt. Es existieren lediglich eine ideologische Fanbase, einige Spekulanten und die »Miner«, die auf hohe Bitcoinkurse angewiesen sind, um ihre Kosten zu decken.

Mit einem Fünf-Euro-Schein kann ich jederzeit Steuern und Schulden in Höhe von fünf Euro begleichen. Mit einem Bitcoin nicht. Der innere Wert des Bitcoins ist gleich null. Wenn sich das Mining nicht mehr lohnt und die Spekulanten auf fallende Kurse wetten, kann es schnell noch weiter abwärtsgehen. Auch hier lohnt es sich, John Maynard Keynes gelesen zu haben. Keynes beschrieb nämlich genau die Logik, von der die Preise solcher spekulativen Finanzanlagen abhängen. »Spekulation dritten Grades«, nannte Keynes das, was an diesen Märkten abgeht. Spekulanten kaufen sich ein, weil sie glauben, dass andere glauben, dass wiederum andere bereit sind, für Bitcoins einen bestimmten – zumeist höheren – Preis zu bezahlen. Kurz gesagt: Erwartungen über Erwartungen über Erwartungen. Solange von außen immer neue Investoren hinzukommen und sich zu höheren Preisen einkaufen wollen, haben die Spieler am Tisch Buchgewinne. Der Hype kann sich halten und eine längere Zeit bestehen, aber genauso schnell in sich zusammenfallen. Das ist dann wie in einem vollbesetzten Stadion. Einzelne können das Stadion jederzeit verlassen, aber sobald Panik ausbricht und alle zur selben Zeit hinauswollen, wird's chaotisch. Genauso ist es, wenn spekulative Blasen platzen.

Aber warum hatte der Bitcoin so ein schlechtes Jahr 2022? Zum einen, weil es wieder Zinsen auf Erspartes gab, seitdem die Zentralbanken die Zinsen angehoben hatten. Wenn Tagesgeld und Staatsanleihen wieder Zinsen bringen, hat der Bitcoin das Nachsehen. Denn beim Bitcoin bleibt nur die Wette auf den Kursgewinn. Wer Bitcoins hält, bekommt keine Zinsen. Und natürlich auch – anders als bei Aktien – keine Dividenden, beim Bitcoin wird nämlich nichts erwirtschaftet. Obendrein erlitt der gesamte Kryptomarkt, der aus etlichen und immer neuen Coins besteht, einen Vertrauensverlust. Der Luna-Coin war im Frühjahr 2022 gecrasht, von über 80 US-Dollar ging der Kurs innerhalb weniger Tage auf nahezu null. Etliche Anleger verloren ihre angelegten Ersparnisse. Der koreanische Gründer von Luna, Do Kwon, wird seitdem per internationalem Haftbefehl gesucht – wegen Betrugs, Steuerhinterziehung, Verstößen gegen das Kapitalrecht und Geldwäsche. Der Vorwurf: Das Terra-Luna-Netzwerk sei ein bewusstes Schneeballsystem, mit dem Investoren betrogen worden seien. Die Berichte lesen sich wie Kriminalromane. Doch Kwon und sein Luna-Coin waren nicht die einzigen Skandale. Krypto-Plattformen wie das Celsius Network, Blockfi oder FTX gingen ebenfalls pleite, stoppten von jetzt auf gleich die Abhebungen ihrer Kunden, die dadurch nicht mehr an ihr Geld kamen – und es auch nie mehr wiedersahen. Gerade die Implosion der Kryptobörse FTX schlug große Wellen. Weil auch hier wieder Betrug vermutet wird. Bei Redaktionsschluss ist noch nicht vollständig aufgeklärt, wie es bei FTX zum Crash kommen konnte. Gründer Sam Bankman-Fried weist Betrugsvorwürfe zurück, Brancheninsider sind aber skeptisch. Eines hingegen ist bereits klar: Anleger wurden auch hier in Milliardenhöhe geprellt. Einlagensicherungen wie bei klassischen Geschäftsbanken greifen nämlich nicht. Im Insolvenzfall geht das eigene Depot gleich an den Insolvenzverwalter – auf Nimmerwiedersehen. All das schürt große Unsicherheit, auch beim Bitcoin.

Und selbst die Bitcoin-Miner fingen 2022 an, ihre Bestände zu verkaufen. Aus ökonomischem Druck. Denn das Mining ist teuer, weil es extrem viel Strom frisst und teure Hardware benötigt. Beides müssen die Miner in Vorleistung mit Euro oder US-Dollar bezahlen. Zum Vergleich: Laut einer Untersuchung der renommierten Cambridge-Universität beläuft sich der weltweite Stromverbrauch aller Bitcoin-Miner auf rund 125 Terawattstunden pro Jahr. Das sind 0,6 Prozent des gesamten weltweiten Stromverbrauchs. Genauso viel wie die gesamte Ukraine vor dem Krieg in einem Jahr verbrauchte. Mehr als in der Schweiz und Österreich zusammen verbraucht werden. Weil die Energiepreise stiegen, der Bitcoin aber fiel, wurde das Geschäft für die Miner immer weniger lukrativ. Selbst die größten Mining-Firmen waren gezwungen, ihre Bitcoin-Bestände zu verkaufen, um laufende Kosten wie Strom, Mieten, Kreditzinsen usw. zu decken. Das wiederum erzeugte noch mehr Druck auf die Preise. Einer der größten Bitcoin-Miner der Welt, Core Scientific, gab im Herbst die drohende Pleite bekannt. Bis Jahresende drohe das Geld auszugehen. Die Aktie brach über Nacht um 70 Prozent ein. Das wiederum erzeugte noch mehr Druck auf die Preise, der große Hype war vorbei. Der kann natürlich wiederkommen, aber er kann auch für immer hinüber sein. Eines steht jedenfalls fest: Nur weil der Bitcoin begrenzt ist, wird er nicht immer wertvoll sein. Auch ist er kein Inflationsschutz. Vorsicht vor jenen, die Käufer mit seiner Hilfe in das Greater-Fool-Game locken wollen.

Noch ein letztes Gedankenexperiment zum Bitcoin. Angenommen wir sind zurück im Jahr 2020. Die Corona-Pandemie beginnt gerade. Statt Euro gibt es aber nur Bitcoin! Der Staat muss so schnell wie möglich Impfstoffe fördern, Firmen vor der Pleite retten und Milliarden an Kurzarbeitergeld zahlen. Außerdem braucht es jetzt auch dringend mehr Leute im Gesundheitswesen. Masken müssen beschafft, Testzentren und Impfkampagnen organisiert werden. Krisenbekämpfung ist teuer. Woher aber das Geld nehmen?

Mit Euros hätte der Staat es einfach frisch erzeugen können, um die Ausgaben zu tätigen. Das ist heutzutage etwas komplizierter als den Banknoten-Drucker anzuschmeißen, läuft aber auf das Gleiche hinaus. Der Finanzminister verkauft schnell ein paar neue Staatsanleihen an Banken, die kaufen die Anleihen mit Geld, das die Zentralbank auf Knopfdruck erzeugt. In gewisser Weise ein Dreiecksgeschäft, aber so sind nun einmal die Spielregeln im europäischen Finanzsystem. Jedenfalls wäre das Staatskonto danach prall gefüllt und die Krisenbekämpfung könnte gleich beginnen. Mit Bitcoins ginge das aber nicht wegen der begrenzten Menge. Wenn der Staat alle Herausforderungen aus dem Jahr 2020 mithilfe von Bitcoins statt mit Euros hätte bewältigen müssen, hätte zunächst jemand anderes seine Bitcoins abgeben oder verleihen müssen. Zumindest solange der Finanzminister nicht vorübergehend selbst ins Mining eingestiegen wäre. Der Effekt: Eine deutlich größere Nachfrage nach Bitcoin wäre auf ein knappes Angebot gestoßen. Der Preis des Bitcoins wäre durch die Decke gegangen. Ebenso der Zins, wenn Halter den Bitcoin nur verleihen, nicht verkaufen wollten. Vielleicht hätte der Staat auch gar nicht genug Bitcoins zusammenbekommen, weil der Preisschub andere Spekulanten auf den Plan gerufen hätte, die Kursgewinne witterten. Und was wäre mit den Firmen passiert, die eigentlich auch investieren wollen? Biontech will forschen und die Produktion ausbauen, andere wollen Schnelltests entwickeln, eine Software-Firma ein Tool für Online-Unterricht entwickeln und so weiter. Auch die bräuchten Geld. Wieder andere Firmen hätten ganz unabhängig von der Krise geplant zu investieren. Der Bäcker in einen neuen Ofen, das Chemiewerk in moderne Anlagen, der Windparkbetreiber in neue Anlagen, der Häuslebauer in Solar auf dem Dach. Die Kalkulation für die Investitionsfinanzierung hätte sich aber schlagartig verändert, weil alle Kreditnehmer um knappe Bitcoin-Kredite konkurrierten. Sie wäre viel teurer geworden, viele geplante Investitionen hätten sich schlicht nicht mehr gerechnet und wären abgeblasen worden. Zu groß die wirtschaftliche Unsicherheit! Die Wirtschaft wäre in eine Krise getaumelt und dem Staat wären bei der Pandemiebekämpfung finanziell die Hände gebunden gewesen. Die Konsequenzen wären fatal gewesen: mehr Tote, mehr Kranke, mehr Arbeitslose, weniger Wohlstand und politische Instabilität. Chaos, Verwüstung, Leid wären vorprogrammiert, wenn Deutschland in der Krise auf Bitcoin statt auf den Euro gesetzt hätte. Das sogar in der viertgrößten Volkswirtschaft der Welt!

Tatsächlich gestehen Bitcoiner solche Probleme auch selbst ein. Allerdings unbewusst und in vermeintlich guter Absicht. Denn sie brüsten sich mit der These, dass Kriege mit Bitcoins nicht finanzierbar wären – und halten das für ein gutes Argument. Ist es aber nicht. Denn wenn Kriege mit Bitcoins nicht finanzierbar sind, sind Abwehrschlachten gegen Wirtschaftskrisen und Pandemien auch nicht finanzierbar. Knappes Geld ist eine dumme und gefährliche Idee.

Die Bundesbank sollte ihrer geldpolitischen Verantwortung nachkommen und in einer großen Kampagne für Aufklärung sorgen. Dass die Bundesbank leider, wie erwähnt, selbst Tonnen von unnützem Gold bei sich im Keller lagert, hilft bei der Aufklärung allerdings nicht. Damit wird der Eindruck erzeugt, Papiergeld sei durch Gold »gedeckt« Ein gefundenes Fressen für die Märchengeschichten der Bitcoiner, die im Duett mit den Crashpropheten suggerieren, das Geldsystem stehe vor dem Zusammenbruch und die Menschen könnten ihre Ersparnisse retten, indem sie ihre Euros gegen Bitcoins tauschen. Ein feuchter libertärer Traum, der leider bei zu vielen verfängt. Gerade bei jungen Leuten. Aus Verbraucherschutzsicht ein Skandal.

4

Energieriesen gegen Verbraucher – Inflation als Verteilungskonflikt

»Die Inflation macht alle ärmer, weil die Kaufkraft nachlässt«, schreibt die »Tagesschau« im Herbst 2022.[1] Na gut, das schreiben eigentlich alle und tun so, als wäre die Inflation etwas, was einfach von außen über uns als Gesellschaft hereinbricht. Als säßen wir alle gemeinsam im selben Boot. »Einkommen und Ersparnisse von Privatleuten verlieren an Wert«, heißt es im »Tagesschau«-Artikel weiter. »Wir werden alle ärmer«, sagen auch Wirtschaftsminister Habeck und Finanzminister Lindner permanent, wenn sie auf Forderungen nach weiteren Entlastungen gegen die hohe Inflation angesprochen werden. Der Satz stimmt – allerdings nur makroökonomisch. Wenn Exporteure aus dem Ausland gegenüber deutschen Importeuren höhere Preise durchsetzen, dann wird Deutschland als Ganzes ärmer, dann werden wir alle ärmer. Alle, aber nicht jeder – ein wichtiger Unterschied.

Inflation passiert nicht, Inflation wird gemacht. Und zwar in einem Verteilungskampf zwischen allen, die ein Stück vom Kuchen wollen. Zwischen Arbeitgebern und Arbeitnehmern. Zwischen Schuldnern und Gläubigern. Zwischen Verbrauchern und Produzenten. Zwischen Dienstleistern und Industriellen. Die Bruchlinien in diesem Verteilungskampf sind vielfältig. Und sie sind von Inflation zu Inflation unterschiedlich. »Wir werden alle ärmer« verdeckt diese Verteilungsfrage. Für die Regierung ist das bequem, weil Konflikte Probleme nach sich ziehen. Aber sie lassen sich nun einmal nicht gut ignorieren. Die Augen vor der Verteilungsfrage zu verschließen, ist letztendlich eine Bankrotterklärung der Politik. Denn Demokratie funktioniert nur mit einem Interessenausgleich. Und genau dafür sind Politiker schließlich da – und werden gut bezahlt.

Dass Inflation ein Verteilungskonflikt ist, diktiert schon die reine Logik, wie ich bereits in der Einleitung erläutert hatte. Die Inflationsrate steigt nur, wenn irgendjemand seine Preise erhöht. Und höhere Preise bedeuten: einer zahlt mehr, ein anderer verdient mehr. Das sind zwei Seiten einer Medaille. Der »Tagesschau«-Satz »Einkommen und Ersparnisse von Privatleuten verlieren an Wert« prallt an dieser unerschütterlichen Logik ab. Denn das Einkommen des einen verliert nur an Wert, weil wer anderes sein Einkommen erhöhen kann. Zum Beispiel durch höhere Preise.

Die Auslöser dafür können ganz unterschiedlicher Natur sein: höhere Importpreise für Energie, schlechte Ernten, eine überkochende Nachfrage oder steigende Löhne, um nur die Klassiker aufzuzählen. Und tatsächlich hängt die Frage, wer in diesem Verteilungskonflikt ärmer und wer reicher wird, wer gewinnt und wer verliert, ganz erheblich davon ab, welches der Auslöser für steigende Preise ist.

Die Frage nach Gewinnern und Verlierern ist eine Frage von Machtverteilung. Wer kann höhere Preise durchsetzen und wer ist in der Lage, sie zu kompensieren? Ein plumpes

Beispiel: Wenn Firmen die Preise für ihre Produkte oder Dienstleistungen um 5 Prozent anheben, weil vorher die Löhne um 5 Prozent gestiegen sind, und die Politik Renten und Bürgergeld um 5 Prozent erhöht, sind zwar die Einkommen gewachsen, an der Verteilung hat sich aber nicht viel geändert. Anders hingegen sieht es aus, wenn Energieversorger wie Gazprom oder saudische Ölproduzenten höhere Preise durchsetzen, weil Energie am Weltmarkt knapp wird. Dann müssen erst die Importeure mehr zahlen, die legen es dann auf die Versorger um und die wiederum auf die Verbraucher. Die Gewinner sitzen im Ausland, die Verlierer werden in Deutschland ermittelt – in einer Kettenreaktion.

Und eine wieder andere Ausgangslage haben wir, wenn Gewerkschaften es in Tarifverhandlungen schaffen, die Löhne weit stärker anzuheben, als der Produktivitätszuwachs an neutralem Verteilungsspielraum hergibt. In dem Fall sind Arbeitnehmer die Gewinner und bekommen ein größeres Stück vom Kuchen. Erst einmal zumindest. Steigende Lohnstückkosten senken die Stückgewinne der Unternehmen. Wenn sie jetzt die Preise erhöhen und die Verbraucher weiter munter einkaufen, können sie sich ihr Stück vom Kuchen wieder zurückholen. Aber ebenfalls vorerst. Bis wieder die Lohnverhandlungen anstehen.

Die Preise in der Wirtschaft – ob für Arbeit, Erdgas, Haarschnitte, Häuser oder Kredite – sind ein ständiges Austarieren vom Zugriff auf den Kuchen. Wie ein Armdrücken zwischen allen Beteiligten, bei dem der Vorteil ständig wechseln kann. Verbraucher, Firmen, Exporteure, Importeure, Händler, Produzenten und der Staat selbst – sie alle kämpfen um ihren Anteil. Zwischen den Branchen gibt es ebenso Verteilungskämpfe. Einem mächtigen Chemieunternehmen kann es leichter fallen, höhere Preise durchzusetzen, als einem Friseursalon, der ganz sensibel vorgehen muss, weil er von der Loyalität seiner Kunden abhängt. Das Gleiche gilt für die Gewerkschaften. Weil eine Fabrik zum Beispiel viel größere Produktivitätssprünge machen kann als ein Handwerker, haben Industriegewerkschaften typischerweise mehr Verhandlungsspielraum als Dienstleistungsgewerkschaften. Auch diese Machtfragen werden bei dem Ausspruch »Wir werden alle ärmer« verdeckt. Sie sind aber entscheidend, wenn man die Folgen von Inflation ergründen will.

Der Staat nimmt beim Armdrücken übrigens eine viel größere Rolle ein, als bloßer Schiedsrichter oder Vermittler zu sein. Er legt die Spielregeln fest; prüft, ob sie eingehalten werden; greift ein und sanktioniert, wenn sie nicht eingehalten werden; kann die Spielregeln im laufenden Spiel ändern; kann jeder Seite beim Armdrücken helfen; kann den Gewinnern die Gewinne abnehmen und den Verlierern Trostpreise zuteilen; und er macht beim Verteilungskampf gar selber mit!

Kein anderer Akteur in der Volkswirtschaft hat größeren Einfluss auf die Preise als der Staat. Er macht Gesetze, er kontrolliert, er besteuert, er subventioniert, und – nicht zu unterschätzen – er produziert selbst einen wesentlichen Teil des Kuchens und bepreist ihn. Wie teuer die Busfahrt, der Eintritt zum öffentlichen Schwimmbad oder das Studium sind, wie gut die Schulen ausgestattet sind, wie hoch der Mindestlohn ist, wie konsequent die Mindestlohneinhaltung kontrolliert wird, welche Rechte Arbeitnehmer und Gewerkschaften haben, wie viel Marktmacht einzelne Firmen auf sich vereinen, ob Firmen mit anderen Firmen Kartelle bilden dürfen, wie Eigentum und Patente geschützt werden, unter welchen Regeln Banken Kredite vergeben dürfen, wie viel Grundlagenforschung finanziert wird, wie viel Netto vom Bruttoeinkommen bleibt, wie stark Erbschaften besteuert werden, wie viel Mehrwertsteuer auf den Supermarktpreis draufgeschlagen wird, wie hoch die Rente und die Grundsicherung ist, wie viele Arbeitslose es gibt, wie viel und zu welchen Preisen die öffentliche Hand einkauft – all das und noch vieles mehr nimmt Einfluss auf das Armdrücken um das größere Kuchenstück. Nicht zu unterschätzen ist vor allem der Einfluss der Wirtschaftspolitik. Brummt die Wirtschaft und ist die Arbeitslosigkeit niedrig, haben alle Arbeiter viel Verhandlungsmacht. Das beste Beispiel ist die Zeit vor der Ölkrise, mit einer Arbeitslosigkeit von unter 1 Prozent und zweistelligen Tarifabschlüssen. Je schlechter die Wirtschaft läuft und je mehr Arbeitsuchende gleichzeitig um die wenigen offenen Stellen konkurrieren, desto geringer ist ihre Macht.

Das Armdrücken zwischen Arbeitgebern und Arbeitnehmern ist der Klassiker des Verteilungskampfes. Und auch der wichtigste, weil genau der darüber entscheidet, ob die Lohn-Preis-Spirale in Gang gesetzt wird oder nicht. Entsprechend viel Aufmerksamkeit bekommt dieser Konflikt. Das nächste Armdrücken findet nicht auf dem Arbeitsmarkt, sondern beim Bankberater statt, nämlich zwischen Schuldnern und Gläubigern. Schuldner gelten als Gewinner, Gläubiger als Verlierer. Es heißt: Wenn die Preise steigen, verlieren die Schulden an Wert. Denn im Kreditvertrag – wie im Übrigen in fast allen anderen Verträgen auch – steht ein nominaler Geldbetrag. Einen Kredit über 20000 Euro kann der Bäcker leichter bedienen, wenn er seine Brötchenpreise verdoppelt, so die Logik. Dementsprechend müsste gelten: Der Kreditgeber wiederum kann sich von den 20000 Euro weniger kaufen, wenn die bei höherem Preislevel zurückgezahlt werden. Das ist so pauschal zwar meistens richtig, aber eben nicht immer. Denn eine hohe Inflationsrate heißt längst nicht, dass alle Einkommen steigen. Während des Energiepreisschocks beispielsweise sind die Energiepreise davongaloppiert, aber die Löhne sind nicht mitgezogen. Mehr Einkommen hatten also lediglich die Öl- und Gasexporteure aus dem Ausland, nicht die Schuldner im Inland. Genau das ist der Knackpunkt. Beim Preisschock profitiert die breite Masse nicht von Einkommenssteigerungen, sondern hat lediglich höhere Kosten zu schultern. Daher ist auch die Unterscheidung zwischen Preisschock und klassischer Inflation hilfreich. Dasselbe gilt, wenn der Bäcker bei doppelten Brötchenpreisen nur halb so viel verkauft. Dann hat er nicht *mehr* Einkommen, um seine Kredite zu bedienen, dann senkt die hohe Inflationsrate seine Schuldenlast nicht. Bei klassischer Inflation und Lohn-Preis-Spirale sind die Löhne die treibende Kraft, folglich steigen die Einkommen und nutzen den Schuldnern.

Kurzum: Wer bei oder mit steigenden Preisen sein Einkommen erhöhen kann, steht auf der Gewinnerseite. Alle anderen auf der Verliererseite.

DES EINEN FREUD …

Jede Krise bringt ihre Gewinner hervor. In der Corona-Pandemie machte beispielsweise Amazon das Geschäft schlechthin, weil im Lockdown die Online-Bestellungen boomten. Ebenso das US-amerikanische Softwareunternehmen Zoom Video Communications, das von Schulschließungen und allerlei Online-Veranstaltungen profitierte und den Umsatz in den Krisenjahren verzehnfachte. Oder der Impfstoffhersteller Biontech, dessen Pionierleistung mit Milliardengewinnen belohnt wurde. Der Biontech-Erfolg war nicht nur ein Segen für die Pandemiebekämpfung, sondern auch für die Hexal-Gründer Andreas und Thomas Strüngmann. Die beiden besitzen fast die Hälfte aller Biontech-Aktien und wurden durch die Verdreifachung des Aktienkurses zwischenzeitlich auf der Liste der reichsten Deutschen ganz nach oben katapultiert. Ihr Vermögen wurde im Herbst 2021 mit schlappen 42 Milliarden Euro bemessen. Klingeln taten die Kassen auch bei Logistikern in der Schifffahrt, zum Beispiel bei der Hamburger Reederei Hapag-Lloyd. Gestörte Lieferketten und Hafenschließungen in aller Welt machten Schiffsraum knapp. Reeder konnten bei ihren Kunden deutlich höhere Preise durchsetzen, weil Produzenten darauf angewiesen waren, dass die Ware von der Fabrik in Asien zum Kunden in Deutschland verschifft wird. Obwohl Hapag-Lloyd kaum mehr Container transportierte als zuvor, verdoppelte sich der Umsatz und verzehnfachte sich der Gewinn 2021 auf über 9 Milliarden Euro.[2] Hapag-Lloyd wurde damit natürlich auch zum Preistreiber. Denn neben den Energiekosten ist die Logistik ein großer Kostenblock in vielen Wertschöpfungsketten. Vor allem bei Produkten.

Weil die Pandemie eine ganz andere Krise war als die von Putins Krieg ausgelöste Energiekrise, sind die Krisengewinner auch andere. Die Sektkorken knallten 2022 eher in anderen Konzernzentralen der Energieriesen. Schon unmittelbar nach Kriegsbeginn warnte die Internationale Energieagentur, dass Energiekonzerne durch den Preisschock an der Börse in der EU rund 200 Milliarden Euro zusätzliche Gewinne machen würden. Zusätzlich heißt: Die Gewinne kommen zu den ohnehin üblichen Gewinnen noch hinzu.[3] Diese Ankündigung schlug im März in der Presse ein wie eine Bombe. Selbst in der EU-Kommission, die sonst nicht dafür bekannt ist, mit progressiven Steueränderungen auf sich aufmerksam zu machen, sorgte die Zahl für ein Umdenken. Denn die 200 Milliarden tauchen ja nicht aus heiterem Himmel auf, sie fallen nicht vom Baum, sie kommen aus den Geldbeuteln der Verbraucher. Nicht sofort alles auf einen Schlag im März, denn bis die Mondpreise von den Händlern und Versorgern auf die Endkunden übertragen werden, dauert es einige Zeit. Die Frage war aber nicht, ob, sondern wann. So kam es, dass die EU-Kommission mit Verweis auf die Berechnungen der Internationalen Energieagentur empfahl, diese Krisengewinner mit einer Sondersteuer zu belegen. Das Wortungetüm »Übergewinnsteuer« fand endgültig Einzug in die deutsche Steuerdebatte. Robert Habeck und die Grünen fanden das gut, Christian Lindner und die FDP wehrten sich. Erst als sich die EU-Energieminister im Herbst 2022, als der Krieg schon sechs Monate alt war, auf eine gemeinsame Besteuerung der Krisenprofiteure einigten, kam auch die

Ampel aus der Deckung. Mit einer komplizierten Erlösobergrenze für jene, die Strom ohne Gas produzieren, und einer Übergewinnsteuer von 33 Prozent auf Öl-, Kohle- und Gasunternehmen sowie Raffinerien. Verzeihung: »Solidarabgabe«, nicht »Übergewinnsteuer« – der begriffliche Unterschied war Christian Lindner wichtig. Tun wir ihm den Gefallen und achten darauf, na klar.

Während die Ampel ein halbes Jahr blockierte, hatten andere EU-Länder schon längst Fakten geschaffen. Italien, Spanien, Belgien, Ungarn und Griechenland warteten gar nicht, bis sich die Energieminister im trägen Bürokratieapparat in Brüssel geeinigt hatten, sondern taten, was die Kommission im März 2022 vorschlug. Italien wurde bei der Einführung der Übergewinnsteuer sogar noch vom wirtschaftsliberalen Mario Draghi regiert. Ganze 25 Prozent der Übergewinne kassierte er ab.

Draghi war vorher Präsident der EZB, der Vorgänger von Christine Lagarde. Sie erinnern sich vielleicht noch an seine bekannte *Whatever-it-takes*-Rede, die den Wendepunkt in der damaligen Eurokrise besiegelte, indem er den Anlegern quasi versicherte, dass keine europäischen Anleihen ausfallen werden. Im Zweifel springe die EZB ein und kaufe selbst alle Anleihen auf, um Verluste der Anleger zu vermeiden. Schon am Tag darauf sanken die stark gestiegenen Zinsaufschläge auf die Staatsanleihen der südeuropäischen Sorgenkinder Italien, Spanien, Griechenland und Portugal.

Aber zurück zur Übergewinnsteuer: Der prominenteste Steuerzahler war der italienische Öl- und Gaskonzern Eni. Allein im ersten Quartal 2022 stieg der Nettogewinn auf 3,58 Milliarden Euro. Im Vorjahreszeitraum waren es noch läppische 856 Millionen Euro gewesen. Auch die Umsatzzahlen verblüfften: Von 14,49 Milliarden Euro im Vorjahr stiegen sie auf 32,13 Milliarden Euro, obwohl die Produktion von Öl sogar um 0,05 Millionen Barrel Öläquivalent pro Tag gesunken war. Die Folgequartale sahen ähnlich aus. Im Herbst übertraf Eni den von Analysten erwarteten operativen Gewinn noch um fast eine ganze Milliarde Euro, der daraufhin mit 5,8 Milliarden zu Buche schlug.[4] Eni machte diese Riesenprofite nicht, weil sie mehr produzierten oder weil sie in der Vergangenheit besonders erfolgreich in fortschrittliche Innovationen investiert hätten, sondern sie profitierten schlicht und einfach von den Preiserhöhungen, die das OPEC-Kartell und der Putin-Krieg mit sich brachten. Und nur damit kein falsches Mitleid mit den Besteuerten entsteht: 25 Prozent Übergewinnsteuer lassen sich bei solchen Geschäftszahlen gut verkraften. Vom Gewinnplus bleiben schließlich immerhin noch ganze 75 Prozent über. Abzüglich der Freibeträge sogar noch etwas mehr. Wahrlich kein Grund, den Sekt im Kühlschrank zu lassen.

Eni ist nur ein Beispiel von vielen Energiegewinnern. Besonders am Ölmarkt. Die Steuerexperten Christoph Trautvetter und David Kern-Fehrenbach rechneten für das *Netzwerk Steuergerechtigkeit* einmal nach, wie sich die gestiegenen Börsenpreise im ersten Halbjahr 2022 bei den sechs großen Mineralölkonzernen Saudi Aramco, BP, Total, Shell, ExxonMobile und Wintershall Dea auf die Gewinne ausgewirkt hatten. »Nirgends dürften die Kriegsgewinne aber so eindeutig und umfassend ausfallen wie in der Mineralölwirtschaft, bei den Stromproduzenten und bei großen Rohstoffproduzenten und -händlern«, schreiben die Autoren.[5] »Sie alle profitieren ganz direkt von den massiven Preisanstiegen: Weil ihre Kosten für die Rohstoffproduktion kaum gestiegen sind, führen gestiegene Preise fast 1:1 zu höheren Gewinnen«, heißt es weiter. Entsprechend hoch fallen die Zahlen aus. Vergleicht man die Gewinne der sechs großen Mineralölkonzerne im ersten Halbjahr 2022 mit denen im Vorjahreszeitraum, kommt man auf einen Übergewinn von rund 60 Milliarden US-Dollar. Aufs Jahr gerechnet und für den weltweiten Ölmarkt überschlagen macht das ein Plus von rund 1,2 Billionen US-Dollar. 1,2 Billionen. Ja, die Rechnung ist grob geschätzt, aber sie gibt eine eindeutige Richtung an. Setzt man die Preissteigerung beim Öl ins Verhältnis zum deutschen Verbrauch, ergibt sich allein für das in Deutschland verkaufte Öl ein Plus von 38 Milliarden. Beim Gas wären es ganze 25 Milliarden. Das größte Plus machten dabei die Produzenten, die das Öl und Gas aus dem Boden pumpten. Die gehören nicht selten ganz oder teilweise dem jeweiligen Staat, in dem das Öl gefördert wird. Bestes Beispiel: Saudi Aramco aus Saudi-Arabien. Der mit Abstand größte Ölkonzern der Welt, der allein 10 Prozent des gesamten Marktes auf sich vereint, das größte Ölfeld der Welt besitzt und regelmäßig mehrere Hundert Milliarden Umsatz und mehr als 100 Milliarden US-Dollar an Gewinn einfährt. Weil die Förderkosten so günstig sind, gilt Saudi Aramco auch als der profitabelste Ölförderer der Welt. Die Förderkosten für ein Fass Öl liegen bei gerade einmal 7,5 US-Dollar.[6] Seit dem Börsengang 2019 werden 1,5 Prozent der Firmenanteile an der Börse gehandelt, die restlichen hält der Golfstaat selbst. Im Herbst 2022 vermeldete Saudi Aramco den zweithöchsten Quartalsgewinn der Unternehmensgeschichte. 42 Milliarden Dollar Gewinn, ganze 39 Prozent mehr als im Vorjahr. Den höchsten Gewinn der Unternehmensgeschichte gab es übrigens im Quartal zuvor. Der Rekord liegt bei 48,4 Milliarden Dollar.[7] Die Monarchie ist Krisengewinner!

Neben dem saudi-arabischen Ölförderer der Superlative gibt es noch eine ganze Reihe anderer staatlicher Akteure, etwa aus Russland, Kuwait, Iran, Abu Dhabi und Venezuela, die einstellige Prozente am Marktanteil ausmachen. Und natürlich die privaten Riesen wie Exxon und Chevron aus den USA, Total Energies aus Frankreich oder BP und Shell aus Großbritannien. Deutsche Großkonzerne gibt es hingegen auf dem Ölmarkt nicht. Der größte ist Wintershall Dea, er spielt aber im Gegensatz zu den »Walen« kaum eine Rolle.

Und es natürlich bleibt auch einiges bei den Händlern und den Raffinerien hängen. Die wussten in der angespannten Kriegslage um ihre Marktmacht, erhöhten die Preise also stärker als die Förderer für Rohöl und weiteten so unter dem Deckmantel steigender Börsenpreise ihre Margen aus.

Das Besondere am Ölmarkt: Die Förderung wird von einigen wenigen großen Firmen geleistet und dieselben Firmen dominieren auch das Raffinerie- und Kraftstoffsegment. Rosneft zum Beispiel fördert Öl in Russland und pumpte das russische Öl bis zum Embargo über die Druschba-Pipeline zur Raffinerie nach Schwedt in Ostdeutschland, an der es rund 54 Prozent der Anteile hielt – und die 2022 90 Prozent der Versorgung von Berlin und Brandenburg mit Benzin, Kerosin, Diesel und Heizöl trug. Der Rest der Raffinerie gehört außerdem dem italienischen Eni und dem britischen Shell. Apropos Shell: auch die sind in der gesamten Produktionskette aktiv. Shell fördert ebenfalls Öl, ist der größte Raffineriebetreiber in Deutschland und vereint mit 2100 Tankstellen rund 20 Prozent des deutschen Tankstellenmarktes auf sich. Und auch Shell schreibt seit dem Energiepreisschock rekordverdächtige Quartalsberichte. Wie bei Saudi-Aramco war das zweite Quartal 2022 Shells Rekordquartal – mit 11,5 Milliarden Dollar Gewinn – und das dritte Quartal das zweitbeste der Unternehmensgeschichte – mit 9,5 Milliarden Euro Gewinn. Die Zahlen werden nicht einmal dadurch getrübt, dass Shell 2022 noch mehrere Milliarden aus dem Russland-Geschäft abschreiben musste. Anfang März entschied das Unternehmen auf politischen Druck, kein russisches Öl und Gas mehr zu beziehen. Im Mai verkauft Shell seine 411 Tankstellen und ein Schmierstoffwerk an den zweitgrößten russischen Ölproduzenten Lukoil.[8] Aus der Gewinnschwemme in den Quartalsberichten wurde auch ein warmer Geldregen für die Aktionäre. Im Herbst verkündete Shell erneut, Aktien für 4 Milliarden Dollar zurückzukaufen (und damit den Kurs zu stabilisieren) und die Dividendenausschüttungen um 15 Prozent zu erhöhen.[9]

Rekordgewinne gab es 2022 auch in Russland. Trotz des Krieges mit der Ukraine und des Wirtschaftskrieges mit dem Westen. Eigentlich sogar genau deswegen. Denn der Krieg und die Sorge um Engpässe hatten die Preise erst in die Höhe schießen lassen. Gazprom vermeldete für das erste Halbjahr umgerechnet 42 Milliarden Euro Gewinn. Das waren bereits fast 15 Milliarden mehr als der gesamte Vorjahresgewinn. Besonders brisant: Gazprom förderte sogar 12 Prozent weniger Gas und verkaufte ein Drittel weniger an das Ausland. Der Lieferstopp nach Deutschland ist in den Zahlen noch nicht berücksichtigt, der kam erst im zweiten Halbjahr. Anderen Ländern hatte Gazprom aber schon im ersten Jahr die Lieferungen gekürzt. Der Rekordgewinn kam also auch hier durch die drastischen Preisanstiege zustande. Gazprom war Verursacher und Profiteur des Preisschocks in Deutschland. 2023 dürfte sich das aber ändern, weil Gazprom mit Deutschland und der EU wichtige Kunden verliert und die Panik am Gasmarkt abzuebben scheint.

Auch die Mondpreise am Strommarkt haben Krisengewinner hervorgebracht. Dort sind all denen, die Strom nicht mit Gas produziert haben, milliardenschwere Zufallsgewinne entstanden. Im Unterschied zu den Öl- und Gasgewinnen,die meist ins Ausland geflossen sind, bleiben die Stromgewinne größtenteils in Deutschland. Doch auch am Strommarkt ist die Machtverteilung schnell geklärt. Vier große Konzerne (E.ON, RWE, EnBW und Vattenfall) dominieren mehr als die Hälfte des deutschen Marktes.

Warum *Zufalls*gewinne und nicht *Über*gewinne? Nun, die Stromproduzenten konnten wenig dafür. Sie sind sozusagen unfreiwillige Inflationsgewinner. Das liegt an dem schon erwähnten Merit-Order-Prinzip, nach dem Strom auf dem europäischen Strommarkt gehandelt wird. Alle Anbieter erhalten denselben Preis für den bereitgestellten Strom, egal auf welche Weise er hergestellt wurde. Weil Wind- und Solarkraftwerke noch nicht genug abwarfen und deutsche Kraftwerke nach Frankreich exportieren mussten, wurden stets Gaskraftwerke für circa 10 Prozent der deutschen Stromproduktion gebraucht. Ihr Strom war aber wegen der explodierten Gaspreise besonders teuer geworden – und hat die Preise für alle Stromproduzenten bestimmt. Auch die günstigen Anbieter bekamen also die hohen Preise der Spitzenlastkraftwerke. Sie wurden bezahlt, als würden sie Gasstrom verkaufen, obwohl sie zu unveränderten Kosten Windstrom, Solarstrom, Atomstrom oder Kohlestrom herstellen – und machen damit riesige Gewinne.

Ein Segen für Windparkbetreiber, aber auch für die dreckige Kohlekraft von RWE. RWE selbst kann aber gar nichts dafür, dass sie mit der längst totgesagten Kohle plötzlich wieder so viel Geld verdienen. Ohne Krieg und den hohen Gaspreis hätte es die Gewinne selbstverständlich nicht gegeben. Die Halbjahreszahlen waren blendend. Die Gewinnprognose hob RWE dank des Geldregens auf 5 bis 5,5 Milliarden Euro statt wie ursprünglich geplant 3,6 bis 4 Milliarden an. Als die Gasumlage im Herbst noch im Gespräch war, die es ja nie aus dem Kabinett ins Gesetzbuch geschafft hat, wollte RWE sogar freiwillig darauf verzichten. So gut liefen die Geschäfte!

Selbst Finanzminister Christian Lindner – wahrlich keiner, der bei steigenden Preisen gleich auf die Barrikaden geht – nannte die Situation am Strommarkt einen »Rendite-Autopiloten«.[10] Mit innovativen Investitionen oder guter Wettbewerbsstrategie hatte das wenig zu tun, mit purem Zufall hingegen viel. Deshalb ist auch der Begriff »Zufallsgewinne« treffender als »Übergewinne«. Erstere entstehen nämlich durch das Marktdesign, nicht durch bloße Marktmacht einzelner Anbieter.

Das Deutsche Institut für Wirtschaftsforschung schätzte Mitte 2022, dass allein den Betreibern von Wind- und Solaranlagen wegen des Merit-Order-Prinzips zusätzliche

Gewinne von sage und schreibe 9 Milliarden Euro zufallen.[11] Die schon erwähnten Experten Trautvetter und Kern-Fehrenbach untersuchten in ihrer Studie auch den Strommarkt auf die Höhe der Übergewinne hin.[12] Das Ergebnis: Liegt der Preis bei 180 Euro pro Megawattstunde und vergleicht man diesen mit dem Preis von 90 Euro pro Megawattstunde von Ende 2021, liegen die Zufallsgewinne für 2022 bei 54 Milliarden Euro. Nimmt man den durchschnittlichen Strompreis der letzten 15 Jahre als Vergleichswert (40 Euro pro Megawattstunde), kommen die Autoren sogar auf 84 Milliarden Euro an Zufallsgewinnen. Das meiste entfällt dabei auf jene, die weiter günstig produzieren konnten, zum Beispiel Wind- und Solaranlagen oder Atomkraftwerke. Diejenigen Stromproduzenten, die Öl, Gas und Kohle verstromt haben und die vorher zu den teureren Preisen einkaufen mussten, haben zwar einen höheren Erlös, aber auch höhere Kosten. In der Studie heißt es deshalb: »Basierend auf dem deutschen Strommix für 2021 und von langfristigen Lieferverträgen abgesehen, dürften davon sehr grob geschätzt 40 Prozent bei den Lieferanten von Öl, Gas und Kohle landen. Für die Stromproduzenten verbleibt also ein Übergewinn von bis zu 50 Milliarden Euro.« Der Rest landet übrigens auch wieder zum größten Teil im Ausland.

Noch ein letztes Beispiel für einen Krisengewinner: der Kasseler Börsenstar K+S. Das deutsche Bergbauunternehmen ist ein internationales Schwergewicht, wenn es um kali- und magnesiumhaltige Produkte für Industrie und Landwirtschaft geht. Bekannt ist zum Beispiel der Kalidünger. Der gehört neben Stickstoff, Phosphat und Kalk zu den wichtigsten Düngemitteln für Nutzpflanzen wie Soja, Reis,

Mais, Obst, Gemüse, Palmöl und Weizen. Weil die Sanktionen die russischen und weißrussischen Konkurrenten von K+S vom Markt abgeschnitten haben und die Nachfrage groß ist, konnte K+S sein Geschäft dank steigender Preise vergolden. Umsatz verdoppelt, Gewinn vervielfacht – so sehen Krisengewinner aus. Dass auch K+S durch die steigenden Energiepreise mehr für Energie, Materialien und Logistik zahlen musste, wurde so locker ausgeglichen.

Es zeigt sich ein Muster: Wer viel Marktmacht hat und das liefert, was die Welt braucht, macht in Zeiten von Knappheit ein unglaubliches Geschäft. Die Gewinner der Energiepreiskrise sind groß und sitzen meistens im Ausland – nicht selten in autoritären Regimen.

… DES ANDEREN LEID!

Der Energiepreisschock erinnert an das Heiße-Kartoffel-Spiel. Die Spieler stellen sich in einen Kreis, der Spielleiter schaltet die Musik an und alle werfen eine heiße Kartoffel hin und her. Wer die Kartoffel in der Hand hat, wenn die Musik stoppt, verbrennt sich und scheidet aus. In unserem Fall hat Putin die Musik angemacht, die deutsche Regierung sucht nach einem Knopf, um sie wieder auszumachen. Währenddessen geht die heiße Kartoffel herum. Wer von den Krisengewinnern kaufen muss, bekommt sie in die Hand gedrückt und muss versuchen, sie weiterzugeben. Über höhere Löhne oder höhere Preise. Die Energieriesen haben sich kurz die Hände gerieben und dann fein aus dem Staub gemacht. Die Milliardäre und Multimillionäre stehen am Rand, die Hände in den Taschen, die Stirn voller Verachtung in Falten gelegt, und fragen sich: »Was machen die da?« Die großen Einzelhändler sind Heiße-Kartoffel-Profis und werfen das heiße Gemüse weiter, sobald sie es bekommen, indem sie schnell die Preisschilder tauschen. Die großen Lebensmittelkonzerne verkleinern Verpackungsgrößen und nutzen alle Tricks, um die höheren Energiekosten im Endprodukt unterzubringen. Friseure, Kinobetreiber und Bäcker trauen sich gar nicht, die Kartoffel weiterzugeben, und erhöhen aus Sorge um ein mögliches Schwinden der Kundenloyalität nur langsam die Preise. Arbeitslosen, Rentnern, Schülern und Malochern mit bescheidenen Geldbeuteln sind die Hände auf dem Rücken gebunden, und sie müssen an der Tankstelle, im Supermarkt und beim Gasversorger zahlen, was aufgerufen wird. Wer die Kartoffel nicht fängt, ist aber auch verbrannt und scheidet aus – so sind die Regeln. Sie sind die größten Verlierer.

Tatsächlich denkt man bei den Inflationsverlierern erst einmal an die Verbraucher. An die Ausgabenseite des Lebens. Geld ausgeben müssen alle. Verbraucher sind wir also irgendwie auch alle. Aber eben nicht nur. Es gibt nämlich auch noch die Einnahmenseite. Die einen sind neben ihrer Rolle als Verbraucher auch noch Bäcker, die anderen Pfleger, wieder andere reiche Erben mit Shell-Aktien und so weiter. Und es gibt die Vermögensseite. Die einen besitzen ein abbezahltes Haus, ein Unternehmen, einen Sparplan bei der Bank – wenige sogar alles auf einmal, zu viele leider nichts von all dem. Und dann ist da noch die Seite des Lobbyismus. Gar nicht im negativen Sinne, an der Grenze zur Korruption, sondern viel mehr im Sinne einer Interessenvertretung. Die einen werden von der Politik gehört, die anderen nicht.

Und so hat jeder von uns natürlich seine ganz eigene Inflationsgeschichte. Trotzdem gibt es Gemeinsamkeiten unter den Verlierern. Wer genau hinschaut, der erkennt, wo die Spaltlinie verläuft. An den Verbrauchern, die nicht nur in dem Moment Verlierer sind, in dem sie im Supermarkt einen Euro mehr für das Pfund Butter oder an der Tankkasse für den Liter Sprit bezahlen; sondern auch dann noch, wenn der Lohn, die Rente, das Arbeitslosengeld oder das Bafög überwiesen werden. Die, die kürzer treten, sein lassen und abwinken. Die günstiger kaufen, die weniger kaufen, die seltener kaufen. Die Anschaffungen verschieben, Reisen stornieren, Heizungen ausschalten, sich Spenden besorgen. Die den Kindern Wünsche ausreden – und sich selbst auch.

Weil die Reallöhne – der Lohn abzüglich der Inflationsrate – 2022 im Schnitt um rund 5 Prozent fielen, lautete die Rechnung für die Mehrheit der Bevölkerung: Die Ausgaben steigen schneller als die Einnahmen. Die klassische Mittelschicht kompensiert das im Alltag, indem sie vom Monatslohn mehr ausgibt und weniger spart. Die einen kürzen noch etwas auf der Ausgabenseite, die anderen brauchen Ersparnisse auf. Für das Drittel der Bevölkerung mit den kleinsten Geldbeuteln ist das aber keine Option. Die haben keinen Puffer, auf den sie zurückgreifen können, und auch kaum Ausgaben, die sich schmerzfrei streichen ließen.

Weil das so ist, ist die persönliche Inflationsrate desto größer, je kleiner das Einkommen. Friseure, Kassierer und Postboten trifft der Energiepreisschock viel härter als Bankmanager, Herzchirurgen und Profifußballer. Denn es sind vor allem die Güter des Grundbedarfs, die schlagartig teurer geworden sind und auf die man dennoch im Alltag kaum verzichten kann. Duschen, Waschen, Kochen, Beleuchten, Einkaufen, Tanken, Heizen und so weiter. Je kleiner der Geldbeutel, desto größer der Anteil, der für den Grundbedarf ausgegeben wird. Bei den 20 Prozent der Menschen mit den kleinsten Einkommen macht dieser Anteil rund zwei Drittel aller Ausgaben aus, bei den einkommensstärksten 20 Prozent hingegen nur etwa 44 Prozent. Bei den Superreichen, den Einkommensmillionären, fallen die Ausgaben für den Grundbedarf fast gar nicht ins Gewicht.

Der größte Einkommensfresser sind dabei die Energiepreise. Ohne Energie geht eben nichts. Wir alle nutzen Energie, ob Gas für die Heizung, Strom für das Licht oder Sprit für das Auto. Je reicher man ist, desto höher der Energieverbrauch: Der Dax-Manager mit großem Einfamilienhaus, Sauna im Keller, Ferienwohnung auf Sylt, Segeljacht auf Ibiza, weiten Urlaubsreisen und schwerem SUV verbraucht mehr Energie als der Umzugshelfer, der im Mehrfamilienhaus zur Miete wohnt, höchstens das städtische Schwimmbad nutzt, sich Urlaube kaum leisten kann und eine alte Corsa-Möhre fährt.

Der Ökonom Yannick Oswald von der Universität Leeds hat berechnet, wie sich der Energieverbrauch deutscher Haushalte verteilt. Die Zahlen sind beeindruckend. Das reichste Prozent der Bevölkerung beansprucht zusammen so viel Energie wie die ärmsten 16 Prozent. Die 400 000 reichen Haushalte verbrauchen so viel wie die 6,4 Millionen armen Haushalte. Die reichsten 10 Prozent so viel wie die ärmsten 40 Prozent.[13]

Auch im Supermarkt sind wir nicht alle gleich. Dort lagen die Preise im Herbst 2022 satte 20 Prozent über dem Vorjahresniveau. Zwar gilt: Je dicker der Geldbeutel, desto teurer der Einkauf, aber der Unterschied nimmt mit zunehmendem Reichtum ab. Abseits von Luxusprodukten wie Kaviar, Rinderfilet oder teurem Wein liegen Ausgaben für Lebensmittel längst nicht so weit auseinander wie die Einkommen und Vermögen. Der Einkommensteil, den der Kellner im Supermarkt ausgibt, ist deshalb rund 60 Prozent größer als der des Unternehmensberaters.[14] Höhere Brot- und Butterpreise schmerzen den Kellner mehr als den Unternehmensberater. Wer ohnehin vorher schon die Handelsmarken und die Aktionsware gekauft hat, um den Geldbeutel zu schonen, kann dem Preisanstieg gar nicht ausweichen. Der Unternehmensberater aber kann vom kleinen, feinen Ökoladen auf den Discounter wechseln und so sparen. Oder von der teuren Markenbutter auf die günstigere Handelsmarke. Oder selbst kochen, statt ins teurere Restaurant zu gehen. Lauter Einsparpotenziale, die Geringverdiener nicht wahrnehmen können. Ihnen bleibt nur der Verzicht auf Mahlzeiten oder der Gang zur Tafel.

Laut Umfrage aus dem Juni 2022 verzichtete jeder Sechste auf reguläre Mahlzeiten, um zu sparen.[15] Bei vielen reicht es nicht mehr bis zum Monatsende, der Andrang bei den Tafeln ist riesig. Sogar so groß wie noch nie in Deutschland. »Seit Jahresbeginn verzeichnen wir einen Anstieg der Kunden von 50 Prozent«, so Jochen Brühl, Chef der Tafel Deutschland.[16] Die Ehrenämtler, die dort an Bedürftige Lebensmittel verteilen, welche nicht mehr verkauft werden können, geraten an ihre Grenzen. »Rund ein Drittel der Tafeln ist so überlastet, dass sie Aufnahmestopps verhängen mussten«, so Brühl. Zwei Millionen Bedürftige zählten sie 2022 zu ihren Kunden. Hunderttausende sind also aufgrund der höheren Preise durch das löchrige Sozialstaatsnetz gefallen. Und das sind nur die, die die Tafelhelden in Anspruch nehmen. Viele Menschen hungern und verzichten lieber – aus Scham und Angst. Der Tafelchef beteuert: »Die Menschen haben große Existenzängste und Sorgen, wie sie Lebensmittel, Wohnen, Heizen zahlen können.« Außerdem sei es auch für die Ehrenämtler mental enorm belastend, Hilfe suchende Menschen abzulehnen und wegzuschicken. Jedem Regierungsmitglied mit sechsstelligem Jahresgehalt sollte es sehr peinlich sein, die Ehrenämtler wegen der Löcher im Sozialstaat in die Spur zu schicken.

Deutschland ist dennoch eines der reichsten Länder der Welt, hat sogar die viertgrößte Volkswirtschaft, trotzdem können weitaus mehr Menschen, als man gemeinhin annimmt, den teureren Alltag nicht einfach mit ihrem Ersparten stemmen, das sie früher auf die hohe Kante gelegt haben. Denn 40 Prozent der Deutschen haben so gut wie keine Ersparnisse, die unteren 10 Prozent verfügen sogar über ein negatives Nettovermögen, sind also überschuldet.[17] Schuldnerberatungen fürchten einen Ansturm von Menschen, die die Krise in die Überschuldung gezwungen hat – oder den Ausweg aus ihr erschwert hat. Wir sprechen über mehrere Millionen Bürger. Allein mehr als eine Million Menschen hatten schon vor der Krise Energieschulden, konnten sich stapelnde Strom- oder Heizrechnungen nicht bezahlen – und waren entsprechend mit Stromsperren, Gassperren und Kündigungen durch den Vermieter konfrontiert.[18] Finanziell ist das ohnehin ein Desaster, aber auch für die psychische Gesundheit eine Katastrophe. Nicht selten eine, die ausgrenzt, die Scham auslöst und Familien auseinanderbrechen lässt.

Der nächste Armutsbericht wird wohl mit Negativrekorden aufwarten. Schon die Pandemie hat die Armut in Deutschland auf einen Höchststand katapultiert. Die Armutsquote lag 2021 bei 16,6 Prozent. 13,8 Millionen Menschen gelten in Deutschland als arm, das sind 300 000 mehr als im Jahr 2020. »Deutschland droht am unteren Rand schlicht auseinanderzubrechen«, sagte Ulrich Schneider, Hauptgeschäftsführer des Paritätischen Gesamtverbandes, bei der Vorstellung des Berichtes in der Bundespressekonferenz.[19] Mit warnender und zugleich sorgenvollerStimme. Am härtesten wird es diejenigen treffen, die knapp zu viel verdienen, um vom Sozialstaat zu profitieren, aber zu wenig, um sicher über die Runden zu kommen.

Zu einiger Bekanntheit hat es in der Krise auch ein eindringliches Statement von Sparkassen-Präsident Helmut Schleweis geschafft. Der Banker sieht längst auch der Mittelschicht das Wasser bis zum Halse stehen und geht davon aus, dass bald bis zu 60 Prozent der deutschen Haushalte ihr gesamtes Einkommen für die Lebenshaltung einsetzen müssen.[20] Mit anderen Worten: 60 Prozent bleibt am Monatsende kein Groschen für den Sparstrumpf. Die Datenlage bestätigt seine Sorge. Berechnungen des Statistischen Bundesamts und des ifo Instituts zeigen: Ersparnisse werden im Rekordtempo abgebaut. Die Grafik unten zeigt das schiere Ausmaß. Dahinter steckt die Botschaft: Auch in der Mittelschicht werden Hauskredite, Umzüge, Autopannen, Krankheitsfälle, Urlaube, Restaurantbesuche und größere Anschaffungen zu finanziellen Zumutungen.

Einlagen von privaten Haushalten bei Banken in Deutschland

in Mrd. Euro

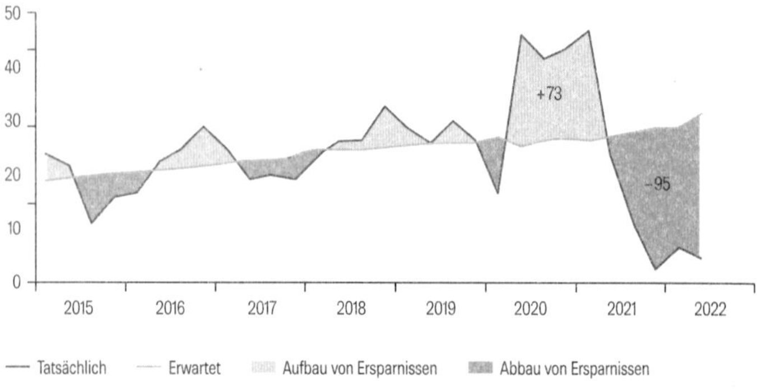

ifo Institut, 2022

Auf der Verliererseite stehen aber längst nicht nur die Verbraucher mit kleinen Geldbeuteln, denen der Reallohnschwund zu schaffen macht, sondern ganze Branchen und Geschäftsmodelle. Auch große Unternehmen. Der offensichtlichste Verlierer: Uniper. Der größte deutsche Gashändler stellte einen Negativrekord auf und vermeldete 2022 den größten Verlust, den ein deutsches Unternehmen an der Börse je vermelden musste: 40 Milliarden Euro. Nur die Telekom schrieb 2002 mit minus 25 Milliarden einen ähnlich großen Verlust in die Bücher. Die Erklärung ist: Uniper setzte jahrzehntelang auf günstiges russisches Gas. Schon der Vorgänger Ruhrgas war 1970 am ersten Pipeline-Deal mit der Sowjetunion beteiligt. Das Geschäftsmodell war immer schon riskant, weil Russland seine Gaspipelines seit jeher für politische Erpressungen nutzte, aber es war eben auch hochprofitabel. Mit dem Lieferstopp von Gazprom brach das Geschäftsmodell aber in sich zusammen. Um die Hunderte Stadtwerke und Versorger in Deutschland weiterhin versorgen zu können, musste Uniper die wegbrechenden Putin-Lieferungen an der Börse zu Höchstpreisen ersetzen – ohne allerdings die höheren Kosten weiterzugeben. Das wollte die Politik unbedingt vermeiden, um Uniper-Kunden nicht zu überfordern. Daher rührte die Idee der Gasumlage und später dann die Rettung und Übernahme des Unternehmens aus dem Staatshaushalt (bzw. aus dem staatlichen Wirtschaftsstabilisierungsfonds). Auch andere Gasimporteure kamen in die Bredouille, aber keiner war so groß und so abhängig vom Putin-Gas wie Uniper. Importeure, die langfristige Verträge für Gas aus Norwegen oder den Niederlanden hatten, waren damit vor den schlimmsten Preisschocks geschützt. Uniper nicht, weil ihre Langfristverträge gesprengt wurden.

Betroffen davon waren in erster Linie die Versorger, die ihr Gas von Uniper kaufen und es über das Netz zu den Heizungen in die Wohnungen transportieren. Darunter etliche kommunale Stadtwerke, die wiederum langfristige Verträge mit ihren Kunden haben. Das bedeutet: Sie mussten die großen Gasmengen teuer einkaufen, aber gleichzeitig die laufenden Vertragspreise mit ihren Kunden einhalten. Gut für die Endkunden, bei denen die Preissteigerungen erst mit Verspätung ankamen. Schlecht für die Kassenlage der Stadtwerke. Dabei sind sie die tragenden Säulen der gesetzlichen Grundversorgung. Geht Stadtwerken das Geld aus, drohen noch viel größere Probleme als bei einzelnen Firmen. Denn sie kümmern sich häufig auch um Strom- und Wasserversorgung, um Müllentsorgung, um öffentliche Güter also, die nicht wegzudenken sind. Der Deutsche Städtetag warnte: »Wenn Stadtwerke in existenzielle Schieflage geraten, drohen sehr viele Leistungen der Daseinsvorsorge in den Städten wegzubrechen. Das kann kein anderes Unternehmen einfach so ersetzen.« Viele Kommunen sind und waren sowieso finanziell am Anschlag. Schon in der Corona-Krise waren die Ausgaben explodiert und Einnahmen weggebrochen, die Kassen standen also unter Druck. Der Deutsche Städtetag forderte deshalb mehrfach Hilfe von Bund und Ländern ein. Ohnehin gilt es den Negativtrend in vielen Kommunen zu stoppen, bei denen öffentliche Daseinsvorsorge abgebaut werden und Investitionen sich stauen. Wenn das städtische Schwimmbad teurer wird, die Bibliothek schließt, die Ämter unterbesetzt sind und die Kitas nicht saniert werden, trifft das Arme härter als Reiche. Wer Geld hat, kann sich nämlich private Alternativen leisten!

Auf der Verliererseite standen ungewöhnlicherweise auch Akteure, die in den vorangegangenen Jahrzehnten fast nur Sonne gesehen hatten und die von der Politik auf Händen getragen werden: deutsche Exportchampions. Weil Deutschland eben so besonders abhängig von Gas, Kohle und Öl aus Russland war, wurden die steigenden Energiekosten hierzulande zum Standortnachteil im internationalen Wettbewerb. Wer in Deutschland produziert, aber ins Ausland verkauft, erst recht ins Ausland außerhalb Europas, muss sich preislich mit Herstellern aus dem Ausland messen. Bei stagnierenden Lohnstückkosten und einem unterbewerteten Euro profitierten deutsche Exporteure vor der Krise zusätzlich von der günstigen russischen Energie – 2022 kehrte sich das um. Besonders für energieintensive Bereiche wie die Chemiebranche, die Glaswarenherstellung und die Metallerzeugung. Bei ihnen kam der Standortnachteil zum Tragen. Im Herbst lag die energieintensive Industrieproduktion nach Berechnungen des Statistischen Bundesamts rund 13 Prozent unter dem Vorjahresniveau. In der Chemieindustrie sank die Produktion gar um mehr als 21 Prozent.

Je länger die Energiepreise hoch bleiben, desto größer die Gefahr, dass energieintensive Firmen ihre Produktion in Deutschland zurückfahren und ins günstigere Ausland verlagern. Das ifo Institut hat im Herbst 2022 in einer repräsentativen Umfrage bei 1060 Unternehmen herausgefunden, dass mehr als die Hälfte plant, Investitionen aufzuschieben, jedes vierte will Stellen streichen, um die Energiekosten zu sparen, jedes sechste sogar energieintensive Produktion ganz aufgeben. Die Folgen wären dramatisch: weniger Jobs, weniger Einkommen, mehr Abhängigkeit von kritischen Importen aus dem Ausland.

Jetzt sollte man die Zahlen aus solchen Umfragen allein sicher nicht zu hoch hängen, weil sie häufig getrieben sind von einer getrübten Stimmungslage und genutzt werden, um politischen Druck auszuüben. Ein besorgniserregender Fingerzeig sind sie trotzdem. Erst recht, weil es schon längst genug Einzelfälle gibt, die die Sorge bestätigen. Deutschlands größter Chemiekonzern BASF, darüber hatten wir in Kapitel 2 schon kurz gesprochen, verkündete im Herbst 2022, mit einem massiven Sparprogramm gegen Millionenverluste aus der Energiekrise angehen zu wollen. Allein 250 Millionen dieser Einsparungen sollen am Standort Ludwigshafen, wo 39000 der 110000 BASF-Beschäftigten arbeiten, realisiert werden. Stellenstreichungen sind nur eine Frage der Zeit. Das hat gute Gründe. In den ersten drei Quartalen 2022 musste BASF in Europa rund

2,2 Milliarden Euro mehr für Erdgas ausgeben als im Vergleichszeitraum 2021. Der größte deutsche Erdgasverbraucher rutschte in Deutschland in die roten Zahlen – und zwar im dreistelligen Millionenbereich, wie der BASF-Finanzchef Hans-Ulrich Engel bei einer Pressekonferenz sagte.[21] In Deutschland »hauen die hohen Energiepreise voll rein«, so Engel wörtlich. Während BASF in Deutschland Sparmaßnahmen verhängt, soll das Chinageschäft ausgeweitet werden. Dort baut BASF gerade unter anderem einen Verbundstandort, in das Projekt sollen bis 2030 bis zu 10 Milliarden Euro fließen. Die Vorzeichen sprechen eine eindeutige Sprache.

Aber an dieser Stelle wollen wir nicht nur Großkonzerne in den Blick nehmen. Auf der Verliererseite stehen ebenso kleine Händler und Dienstleister wie Bäcker, Friseure, Nagelstudios, Kinos, Theater, Boutiquen, Blumenläden, Kinos. Sie sind weniger groß, weniger laut, weniger abwanderungswillig, sie versorgen unsere Innenstädte und Nachbarschaften und machen unser Leben schöner, bunter, interessanter – aber in der Krise kann der Verbraucher auf sie verzichten. Dann eben Aufbackbrötchen vom Discounter, die Friseurbesuche strecken, die Nägel selbst machen, den Film zu Hause ansehen, das Theaterstück verpassen und so weiter. Viele dieser Läden und Veranstalter mussten schon während der Pandemie um ihre Existenz bangen, weil notwendige Lockdowns und Hygienevorschriften den Umsatz in den Keller und die Kosten in die Höhe getrieben hatten. Die Energiekrise zwängte sie anschließend in einen Sandwichschock. Auf der einen Seite die steigenden Energiekosten, die den Haarschnitt, die Saalheizung und das Brötchen teurer machen. Auf der anderen Seite die Nachfragekrise. Die Kunden, die fortbleiben. Weil sie ihr Geld für teuren Sprit an der Tankstelle und teure Lebensmittel im Supermarkt ausgeben. Ausgeben müssen. Und das, was bleibt, legen sie noch auf die Seite. Für die Nebenkostenabrechnungen vom Strom- und Gasversorger zum Beispiel.

Der Bäcker, der Friseur, der Florist, sie alle wissen um die knappen Kassen und die Sorgen ihrer Kunden. Anders als bei der unpersönlichen Amazon-Bestellung wird bei den kleinen Läden der Nahversorgung noch getratscht. Wenn die Kunden eh schon sparen müssen, wie dann noch selbst die Preise erhöhen? Woher sollen die Menschen es denn nehmen? Außerdem verärgern Preiserhöhungen die Kunden. Die denken sich: Nicht auch noch der Friseur! »Der kennt doch meine Sorgen!?« Loyale Kunden sind Gold wert fürs Geschäft, die will man nicht verprellen. Wobei von »wollen« schon fast keine Rede sein kann. Man kann es sich nicht leisten. Ein vergraulter Kunde erzählt es vielen anderen und vergrault die womöglich gleich mit. Preiserhöhungen sind deshalb ein sensibles Thema.

Genau das macht den Sandwichschock perfekt. Steigende Kosten auf der einen Seite, wegbrechende Nachfrage von sensiblen Kunden auf der anderen. Die Sandwichkosten gehen dementsprechend zulasten der Inhaber, die aus dem, was der Laden abwirft, ihren Lebensunterhalt bestreiten müssen. Meistens wahrlich keine Großkapitalisten mit fettem Polster auf der Bank, sondern Menschen aus der Mittelschicht – mit viel Risikobereitschaft und kleinem finanziellen Puffer.

DIE FIEBERSENKER DER REGIERUNG

Um die Verluste der Verlierer aufzufangen, hat die Ampel-Regierung auf den Wiesen des Steuersystems und des Sozialstaats einen großen Blumenstrauß an Entlastungen gepflückt. Groß wurde der Strauß vor allem, weil so viele verschiedene Blumen gebunden wurden. Am Ende war er dann so riesig, dass die Abgeordneten der Ampel-Koalition bei Bundestagsreden ständig darüber stolperten. Bei Forderungen und Kritik aus den Oppositionsreihen wollten die Koalitionäre nämlich immer aufzählen, was sie schon alles an Entlastungen auf den Weg gebracht hatten – und sind daran kläglich gescheitert. Kein Wunder. Die Aufzählung lautete in etwa so: Anhebung des Arbeitnehmer-Pauschbetrages, Anhebung des Grundfreibetrages, höhere Pendlerpauschale für Fernpendler, Wegfall der EEG-Umlage, Erhöhung des Kinderzuschlags, Heizkostenzuschuss, Energiepreispauschale für Erwerbstätige, Kinderbonus, Einmalzahlung für Empfänger von Sozialleistungen und Arbeitslosengeld, Tankrabatt, 9-Euro-Ticket, Anhebung des Kindergeldes, ein weiterer Heizkostenzuschuss, steuer- und abgabenfreie Inflationsprämie durch Arbeitgeber, Energiekostendämpfungsprogramm für die Industrie, KWF-Kredite für Firmen in Liquiditätsnot, Strompreisbremse, Gaspreisbremse, Energiepreispauschale für Rentner und Studenten, Ausweitung der Home-Office-Pauschale, Anhebung der Mini- und Midi-Job-Grenze, noch mal Anhebung des Grundfreibetrages, Verschiebung der Eckwerte für die Einkommensteuertarife (kalte Progression), Wohngeldreform, Umsatzsteuersenkung auf Gas und Fernwärme,

Steuerentlastung für Rentner, Aussetzung der geplanten CO_2-Preis-Erhöhung, vereinfachter Zugang zum Kurzarbeitergeld, Verlängerung der gesenkten Umsatzsteuer in der Gastronomie, Einführung des Bürgergeldes, Anhebung des Mindestlohns, 49-Euro-Ticket und – die Gaspreisbremse. Ist Ihnen auch schwindelig? Seien Sie froh, dass ich nicht auch noch die Zahlen aufgelistet habe! Weil SPD, Grüne und FDP bei jedem der drei Entlastungspakete ihre Leckerbissen für die eigene Klientel durchsetzten, waren sie zu Chaospaketen geworden, bei denen Otto Normalo außerhalb der Berliner Politikblase längst den Überblick verloren hatte.

300 Milliarden Euro lautete das Preisschild, das die Regierung auf die Entlastungen geklebt hatte. Verpackt in infantiler Comicsprache. Das war schon bei den Corona-Entlastungen so. Erst der »Wumms«, dann die »Bazooka«, dann der »Doppelwumms« und der »Abwehrschirm«. »Zeit«-Redakteur Andreas Öhler rechnete in einem Kommentar mit der Entenhausen-Sprache ab: »Wir Wähler werden behandelt wie angeschickerte Touristen im Ferienflieger. Der Pilot will uns nicht die Partylaune verderben, während er eine Schlechtwetterfront durchquert.«[22] Die Sprache soll aber nicht darüber hinwegtäuschen, dass die Entlastungen geholfen haben. Allerdings nicht immer denen, die es am dringendsten brauchten, und schon gar nicht immer ausreichend, um Armut und Pleiten zu verhindern. Die Ärmsten des Landes sind auf Belastungen sitzen geblieben. Die, die nicht mehr einsparen können, weil sie eh am Limit sind. Aus Kuchenstücken wurden Krümel. Daran ändert auch nichts, dass der Kanzler »You'll never walk alone« anstimmte und zum Unterhaken aufrief.

Obendrein sind die 300 Milliarden schöngerechnet. Und sie enthalten viele Fragezeichen. Allein 200 der 300 Milliarden macht der Abwehrschirm mit den Preisbremsen aus. Wie viele Milliarden die Preisbremsen an Entlastung für die Verbraucher bringen, hängt nämlich davon ab, wie sich die Energiepreise entwickeln. Die Strompreisbremse bremst erst ab 40 Cent pro Kilowattstunde, die Gaspreisbremse erst ab 12 Cent. Und nur den Grundverbrauch. Für 2023 sind im Haushalt – besser gesagt im Schattenhaushalt namens »Wirtschaftsstabilisierungsfonds« – 83 Milliarden dafür vorgesehen. 40 Milliarden für die Gaspreisbremse, 43 Milliarden für die Strompreisbremse. Ebenso im Abwehrschirm enthalten ist die Rettung von Uniper, die einen zweistelligen Milliardenbetrag kostet. Fast 5 der 200 Milliarden gehen für Zinskosten drauf, die der Bund an die Halter von Staatsanleihen bezahlt. Das Geld geht an Banken, Versicherer, Fonds und ein paar Superreiche, wieder nicht an die Verlierer der Krise. Dann gibt es noch ein paar Milliarden für sogenannte Härtefälle, bei denen die üblichen Programme nicht ausreichen. Etwa für Krankenhäuser, die unter hohen Energiekosten in die roten Zahlen rutschen und da auch mit einer Gaspreisbremse nicht herauskommen. Wenn man alles zusammenrechnet und berücksichtigt, dass die Preisbremse bis zum Frühjahr 2024 laufen soll, bleibt noch immer ein großer Milliarden-Puffer übrig. Den verkauft die Regierung bereits als Entlastung, der ist aber noch nicht mehr als ein Fragezeichen.

Von den verbleibenden 100 Milliarden außerhalb des »Abwehrschirms« müssen außerdem die Milliarden, die der Staat durch die höheren Preise an Steuermehreinnahmen hat, abgezogen werden. Allein die Umsatzsteuer hat

2022 rund 33 Milliarden mehr in die Staatskassen gespült. Für 2023 wurde noch einmal ein Plus von 6 Milliarden prognostiziert. Je höher die Preise, desto höher eben auch der Eurobetrag an Umsatzsteuer. Bei 19 Prozent Steuern auf 2,10 Euro pro Liter Benzin springen mehr Steuereuros heraus als bei 19 Prozent auf 1,25 Euro pro Liter. Bei Gas, Heizöl, Brot und Butter genauso. Auch steigen die Steuereinnahmen durch die höheren Löhne. Bei der Lohnsteuer sind es zusätzliche 40 Milliarden bis 2024 – die sogenannte kalte Progression. Die 40 Milliarden gibt Lindner mit dem Inflationsausgleichsgesetz wieder zurück an die Steuerzahler. Allerdings ist das keine *Ent*lastung im klassischen Sinne, sondern verhindert nur zusätzliche staatliche *Be*lastung, die unabhängig vom Energiepreisschock entstanden wäre, weil Personen durch nominal höhere Löhne in höhere Steuertarife gerutscht wären, also mehr Einkommensteuer hätten zahlen müssen, aber real – sprich: abzüglich der Inflationsrate – gar nicht mehr Kaufkraft gehabt hätten. Und es ist erst recht keine Entlastung, die bei denen ankommt, die es am nötigsten haben. Wenn die Eckwerte der Steuertarife verschoben werden, profitieren diejenigen am meisten, die viel Einkommensteuer zahlen. Also die Spitzenverdiener. So greift zum Beispiel der Spitzensteuersatz 2023 nicht mehr ab 58 597 Euro Jahreseinkommen, sondern ab 62 810 Euro und 2024 ab 66 761 Euro. Das Inflationsausgleichsgesetz bringt einem Spitzenverdiener-Paar mit zwei Kindern unter 14 bis 2024 rund 3062 Euro Steuerersparnis, einem Geringverdiener-Paar mit zwei Kindern unter 14 Jahren zum Vergleich aber nur 646 Euro, wie Steuerexperte Stefan Bach vom Deutschen Institut für Wirtschaftsforschung errechnet hat.[23] Ein Kassierer in Teilzeit, der morgens malocht und sich ab mittags um Kinder und Familie kümmert, geht unter Umständen sogar komplett leer aus. Dass er das Geld aber am dringendsten bräuchte, während Bankmanager, Ingenieure und Rechtsanwälte die höheren Preise locker selbst wegstecken könnten, beweist, wie wenig das Inflationsausgleichsgesetz – auch noch Christian Lindners Lieblingsentlastung – in die Zeit passt.

Gleichzeitig hat die Ampel abseits von »Doppelwumms« und Abwehrschirm auch neue Belastungen beschlossen. Christian Lindner war nicht bereit, das 17-Milliarden-Euro-Loch, das die Pandemie in den Versicherungstopf der gesetzlichen Krankenversicherung gerissen hat, aus dem Bundeshaushalt zu stopfen. Jens Spahn (CDU), der Vorgänger des heutigen Gesundheitsministers Karl Lauterbach, hatte vom damaligen Finanzminister Olaf Scholz noch rund 14 Milliarden aus dem Bundeshaushalt bekommen. Mit Lindner war das nicht zu machen. Die Folge: Lauterbach hebt den Zusatzbeitrag zur gesetzlichen Krankenversicherung um 0,3 Prozentpunkte an. Eine Belastung für rund 70 Millionen Versicherte, aber vor allem ein Griff in die Tasche des Otto Normalverdieners. Sozialbeiträge belasten nämlich schon kleine Einkommen stark, ziehen sich dann durch die Breite der Bevölkerung und machen bei den Spitzenverdienern halt. Die lachen nur müde über Sozialbeiträge und das liegt an den Beitragsbemessungsgrenzen. Die Grenze, bis zu der der Krankenkassenbeitrag erhoben wird, lag 2022 bei 4838 Euro pro Monat. Wer mehr verdiente, zahlte auf jeden Euro, den er darüber hinaus verdiente, keinen zusätzlichen Beitrag mehr. Jedem, der mehr verdient als die festgelegten 4838 Euro, bleiben also auch die 0,3 Prozentpunkte mehr Zusatzbeitrag erspart. Den anderen nicht. Eine ungerechte Belastung, die noch viel weniger in die Zeit passt als die ungerechte Entlastung bei der Einkommensteuer.

Nicht weniger enttäuschend verlief zudem das Energiekostendämpfungsprogramm für energieintensive Unternehmen. Rund 5 Milliarden Euro waren für Unternehmen vorgesehen, die beispielsweise Stahl, Chemie oder Glas produzieren und die am heftigsten von den hohen Gaspreisen betroffen waren. Per Antrag sollten die Firmen, deren Energiekosten sich verdoppelt hatten, bis zu 50 Millionen Euro Zuschuss bekommen. Im April 2022 kündigten Wirtschaftsminister Habeck und Finanzminister Lindner das Programm an, im Mai wurde das Gesetz beschlossen, seit Juli 2022 konnte man Anträge stellen. Ende Oktober hatten das rund 7400 Firmen gemacht, allerdings lediglich 269 einen Bescheid bekommen. Lächerliche 42 Millionen der geplanten 5 Milliarden wurden bis zum Herbst ausgezahlt, wie Zahlen der Bundesregierung bestätigen.[24] Antragsstau und Bürokratiewahnsinn, den man schon von den Corona-Hilfen kannte, verhinderten, dass Firmen Zuschüsse für den harten Winter bekamen. Das prominenteste Opfer der Zu-spät-Hilfen war der Toilettenpapierhersteller Hakle. »Hätten wir die Staatshilfe schneller bekommen, wären wir jetzt nicht zahlungsunfähig«, sagte Hakle-Inhaber Volker Jung gegenüber dem »Handelsblatt«.[25] Am 18. Juli 2022 hatte Hakle den Zuschuss beantragt, am 29. August noch in einem Brief an mehrere Ministerien vor der existenzbedrohenden Lage gewarnt und am 2. September dann die Insolvenz einreichen müssen.

Die 300-Milliarden-Verpackung für die Entlastungen ist also zu groß für den Inhalt. Nichtsdestoweniger flossen auch viele Gelder, die gut gewirkt haben. Etwa Zuschüsse für Wohngeld- oder Hartz-IV-Empfänger. Oder die 300-Euro-Energiepreispauschale, die erst nur für Erwerbstätige vorgesehen war, später dann auch auf Rentner und Studenten ausgeweitet wurde. Wobei Studenten tatsächlich nur mit 200 Euro bedacht wurden. Brutto wohlgemerkt! Denn die Pauschale musste versteuert werden. Einerseits gut, weil dann der nichtbedürftige Bankmanager weniger bekam als die bedürftige Kassiererin – anders als beim Inflationsausgleichsgesetz. Andererseits schlecht, weil damit die reale Entlastung kleiner wurde. Aus 300 Euro brutto wurden so schnell 200 Euro netto. Insgesamt in Anbetracht der Lasten ein Tropfen auf den heißen Stein.

Neben Zuschüssen und Erleichterungen bei der Einkommensteuer verordnete die Ampel auch echte Fiebersenker, die die Preise fallen ließen. Etwa die EEG-Umlage, die Senkung der Umsatzsteuer bei Gas und Fernwärme, das 9-Euro-Ticket oder der Tankrabatt. Das 9-Euro-Ticket und der Tankrabatt haben die Inflationsrate über den Sommer um rund 1 Prozent gesenkt und zusammengenommen etwa 10 Milliarden Euro an Entlastung gebracht. Während das 9-Euro-Ticket einen durchweg guten Ruf hatte, abgesehen von der zeitweisen Überlastung der Busse und Bahnen, hatte vor allem der Tankrabatt ein Imageproblem. Gleichwohl mehr in der Berliner Politikblase, bei Umweltschützern und liberalen Ökonomen – und auf Twitter! – als bei den rund 40 Millionen Autofahrern in Deutschland.

Die zwei größten Imagehaken: Misstrauen, ob die Senkung der Energiesteuer (das war der Tankrabatt ja eigentlich) auch an der Zapfsäule ankommt, statt in den Kassen der Mineralölkonzerne zu verbleiben; und Rückschritte beim Klimaschutz. Die Datenlage ist dabei relativ eindeutig: Der Tankrabatt ist größtenteils angekommen – und er hat entlastet. Allerdings war das nicht auf den ersten Blick ersichtlich, weil der Öl- und der Benzinpreis permanent schwanken. Ein einfacher Vergleich zwischen altem und neuem Preis führt in die Irre. Ob der Tankrabatt wirkt oder nicht, zeigt sich nicht daran, wie viel günstiger Benzin im Vergleich zur Zeit vor dem Tankrabatt war, sondern wie viel teurer es am gleichen Tag ohne Rabatt gewesen wäre. Genau den Preis aber kennt man natürlich nicht, der ist hypothetisch. Um hier etwas Licht ins Dunkel zu bringen, haben das ifo Institut und das Leibniz-Institut für Wirtschaftsforschung (RWI) in zwei Studien die Entwicklung der französischen Spritpreise mit den deutschen verglichen. Denn kurz vor und auch nach dem Tankrabatt hatte sich – bis auf die Einführung des Rabatts – nichts maßgeblich geändert. Das Ergebnis: Der Tankrabatt hat das Preisniveau in Deutschland schlagartig nach unten verschoben und in den Wochen danach entwickelte er sich parallel zu dem in Frankreich.

Preisentwicklung Benzin E 10 in Frankreich und Deutschland im Jahr 2022

Durschnittlicher Preis in €/Liter

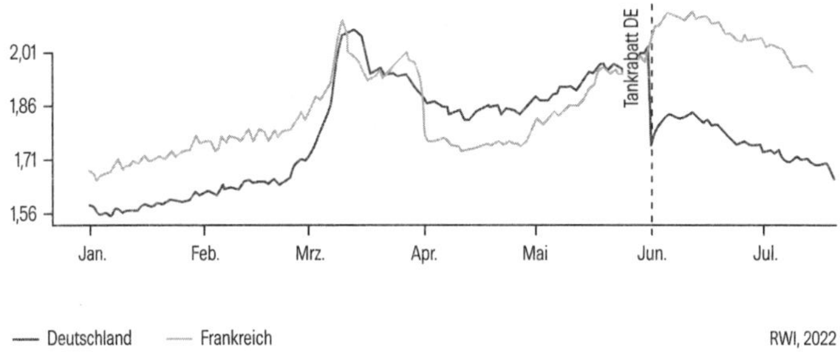

RWI, 2022

Dass die Preise nach Einführung des Tankrabatts also wieder gestiegen sind, heißt nicht, dass der Rabatt gleich einkassiert wurde. Die Preise waren unabhängig vom Rabatt wieder gestiegen, etwa weil Rohöl und Großhandelspreise ebenso gestiegen waren. Beim Diesel passierte das außerdem, weil sich die Transportkosten durch die niedrigen Pegelstände im Rhein vervielfacht hatten. Die Frachtrate von Rotterdam nach Süddeutschland kostete für eine Tonne Diesel plötzlich 100 Euro statt 10. Fazit der RWI-Studie: »Lagen die E10-Preise in Deutschland im Mai zumeist noch über denen in Frankreich, im Mittel um rund 3,5 Cent je Liter, fielen sie im Juni deutlich geringer aus als in Frankreich. Im Mittel lagen die E10-Preise im Juni um rund 28 Cent je Liter tiefer als in Frankreich. Zusammengenommen ergibt sich eine Differenz von rund 31,5 Cent für die beiden Monate, unmittelbar vor und nach der Einführung des Tankrabatts. Diese Differenz ist nah bei der steuerlichen Entlastung von rund 35 Cent pro Liter Superbenzin und deutet darauf hin, dass der Tankrabatt bei Superbenzin E10 weitgehend an die Verbraucherinnen und Verbraucher weitergegeben worden ist.«[26] Die Ergebnisse der ifo-Berechnungen für die ersten zwei Wochen nach Einführung sind ähnlich. Beim Diesel haben die Tankstellen den Rabatt zu 100 Prozent weitergegeben, beim Super-Benzin zu 85 Prozent.[27] Andersherum hat das Ende des Tankrabatts wieder zu einer schlagartigen Verteuerung geführt, wie die nächste Grafik zeigt. Die Fiebersenker durften nur drei Monate wirken und wurden danach viel zu früh wieder abgesetzt.

Spritpreise 2022

Preis pro Liter in Euro

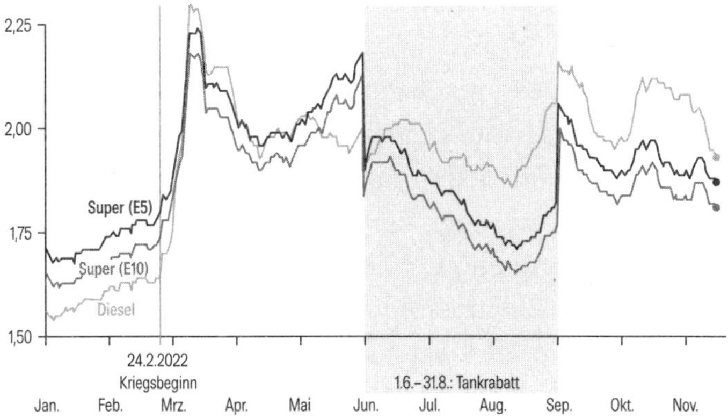

Tankerkönig.de, 2022

Die Kritik aus Klimaschützer-Kreisen, der Tankrabatt setze falsche Anreize und animiere gar zum Autofahren, war ebenfalls überzogen. Erstens: Auch mit dem Tankrabatt blieben das Pendeln zur Arbeit, die Anfahrt zur Fernbeziehung, der Weg zum Fußballplatz des Kindes und zum Reha-Besuch der Oma deutlich teurer als vor dem Krieg. Diese Strecken fuhren die Menschen auch nicht häufiger oder verschwenderischer, nur weil der Liter Benzin dank Tankrabatt 1,90 Euro statt 2,20 Euro kostete. Das Verkehrsaufkommen war unabhängig von den Preisen hoch. Die Wirklichkeit hat die neoliberale Vorstellung widerlegt, Mondpreise fürs Tanken seien ein guter Hebel für die Verkehrswende. Auch unabhängig von der Energiekrise setzen Neoliberale nämlich darauf, Klimaschutz und Energiewende allein über den Preismechanismus zu bewerkstelligen. Das Motto: Wenn Sprit teuer wird, nutzen die Autofahrer Alternativen.

Doch selbst der schockartige Preisanstieg sorgte offenbar nicht dafür, dass die Leute ihre Art der Fortbewegung in großem Stil verändern. Kein Wunder: Denn gerade bei Spritpreisen ist es so, dass die Leute auf schnelle Preisveränderungen nicht mit geändertem Fahrverhalten reagieren. Können sie nämlich gar nicht. Ob man zur Arbeit pendelt oder den Sohn zum Fußballspiel fährt, macht man nicht vom Preis an der Tankstelle abhängig. Stattdessen wird die Preisexplosion geschluckt und in anderen Bereichen gespart – beim Bäcker, beim Sommerurlaub, beim Shoppen und beim Restaurantbesuch. Wenn Tanken teurer wird, aber außerhalb von Metropolen wie Berlin, Hamburg und München Bus und Bahn keine alltagstauglichen Alternativen zum Auto sind, steigen die Leute nicht um. Hohe Spritpreise allein sind kein sinnvoller Beitrag zum Klimaschutz, sondern ein Verarmungsprogramm, das der Familie das Leben schwer macht und dem Friseur und dem Kino die Kunden vergrault. Andersherum gilt dann aber auch: Drei Monate Tankrabatt sind keine ernsthafte Klimasünde.

Neben den Entlastungspaketen versuchte sich die Regierung auch als Streitschlichter. Anfang Juni, bei einer Generaldebatte im Bundestag, kündigte Kanzler Scholz die »konzertierte Aktion« an. Eine vernünftige Idee: Die Regierung lädt Arbeitgeber und Gewerkschaften an einen runden Tisch im Kanzleramt, um eine Lösung für eine gute Verteilung des Kuchens zu finden. Wenn jeder nur etwas von seinem eigenen Stück abgibt, ernten alle Stabilität, so das Credo. Mit dabei waren Bundesbankpräsident Nagel und die Ökonomen aus dem Sachverständigenrat der Regierung – die sogenannten Wirtschaftsweisen. Der Erfinder einer solchen konzertierten Aktion war aber nicht Scholz selbst, sondern Karl Schiller, der Ende der Sechzigerjahre SPD-Wirtschaftsminister war. Damals lud er zum »Tisch der gesellschaftlichen Vernunft«, um die Tarifpartner auf seine Wirtschaftspolitik einzuschwören. Sein eigentliches Ziel war es, die starken Gewerkschaften zu zähmen und von übermäßigen Lohnforderungen abzubringen. Aus Sorge vor der Lohn-Preis-Spirale.

Diese Sorge trieb auch Olaf Scholz um. Deshalb hatte er schon im Juni 2022 einen vorsichtigen Kompromissvorschlag gemacht: steuer- und abgabenfreie Einmalzahlungen. Der Staat verzichtet auf die Steuer, die Gewerkschaften auf hohe Tarifforderungen, die Beschäftigten werden entlastet, die Löhne selbst nicht zum Inflationstreiber, so Scholz' Kalkül. Die Ausgangslage dafür war sogar einfacher als für Schiller damals. Heute sind die Gewerkschaften nämlich längst nicht so mächtig, haben ewig keine massiven Lohnsteigerungen durchgesetzt und waren wegen der Pandemie ohnehin in der Defensive.

Die Erwartungen waren hoch. Beim Auftakttreffen war deshalb eine ganze Schar von Journalisten angereist. Spitzengewerkschafterin Fahimi und Arbeitgeberpräsident Dulger rahmten Olaf Scholz bei der Pressekonferenz im Kanzlergarten ein. Eine Szenerie für große Verkündungen, sollte man meinen. Ergebnisse gab es aber nicht. Man habe erst mal gegenseitiges Verständnis geschaffen. Immerhin stimmten Fahimi und Dulger darin überein, dass Löhne bisher keine Inflationstreiber waren.

Viel mehr kam allerdings auch bei den zwei Folgetreffen nicht heraus. Erst recht nicht viel Verbindliches. Selbst als die Regierung eine steuer- und abgabenfreie Inflationsprämie von bis zu 3000 Euro beschloss, klangen Fahimi und Dulger bei der darauffolgenden Pressekonferenz skeptisch. Die Gewerkschafter wollen sich nicht mit Einmalzahlungen zufriedengeben, die Arbeitgeber wiederum können nicht zusagen, diese Einmalzahlungen auch wirklich zu leisten, so die Vertreter. In dem Moment hatte die konzertierte Aktion ihre Daseinsberechtigung verspielt, ein zumindest halbwegs verbindlicher Kompromiss wurde verpasst, weil die Ampel selbst zu wenig angeboten hatte. Denn je größer die staatlichen Hilfen für Beschäftigte und Firmen sind, desto weniger Druck ist auf den Tarifverhandlungen und desto geringer ist auch die Chance, den Preisschock für die Beschäftigten abzufedern. Desto größer ist hingegen die Gefahr, dass aus dem Preisschock eine Lohn-Preis-Spirale wird. Hätte die Ampel gleich beim ersten Treffen eine 2000-Euro-Energiepreispauschale statt nur die knauserigen 300 Euro, 9-Euro-Ticket und Tankrabatt bis zum Jahresende statt nur für drei Monate und ein 50 statt 5 Milliarden schweres Energiekostendämpfungsprogramm auf den Tisch sowie mehr Ambitionen bei den Preisbremsen an den Tag gelegt, hätten beide Seiten vielleicht zu mehr Verbindlichkeit bewegt werden können – auch bei aller Tarifautonomie. Der beste Kompromiss wäre gewesen: Der Staat entlastet beide Seiten kräftig, die Löhne steigen gemäß der goldenen Lohnregel um die Zielinflationsrate von 2 Prozent plus Produktivitätszuwachs und obendrauf gibt es noch eine steuer- und sozialabgabenfreie Inflationsprämie der Arbeitgeber.

Fahimi und Dulger haben auf den Pressekonferenzen klare Forderungen nach mehr Entlastungen an die Politik gestellt. Fahimi warnte gar, »die Dynamik der Probleme und Herausforderungen, sie überholt uns.«[28] Wer zu spät zu wenig anbietet, kann auch nicht groß verhandeln. Die konzertierte Aktion war leider nicht viel mehr als ein Kaffeeklatsch mit Pustekuchen. Wenn dennoch keine Lohn-Preis-Spirale entsteht, dann allein, weil die Gewerkschaften zu viele Muskeln abgebaut haben in den letzten Jahrzehnten. Ein Verdienst des Kanzlers wird das aber gewiss nicht mehr.

Den Verteilungskonflikt hat die Ampel gemindert, aber nicht gelöst. Den Gewinnern wird wenig genommen, den Verlierern nicht genug gegeben. Am Ende fließt Geld aus den Taschen der Verbraucher zu den großen Energiekonzernen im Ausland. Das sind die zwei Seiten der Medaille. Eine ärgerliche Erkenntnis.

5

Gelähmte Zentralbank, gefesselte Minister – Wer kann die Inflation bekämpfen?

Nachdem wir uns nun seitenweise über die richtigen und die falschen Ursachen der hohen Inflationsrate den Kopf zerbrochen haben, nachdem wir Gewinner und Verlierer des Energiepreisschocks identifiziert haben, richten wir den Blick in diesem Kapitel nach vorne. Nach so viel Analyse stellt sich doch die Frage: Was ist zu tun, um aus der Misere wieder herauszukommen? Wie lässt sich die Teuerwelle brechen? Wie kommen die Preise wieder runter? Wer kann es richten? Die Regierung? Die Zentralbank? Die Verbraucher selbst? Und vor allem: Wie kann verhindert werden, dass es neue Preisschocks gibt? Das schauen wir uns jetzt genauer an.

So wie sich ein Arzt bei seinen Patienten sowohl um die Symptome als auch um die Ursachen kümmert, braucht auch die Wirtschaft in der Energiekrise akut neben einem Fiebersenker eine langfristig wirksame Therapie. Der Fiebersenker soll die Preise dämpfen – oder zumindest für alle Organe der Wirtschaft verkraftbar machen –, die Therapie dafür sorgen, dass Deutschland wieder an genug günstige

Energie kommt, Lieferketten intakt sind und der Streit um den Kuchen nicht eskaliert.

Dafür gibt es eine Aufgabenteilung in der Politik. Die Zentralbank kümmert sich um die Inflation, die Minister der Regierung um Wachstum, Beschäftigung und funktionierenden Handel. Unter Ökonomen hat sich das Verständnis davon, wie diese Aufgabenteilung am besten aussehen sollte, zuletzt vor vier Jahrzehnten geändert – mit der Dominanz des Neoliberalismus. Bis in die 1970er-Jahre waren die Ideen von John Maynard Keynes Mainstream. Ein aktiver Staat sollte die Wirtschaft steuern. Der Finanzminister, der Wirtschaftsminister und der Arbeitsminister haben dafür zu sorgen, dass die Wirtschaft rund läuft: viel Wachstum, wenige Arbeitslose, stabile Preise. Als jedoch die Ölpreiskrisen in den 1970er-Jahren über Deutschland hereinbrachen und zur sogenannten Stagflation führten – hohe Inflationsraten trotz stagnierender Wirtschaft –, verlor der Keynesianismus an Zuspruch und wurde aus dem Mainstream verdrängt. Im Zuge des Neoliberalismus wurde ein aktiver, großer Staat zum Problem erklärt. Der Staat sollte sich stattdessen möglichst zurückhalten mit Ausgaben, Steuern und Regulierungen und lieber den Markt machen lassen. Wenn ein Anstoß von außen gewünscht war, dann sollten das lieber die Technokraten der Zentralbank übernehmen, nicht die gewählten Politiker der Parteien, so der neoliberale Paradigmenwechsel, der sich in der Politik, bei Journalisten und in der Lehre vollzog. Der Wirtschaftspolitik der Minister kommt seitdem höchstens die passive Beifahrerrolle zu, am Steuer sollte die Zentralbank sitzen, die von politischen Weisungen allerdings unabhängig ist. »Bitte nicht ins Lenkrad greifen«, so das Motto.

Dass sich die Rolle der Zentralbank geändert hat, sieht man auch im sogenannten Bundesbankgesetz. Laut der Erstfassung von 1957 hat die Bundesbank die Aufgabe inne, den Geldumlauf und die Kreditversorgung zu regeln, um die Währung zu sichern, und damals wie heute den Zahlungsverkehr zwischen den Banken abzuwickeln. Vom Ziel der Preisstabilität oder einem Inflationsmandat steht dort explizit nichts, auch wenn die »Währung zu sichern« das implizit einschließt. Erst seit Deutschlands Beitritt zur Eurozone Ende der 1990er-Jahre steht das Inflationsmandat aber ausdrücklich im Gesetz. Die Inflationsbekämpfung wurde endgültig und vollständig bei der Zentralbank abgeladen. Das sieht auch der Vertrag über die Arbeitsweise der Europäischen Union vor. Preisstabilität hat oberste Priorität. Der Bundesbankpräsident Joachim Nagel begründet das in einer Rede an der Eliteuniversität Harvard im Herbst 2022 so: »Darin spiegelt sich die Überzeugung wider, dass die Gewährleistung von Preisstabilität der beste Beitrag ist, den die Geldpolitik zu einem nachhaltigen Wirtschaftswachstum und Beschäftigungsaufbau leisten kann.«[1] Auf den Satz werden wir noch zurückkommen müssen.

In derselben Rede spricht Nagel auch über die Aufgabenverteilung. Die Zentralbank müsse »entschlossen handeln, damit sich die Inflation im Euroraum nicht verfestigt«, könne aber »gegen diese unmittelbaren Folgen des sprunghaften Inflationsanstiegs nicht viel tun.« Dafür müssen die Minister sorgen, so Nagel: »Es ist vielmehr die Aufgabe der Finanz- und Sozialpolitik, die Problematik der Verteilungseffekte der Inflation anzugehen.« Die Politik soll also dafür sorgen, dass das Fieber nicht so schmerzt, den Rest regele die Zentralbank.

In seiner Rede ist Nagel davon überzeugt, dass die Technokraten aus dem EZB-Tower im Frankfurter Bankenviertel die hohen Inflationsraten in den Griff bekommen können. »Verglichen mit der Phase hoher Inflationsraten in den 1970er-Jahren sind die Zentralbanken heutzutage in zweierlei Hinsicht im Vorteil«, leitet der Bundesbankpräsident ein, der für die Bundesbank mit Stimmrecht im Entscheidungsgremium der EZB sitzt.[2] Nagel: »Zum einen wird die Unabhängigkeit der Zentralbanken heute stärker respektiert, als es in den Siebzigerjahren der Fall war. Darüber hinaus wird dem Ziel der Gewährleistung von Preisstabilität eine größere Bedeutung beigemessen.« Wie wertvoll die Unabhängigkeit sei, zeige sich besonders in schwierigen Zeiten, so Nagel. Weiter erklärt er: »Zum anderen haben die Notenbanken in ihrem Bekenntnis zur Gewährleistung von Preisstabilität an Glaubwürdigkeit gewonnen. Wir blicken auf eine lange Zeit niedriger oder moderater Inflationsraten zurück. Das hat den Zentralbanken Ansehen verschafft.« Glaubwürdigkeit und Ansehen zahlten sich in Form von Vertrauen in die Zentralbank aus, stellt der Bundesbankpräsident fest. Und ergänzt: »Und Vertrauen ist ganz besonders wichtig, denn es trägt dazu bei, die mittel- bis langfristigen Inflationserwartungen zu verankern.«

Was Nagel im typischen geschwollenen Zentralbanker-Sprech vorträgt, sind oberflächliche Scheinargumente. Sie sollen Eindruck machen, halten aber schon dem kleinsten Gegenwind nicht stand. Selbst in Zentralbankerkreisen ist man verzweifelt, weil eigentlich jeder weiß, woher die hohen Preise kommen. Nämlich vom Energiepreisschock. Und dort, wo der Bürotower der EZB steht, gibt es weder Gasfelder noch Ölquellen noch Windkraftanlagen. Gegen Gasmangel kann die EZB wenig ausrichten. Sie kann nur den Zins verändern und Anleihen handeln, viel mehr nicht. Im Waffenarsenal der EZB ist viel Staub, viel Platz, aber wenig Gerät. Und schon gar kein Präzisionswerkzeug. Höhere Zinsen auf die Wirtschaft abzufeuern oder sich vom Anleihemarkt zurückzuziehen, bringt unweigerlich große Kollateralschäden mit sich. Doch die EZB scheint bereit, diese in Kauf zu nehmen.

Die Verzweiflung ist wahrlich nicht neu. Seit 2010 versucht die EZB alles, aber wirklich alles, um die Wirtschaft in Gang zu bringen und die Inflationsrate auf das Ziel von 2 Prozent zu befördern. Den Leitzins senkte sie bis auf null, für Einlagen berechnete sie den Banken sogar Minuszinsen von 0,5 Prozent und kaufte Staatsanleihen in Billionenhöhe. Mehr Handhabe hatte sie nicht. Das war das »all in« der EZB – und trotzdem zu wenig. Die Zielinflationsrate wurde zwischen 2010 und 2020 quasi permanent unterschritten, die Sorge vor der Deflation war groß. Wenn Nagel also in der Rede sagt: »Wir blicken auf eine lange Zeit niedriger oder moderater Inflationsraten zurück. Das hat den Zentralbanken Ansehen verschafft«, dann mag vielleicht das für den langen Zeitraum seit der Ölpreiskrise gelten, nicht aber für die jüngere Vergangenheit der EZB. Sie hat nämlich versagt – vor aller Weltöffentlichkeit. Ansehen kann sich die EZB selbst erst seit ihrer Gründung im Juni 1998 verdienen. Man darf also die Stirn in Falten legen, wenn man Nagels Zeilen liest. Erst recht, weil die

Bundesbank sich in den Siebzigern mit ihrem naiven Monetarismus-Experiment blamiert hat.

Das EZB-Versagen nach der Eurokrise ist in Frankfurt längst nicht aufgearbeitet. Jahr für Jahr prognostizierten die Zentralbanker, dass die Inflationsrate bald steigen würde. Jahr für Jahr hat die Wirklichkeit die Prognose ins Altpapier gefördert, wie die nachfolgende Grafik zeigt. Zu sehen ist die tatsächliche Inflationsrate in der durchgezogenen Linie und die von den EZB-Ökonomen prognostizierte Inflationsentwicklung in den gestrichelten Linien. Die EZB-Ökonomen prognostizierten Jahr für Jahr, dass die Inflationsrate in den kommenden Jahren in Richtung 2 Prozent ansteigen wird (gestrichelt), lagen aber immer wieder daneben. Die tatsächliche Inflationsrate (schwarz) verlief anders als die Prognosen. Als würden Wetterforscher jahrelang Regen ankündigen, aber es herrschte konstant staubtrockene Dürre.

Inflationsprognosen der Europäischen Zentralbank

Erwartete und tatsächliche Inflation im Euroraum in %

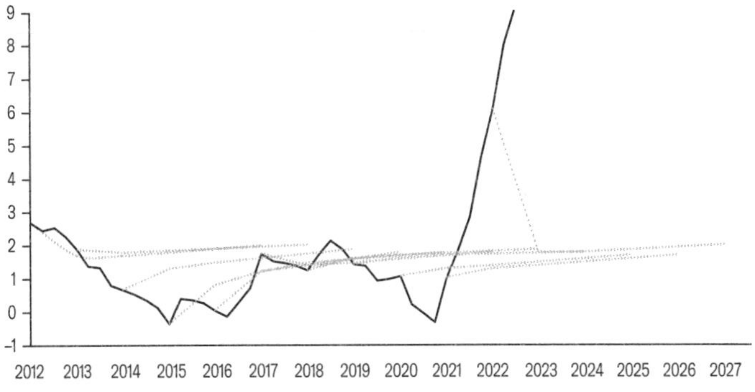

— tatsächliche Inflation ······ erwartete Inflation

EZB und Eurostat, 2022

Dabei trägt die EZB noch nicht einmal Schuld an ihrem Dilemma. Sie hätte der Öffentlichkeit erklären können, dass sie an ihre Grenzen stößt. Dass sie überfordert ist. Nur weil Geld billig ist, rennen die Firmen nicht die Bankfilialen ein, um Kredite für Investitionen zu bekommen. Solange wirtschaftlich Flaute herrscht, gehen auch die Unternehmer nicht ins Risiko und Flaute herrschte seit der Eurokrise. Allein Deutschlands Exportboom verschaffte etwas Wachstum, doch in der deutschen Binnenwirtschaft war die Luft raus. In Griechenland, Spanien, Frankreich und Italien war sogar Dauerkrise angesagt, mit Massenarbeitslosigkeit und Deindustrialisierung.

Ex-EZB-Präsident Mario Draghi, der bis 2022 noch Regierungschef in Italien war, versuchte es hier und da ganz vorsichtig. Das letzte Mal bei seiner Abschiedsveranstaltung, als er sagte: »Geldpolitik kann immer noch ihre Ziele erreichen, aber es ginge schneller und mit weniger Nebeneffekten, wenn sie dabei gleichgerichtet von Fiskalpolitik flankiert würde.«[3] Im Klartext heißt das: Liebe Finanzminister, hört auf mit eurer Sparpolitik und schiebt endlich mal die Konjunktur an – sonst wird das nichts mit 2 Prozent Inflation. Sein Appell ging vor allem nach Deutschland, wo die Löhne schwach und die Finanzminister (erst Schäuble, dann Scholz) besonders geizig waren. In die gleiche Kerbe wie Draghi schlug auch sein japanischer Kollege Kikuo Iwata, ehemaliger Vizepräsident der japanischen Zentralbank. Die versuchte sich schon viel länger daran, mit Nullzinspolitik für ein Inflationsplus zu sorgen – war aber ebenso verzweifelt gescheitert. In Iwatas Worten: »Die Bank of Japan (BOJ) wird die Inflationsrate von 2 Prozent mit ihrer gegenwärtigen Politik nicht erreichen. Die BOJ selbst muss aber gar nicht viel an ihrer Politik ändern. Was sich ändern muss, ist die Fiskalpolitik. […] Geld und Fiskalpolitik müssen gemeinsam arbeiten, damit mehr Geld für fiskalische Zwecke ausgegeben wird. Das ist die letzte verbleibende wirtschaftspolitische Option.«[4] Die Feststellung, dass die EZB versagt hat, ist also nicht einmal ein Vorwurf an sie selbst. Sondern viel mehr daran, dass Politik und Ökonomen nicht darüber reden, welche Schlussfolgerungen zu ziehen sind – und stattdessen jetzt schon wieder Unmögliches von der EZB verlangen.

Je höher die Inflationsrate gestiegen war, desto größer wurde der Druck. Auch im deutschen Bundestag. Die rechte Seite des Parlaments – von AfD über die Union bis zur FDP – warf der EZB Woche für Woche vor, die Inflationsrisiken erst unterschätzt zu haben und jetzt zu spät zu handeln. Komischerweise kam von gleicher Seite nie auch nur eine Beschwerde, dass die EZB die inflationäre Wirkung ihrer Politik jahrelang ja offensichtlich *über*schätzt hatte.

Bemerkenswert war zum Beispiel eine Bundestagsrede am 12. Mai 2022 von Markus Herbrand, finanzpolitischer Sprecher der FDP. Die Ursachen der hohen Inflationsrate könne »nur die Geldpolitik, also die Zentralbank, bekämpfen«, so Herbrand unmissverständlich.[5] Man reibt sich die Augen und fragt sich: Krieg? Sanktionen? Pandemie? Strommarktdesign? Was genau soll die EZB dagegen unternehmen?

Herbrand ging sogar noch weiter. In einer ähnlichen Rede rund einen Monat später verwies er wieder auf die EZB, die allein für stabile Preise verantwortlich sei. »Der Bundestag kann und darf sich nur auf Maßnahmen der

Abfederung der Auswirkungen einer solchen Inflation beschränken«, warnt der FDP-Abgeordnete.[6] Wer aber, wenn nicht der Bundestag, soll denn Maßnahmen beschließen, die zu mehr günstiger Energie, sicheren Lieferketten oder einem anderen Strommarktdesign führen?

Das war aber noch lange nicht die schrägste Aussage aus dem Parlament. Die Abgeordneten Frank Schäffler (FDP) und Kay Gottschalk (AfD) sind bekannt als brennende Monetaristen. Sie forderten sogar den Rücktritt der EZB-Präsidentin Christine Lagarde, sie sei schließlich an der Preismisere schuld. Moment! Waren es nicht immer die Wirtschaftsliberalen, die die politische Unabhängigkeit der EZB hochgehängt hatten? Wie passen solche Rücktrittsforderungen dazu? Offenbar gilt die Unabhängigkeit bei Wirtschaftsliberalen nur, wenn es einem politisch gerade selbst in den Kram passt. Und selbst der Finanzminister schlug entgegen den eigenen Überzeugungen über die Stränge und verlangte im Sommer mehrmals, die EZB solle endlich die Zinsen erhöhen. Lindner ist im Gegensatz zu den stümperhaft wirkenden Schäffler und Gottschalk ein begnadeter Redner und Meister der Diplomatie. Bei Lindner klingt die Forderung dann so: »Ich hab es mal für mich nach meiner Überzeugung auf den Punkt gebracht mit dem Satz: Die Notenbanken sind sehr, sehr, sehr, sehr unabhängig. Aber sie haben auch eine sehr, sehr, sehr große Verantwortung in dieser Zeit.«[7] So gefallen sind diese Worte bei Lindners Abschlusserklärung nach dem Ende des G7-Gipfels im Frühjahr 2022. Ein Novum. Und ein starkes Stück. Gleichwohl so verpackt, und mit einem selbstironischen Lächeln im Gesicht, dass keiner ihm einen Strick daraus drehte. Lindner eben!

Und tatsächlich lieferte die EZB dann auch, was Lindner forderte. Straffe Zinserhöhungen. Eine nach der anderen. Und sogar im Rekordtempo: Nie zuvor hob die EZB den Zins um mehr als 0,25 Prozentpunkte an. In dieser Krise waren es gleich mehrmals größere Zinsschritte.

Übrigens: Merken Sie sich den Satz von Christian Lindner, denn einige Monate später jaulte er laut, wie sehr doch die steigenden Zinsen seinen Bundeshaushalt belasteten. Na, wer hätte das ahnen können?

Wie genau die schnellen Zinserhöhungen Öl, Kohle, Gas, Strom und Lebensmittel wieder billiger werden sollen, wissen weder die EZB noch die Politiker und Ökonomen, die monatelang laut nach ihnen schrien, so recht. Schon gar nicht in Anbetracht der Tatsache, dass es nur einen einzigen Zins für alle Euroländer gibt, die wirtschaftliche Lage von Deutschland, Italien und Griechenland aber seit Jahren völlig unterschiedlich ist. Auch scheint die Unterscheidung zwischen Preisschock und wirklicher Inflation nicht gemacht zu werden. Hohe Preise bekämpft man pauschal mit hohen Zinsen, so das scheinbar allgemeingültige Prinzip, das nicht hinterfragt wird. In der zitierten Rede geht Bundesbankpräsident Nagel sogar ganz kurz darauf ein, dass ihn vereinzelt auch skeptische Stimmen aus der Politik erreichen, was die Zinserhöhungen angeht. Von welcher Seite, verrät er nicht. Vielleicht von einigen progressiven Ökonomen. Oder von den Zentralbankern aus Südeuropa, denen die Zinsen im Staatshaushalt die Luft abschnüren. Doch statt inhaltliche Argumente zu liefern oder nachvollziehbar abzuwägen, sagt Nagel in seiner Rede nur, dass er sich ein Beispiel an Wim Duisenberg nimmt, dem ersten Präsidenten der EZB. Nagel zitierte, was Duisenberg zu politischen Rufen nach Zinssenkungen sagte: »Ich höre sie, aber ich höre nicht auf sie.«[8] Bastapolitik statt Erklärungen.

Wenn die Zentralbanker doch in die Position kommen, sich rechtfertigen zu müssen, verweisen sie stets auf drei mögliche Wirkungskanäle, über die Zinssenkungen die Inflationsrate beeinflussen sollen.

Erstens: Höhere Zinsen machen Kredite teurer. Das wiederum ist ein Problem für alle, die Geld aufnehmen und investieren wollten. Ist eine Investition in eine neue Fabrikhalle zu einem bestimmten Zins kalkuliert, muss die Rechnung nach der Zinserhöhung noch mal erneuert werden. Einige Investitionen werden sich dann nicht mehr rechnen und müssen aufgeschoben werden. Andere Investitionen brauchen vielleicht eine Anschlussfinanzierung, weil der Bau einer Fabrikhalle oder auch der Bau eines Hauses über Jahrzehnte finanziert wird, der Kredit aber nicht so lange läuft. Auf der anderen Seite gibt es bei höheren Zinsen auch ein bisschen mehr auf das Ersparte. Das soll ein Anreiz sein, weniger Geld auszugeben und es lieber auf die Seite zu legen. Wenn weniger ausgegeben und investiert wird, bremst das die Wirtschaft aus, würgt die Nachfrage ab und führt zu weniger Geschäft bei den Firmen. Die wiederum drosseln die Produktion, entlassen Mitarbeiter und – so das Kalkül – senken ihre Preise, um ihre Marktanteile in der Abwärtsspirale zu retten. Die Beschäftigten und ihre Gewerkschaften wiederum werden in die Defensive gedrängt, um sich mit niedrigeren Lohnzuwächsen zufriedenzugeben. Die Opfer dieser Politik sind die Menschen und die Firmen, die ihren Lohn, ihre Arbeit oder ihre Existenz verlieren. Um es in aller Deutlichkeit zu formulieren: Die Zentralbank-Technokraten mit dicken sechsstelligen Jahresgehältern wollen Malocher arbeitslos machen, um die Inflation aus dem Frankfurter Bürotower heraus zu bekämpfen. Klingt hart, klingt nach Klassenkampf, und auch wenn es keiner in der Deutlichkeit sagt: das ist Kalkül. Und diese Einsicht ist auch gewiss nicht neu, jeder VWL-Student kennt die Logik dahinter. Denn Arbeitslose haben dem Mainstream der Volkswirtschaftslehre nach einen wichtigen Job: Sie sind Drohmasse gegen starke Lohnerhöhungen, um die Lohn-Preis-Spirale in Schach zu halten. Wer das theoretisch nachlesen will, wird in jedem VWL-Lehrbuch unter dem Stichwort »NAIRU« oder »Phillipskurve« fündig.

Dieser Kanal soll der Feuerlöscher der Zentralbank sein, wenn die Wirtschaft überhitzt und die Lohn-Preis-Spirale Feuer gefangen hat. Sie ist immer unsozial, weil sie Teile der Wirtschaft unterkühlt, aber theoretisch geeignet, um nachfrageseitigen Inflationsbrand zu ersticken.

Das Problem: die Lohn-Preis-Spirale hat gar kein Feuer gefangen. Hier gibt es gar nichts im Keim zu ersticken. Anders als während der Ölpreiskrise in den Siebzigern, treffen die hohen Zinsen nicht auf eine boomende Wirtschaft mit starken Gewerkschaften und deutlich steigende Löhne, sondern diesmal eine taumelnde Wirtschaft mit schwachen Gewerkschaften, mageren Lohnerhöhungen und noch immer nicht geheilten Corona-Wunden. Nahezu alle führenden Wirtschaftsinstitute prognostizierten im Herbst 2022 längst eine von der Energiekrise verursachte Rezession für 2023. Selbst im August-Bericht der Bundesbank wurden die Zeichen der Zeit erkannt: »Die hohe Inflation und die Unsicherheit in Bezug auf die Energieversorgung und ihre Kosten beeinträchtigen dabei nicht nur die gas- und stromintensive Industrie [...], sondern auch den privaten Konsum und die davon abhängigen Dienstleister. [...] Es mehren sich die Anzeichen für eine Rezession der deutschen Wirtschaft im Sinne eines deutlichen, breit angelegten und länger anhaltenden Rückgangs der Wirtschaftsleistung.«[9] Auch Präsident Nagel selbst vertritt die Auffassung in einem Interview mit der »Süddeutschen Zeitung«: »Wir werden vermutlich schon im dritten Quartal dieses Jahres einen leichten Rückgang der Wirtschaftsleistung sehen, das dürfte sich im vierten Quartal verstärken und Anfang 2023 anhalten. Dann sind wir in einer Rezession.«[10] Die Zinserhöhungen trug er trotzdem mit, ja stellte sich sogar stolz an die Spitze der Bewegung.

Ausgaben und Investitionen mit höheren Zinsen niederzuknüppeln, ist auch gewiss keine vernünftige Strategie zum Energiesparen. Energie ist notwendig, Energie ist Grundbedarf. Bevor Verbraucher beim Duschen, Tanken und Heizen sparen, schieben sie Anschaffungen, Shoppingwünsche und Kulturevents auf die lange Bank. Das spart kaum Energie, mindert aber das Lebensglück – und bringt Geschäftseinbußen. Auch für Firmen gilt das. Bevor Firmen in der Produktion an Energie sparen, kürzen sie bei Marketingausgaben oder schieben Investitionspläne auf die lange Bank. Marketingkürzungen sparen kaum Energie, kosten aber am Ende vielleicht Nachfrage. Anders ist es bei Investitionen in neue, effizientere oder anders betriebene Maschinen, die würden dem Energie- bzw. Gassparen ja sogar helfen. Für solche Investitionen muss das Geschäft aber gut laufen und eine langfristige Perspektive haben. Ohne Perspektive und Luft zum Atmen keine solchen Investitionen. Das wäre zu riskant. Im Augenschein steigender Energiekosten und sinkender Nachfrage ist für viele Firmen an solche Modernisierungen nicht zu denken.

Allen, die es mit Angebotspolitik halten, müsste das Sorgen bereiten. Gerade liberale Ökonomen sprechen immer von »Investitionsanreizen«, die es unbedingt brauche. Auch der Finanzminister selbst. Dabei bleibt völlig schleierhaft, wie teure Kredite einen Anreiz für Investitionen darstellen sollen. Gleiches gilt auch für öffentliche Investitionen. Wenn die Zentralbank das Zinsniveau hochschraubt, muss der Staat wieder mehr Zinsen auf seine Staatsanleihen zahlen. Unter den Bedingungen der Schuldenbremse bedeuten mehr Zinsausgaben weniger Raum für andere Ausgaben. Für LNG-Terminals, für Förderung von Wind- und Solarkraft, für Bildung, für Rente, für Arbeitslose, für Wideraufbauhilfe in der Ukraine – für alles. Allerdings nicht, weil Geld per se knapp ist, nein, sondern weil die Schuldenbremse den Handlungsraum politisch einschränkt – ein wichtiger Unterschied! Private wie öffentliche Investitionen zu verteuern, ist sogar kontraproduktiv, wenn das Angebot an Energie ausgeweitet werden soll. Genau diese Investitionen braucht es doch, um grüner und effizienter zu werden – und unabhängiger von Russland oder anderen Autokraten, die auf Energiequellen sitzen.

Und weil eben zuerst woanders statt bei Energie gespart wird, fressen sich die teuren Preise für Strom und Gas durch die ganze Wirtschaft und lösen eine unkoordinierte Nachfragekrise aus. Nicht nur das Geschäft der energieintensiven Chemie- und Stahlproduzenten kommt in Bedrängnis, sondern auch das der Kinobetreiber, Bäcker und Friseure. Eine unkoordinierte Nachfragekrise ist aus mehreren Gründen kein kluger Plan, um die Inflation zu stoppen.

Zunächst, weil Firmen pleitegehen, die gar nicht besonders energieintensiv sind. Wenn Friseure, Kinos oder Restaurants dichtmachen, gehen viel Einkommen und viele Arbeitsplätze verloren, aber es wird nur verhältnismäßig wenig Energie eingespart. Eine Pleitewelle in Innenstädten wäre außerdem fatal für das Gemeinwohl, die Nahversorgung und die gesellschaftliche Stimmung. Die gesellschaftlichen und ökonomischen Kosten wären hoch, der Beitrag zur Inflationsbekämpfung niedrig. Denn der Marktmechanismus nimmt auf das Verhältnis von Kosten und Energiesparen keine Rücksicht, er funktioniert rein nach Profitabilität. Die Erkenntnis müsste eigentlich in der Politik schon längst die Runde gemacht haben, denn genau deshalb gibt es ein Gesetz, das im Notfall eines Gasmangels regelt, wer noch Gas bekommen soll und wer nicht. Es legt fest, wer zu den »geschützten Kunden« zählt. Jenseits dieser »geschützten Kunden« soll die Bundesnetzagentur bestimmen, welchen Branchen im Notfall zuerst und welchen zuletzt das Gas abgestellt wird. Damit eben nicht das kommunale Krankenhaus oder der Supermarkt schließen, während der Bitcoin-Miner und das Casino weiter Energie verfeuern.

Jedem liberalen Ökonomen müsste es also ein Dorn im Auge sein, dass ausgerechnet die Firmen, die auf energie*arme* Dienstleistungen gesetzt haben, über mehrere Ecken von dem exogenen Schock der Energiekrise als Erstes erwischt worden sind. Die stumpfen Preissignale und Profitanreize des Marktes sind der komplexen Krise offensichtlich nicht gewachsen. Weil der Markt nicht regelt, muss der Staat den Notfall planen.

Eine unkoordinierte Nachfragekrise ist auch deshalb keine gute Strategie, weil eine sinkende Nachfrage die Skalenerträge der Betriebe zerstört und ihre Stückkosten hochtreibt. Fixkosten wie Miete, Personal, Zinsen und Abschreibungen fallen nämlich unabhängig davon an, wie viel produziert wird. Wenn der Bäcker weniger Brötchen verkaufen kann, weil es den Kunden an Kaufkraft fehlt, dann steigen seine Stückkosten pro Brötchen. Denn dann muss er seine fixen Kosten ja mit weniger Brötchen decken. Gleiches gilt für den Friseur, das Kino, den Düngemittelhersteller und den Schreiner. An den Stückkosten richten Firmen ihre Preise aus. Eine Nachfragekrise treibt genau die Stückkosten für alle Firmen in die Höhe, die dann weniger verkaufen. Das erzeugt – neben den steigenden Energiekosten – weiteren Preisdruck nach *oben*. Das Gegenteil von dem, was die Politik eigentlich erreichen möchte.

Zudem ist es riskant, Kredite teurer zu machen. Das beste Beispiel dafür sind die Bauzinsen. Die haben sich seit Jahresbeginn verdreifacht. Für zehn Jahre Zinsbindung lag der Satz im Dezember 2021 noch bei 1 Prozent, die fünf Jahre zuvor noch deutlich unter 2 Prozent, im Herbst 2022 dann plötzlich bei 4 Prozent – Tendenz steigend, weil die Zentralbank weitere Zinsschritte angekündigt hat. Wie Joachim Nagel in seiner Harvard-Rede sagte: »Wir dürfen nicht nachlassen, bis die Preisstabilität wiederhergestellt ist.«[11] Solange die Inflationsraten hoch seien, müssten weitere Zinsschritte folgen, sagte er an anderer Stelle. Häufig verwendete er dafür den Ausdruck »die geldpolitische Normalisierung vorantreiben«, als wären höhere Zinsen normal oder natürlich und nicht ein Konstrukt, das immer und ausnahmslos Ergebnis der Geldpolitik ist.

Häuslebauer, die eine Anschlussfinanzierung brauchen, bekommen jedenfalls große Probleme, wenn Kredite teurer werden. Denn wenn die Kalkulation für die Eigenheimfinanzierung nicht mehr aufgeht, drohen Kreditausfälle. Die wiederum schlagen dann auch bei den Banken und Versicherern in den Bilanzen negativ zu Buche. Nicht anders bei steigenden Privat- und Firmeninsolvenzen. Je mehr die EZB an der Zinsschraube dreht, desto riskanter wird das Kreditgeschäft, und je mehr Kredite ausfallen, desto wahrscheinlich wird aus der Zinserhöhung eine handfeste Finanzkrise. Eine gefährliche Spirale.

Gefährlich ist neben dem höheren Zins auch, dass die EZB plant, Anleihen aus ihren Bilanzen zu verkaufen. Wenig verwunderlich ist es auch hier Joachim Nagel, der Druck macht. Die EZB hält Anleihen im Wert von rund 5 Billionen Euro. Der Großteil sind Staatsanleihen, aber auch Anleihen von Unternehmen gehören dazu. Im Zuge der Nullzinspolitik, vor allem aber während Euro- und Corona-Krise hatte die EZB Anleihen *en masse* gekauft, um die Renditen zu drücken. Im Zuge ihrer Zinserhöhungen will sie das umkehren. EZB-Vizepräsident Luis de Guindos kündigte im Herbst 2022 an: »Wir werden damit früher oder später beginnen, ganz sicher 2023.«[12] Die EZB versucht, Bausteine aus einem Jenga-Tower zu ziehen, der schon längst windschief steht. Denn die Anleiheverkäufe sorgen dafür, dass die Kurse von Staats- und Unternehmensanleihen sinken. Wer die Anleihen in den Büchern hat, wird die Kursverluste bilanzieren müssen. Das wird vor allem den Puffer von Banken und Versicherern treffen. Und das wird Kredite noch teurer machen. Wie bereits erklärt, gelten die Renditen von Staatsanleihen als risikolose

Benchmark, insbesondere für langfristige Kredite. Fallende Kurse treiben die Rendite nach oben und verteuern Staats-, Fabrik- und Hausfinanzierung weiter.

Dass der Feuerlöscher-Kanal der Zentralbank erfolgreich sein wird, darf also bezweifelt werden. So oder so ist er aber mit hohen Nebenwirkungen und Kollateralschäden verbunden. Die sind die Technokraten aber augenscheinlich bereit einzugehen. Angesprochen auf die schädlichen Wirkungen von hohen Zinsen auf die Wirtschaft rechtfertigte sich Nagel im »Süddeutsche-Zeitung«-Interview: »Das kann kurzfristig dämpfend wirken. Aber damit sichern wir mittelfristig Preisstabilität und verhindern, dass unser Wachstumspotenzial durch Inflation leidet. Denn eine dauerhaft hohe Inflation ist die größte Wachstumsbremse.«[13] Die Wirtschaftsflaute samt Arbeitslosigkeit und Insolvenzen sei also das kleinere Übel für eine bessere Zukunft, so das Argument von Nagel.

Doch Nagel, Lagarde und Mainstream-Ökonomen setzen noch auf einen zweiten Kanal, neben dem Feuerlöscher. Die Zinserhöhung soll einen psychologischen Effekt haben. »Entschlossenes geldpolitisches Handeln ist der einzige Weg, um eine Entankerung der Inflationserwartungen im Euroraum zu verhindern«, so Nagel. Damit ist folgendes gemeint: Die EZB solle dafür sorgen, dass die Leute stabile Preise erwarten. Tun sie das nämlich nicht, führten hohe Inflationserwartungen am Ende tatsächlich zu einer hohen Inflation, weil die »rationalen« Wirtschaftsakteure ihr Verhalten anpassen. Etwa indem Verbraucher geplante Einkäufe und Firmen geplante Investitionen vorziehen, solange die Preise noch günstiger sind, als sie in Zukunft erwarten. Oder weil die Gewerkschaften höhere

Löhne durchboxen, wenn sie eine hohe Inflation erwarten. So würde die Wirtschaft überhitzt und die Lohn-Preis-Spirale entfacht.

Die Bundesbank schreibt dementsprechend: »Dauerhafte Preisstabilität ist daher nur dann möglich, wenn die Inflationserwartungen stabil und niedrig sind.«[14] Das Rezept der Zentralbanker lautet: Die EZB müsse nur klar genug kommunizieren, welche Inflationsrate sie anstrebt, und schon würden sich alle Wirtschaftsakteure daran orientieren und ihre Inflationserwartungen sowie ihr Handeln anpassen. Sollte die Tonspur der EZB nicht reichen, könnten mit der Zinspolitik oder den Anleihekäufen immer noch Fakten geschaffen werden. Zinserhöhungen drücken die Inflationserwartungen nach unten, Zinssenkungen ziehen sie hoch, so die Auffassung. Und solange die EZB es schafft, die Erwartungen beim Inflationsziel von 2 Prozent zu verankern, wird schon alles gut werden. Dann werden die Gewerkschaften schon keine zu hohen Löhne fordern und die Firmen die Preise nur moderat anpassen.

Kann dieser Plan aufgehen? Leider nein. Schon die Idee, dass Menschen mehr Geld ausgeben, wenn die Inflationsrate steigt, ist an der Wirklichkeit vorbei. Das mag für Hyperinflationen stimmen, wo der Lohn jeden Tag ausgezahlt wird und schon am nächsten Tag nur noch halb so viel wert ist, aber doch nicht in »normalen« Zeiten. Das Gegenteil ist der Fall. Weil Menschen Angst vor den kommenden Nebenkostenabrechnungen haben und von den Preisen an Tankstelle und Supermarkt genervt sind, versuchen sie zu sparen, wo es nur geht. Die Konsumstimmung ist auf Rekordtief. Stimmte die Annahme der Theorie, dass wir alle rationale Konsumenten sind, die in Aussicht auf steigende Preise noch das letzte Geld vom Konto kratzen oder sogar Kredite aufnehmen, um noch kräftig einzukaufen, bevor Möbel, Klamotten und Elektronikgeräte teurer werden, müsste die Konsumstimmung ja gut sein – auf Rekordhoch, nicht auf Rekordtief.

Die Theorie der Inflationserwartungen ist unter Ökonomen weit verbreitet, ist aber nichtsdestoweniger fernab der Realität. Auch der Präsident des Deutschen Instituts für Wirtschaftsforschung, Marcel Fratzscher, hängt der Theorie an. Kein Wunder, hat er selbst ein Jahrzehnt bei der EZB gearbeitet. Seine Kommentare zur Zinserhöhung zeigen, wie viel Küchenpsychologie hinter der Theorie steckt. Fratzscher nannte die Zinserhöhung »ein starkes Signal an Märkte, Sozialpartner und Menschen«, dass »die EZB die Risiken erkannt hat und entschieden handeln wird«. Weiter sagt er: »Zwar würde selbst ein rascher und erheblicher Anstieg der Zinsen kaum etwas an der hohen Inflation über die kommenden zwölf Monate ändern. Aber ein starkes Signal für einen entschiedenen Ausstieg aus der expansiven Geldpolitik ist essenziell für die EZB, um die Inflationserwartungen fest zu verankern und damit ihre Glaubwürdigkeit zu schützen.«

An den Ursachen für die derzeit hohen Preise ändern hohe Zinsen also nichts, wie er selbst eingesteht, aber irgendwie sollen sie ein starkes Signal an »Märkte, Sozialpartner und Menschen« sein. Geldpolitik ist offensichtlich von Akademikern aus dem Elfenbeinturm für Akademiker im Elfenbeinturm entworfen worden. Signale von der EZB empfängt kein Otto Normalo, der morgens auf den Wecker kloppt, zur Maloche geht und sich danach um

Hobby und Familienalltag kümmert, aber mit den Untiefen der Frankfurter Bankenwelt oder der Berliner Politikblase nicht viel zu tun hat. Das Signal kommt an, wenn Kredite teurer werden oder das Tagesgeldkonto wieder ein bisschen Zins abschmeißt, sonst nicht. Und selbst wenn es ankommen würde, wäre die Interpretation außerhalb der Blase nicht, dass die EZB »die Risiken erkannt hat« und »entschieden« handelt. Kaum jemand interessiert sich für Geldpolitik und kaum jemand versteht Geldpolitik. Auch weil Zentralbanker wie Nagel nur den geschwollenen Zentralbanker-Sprech mit eigenen Codes kultivieren und sich selten vor einem Massenpublikum erklären müssen. Ein Interview mit der »Süddeutschen Zeitung« hier und da ist schon das höchste der Gefühle.

Zu glauben, dass Menschen ihren Konsum an ihre Inflationserwartungen anpassen, die die EZB mit irgendwelchen Signalen zu beeinflussen versucht, ist Unsinn. Machen Sie den Test: Wie sind denn Ihre Inflationserwartungen? Wie verstehen Sie die Signale der Zentralbank? Und was macht das mit Ihren Kaufentscheidungen? Noch schnell den Urlaub gebucht und das neue iPhone vorbestellt, bevor die Preise steigen? Wohl kaum. Noch absurder ist, dass die Bundesbank regelmäßig Leute nach ihren Inflationserwartungen befragen lässt. Kein Witz: Die Bundesbank fragt Monat für Monat per Online-Panel, wie hoch die Befragten die Inflationsrate in den kommenden zwölf Monaten, fünf Jahren und zehn Jahren erwarten. Im ganzen deutschen Fernsehen gibt es niemanden, der Inflation vernünftig erklärt, aber die Notenbank will ihre Politik an Befragungen orientieren?

Und überhaupt: Wenn man das »starke Signal«, von

dem Fratzscher redet, übersetzt, steckt dahinter eigentlich eine harte Botschaft an die Gewerkschaften. *Liebe Gewerkschaften, zügelt eure Lohnforderungen, sonst müssen wir die ohnehin schwächelnde Wirtschaft mit Zinserhöhungen noch weiter abwürgen. P. S.: Die höhere Arbeitslosigkeit müsst ihr akzeptieren, das ist dann eben eine »Durststrecke«.* Das ist kein starkes, sondern ein zynisches Signal.

Dazu kommt, dass wir eine alternde Gesellschaft sind, in der Fachkräfte in einigen Branchen bereits knapp sind. Gerade dort lassen Unternehmen ihre Mitarbeiter selbst bei schlechter Auftragslage nicht so schnell gehen wie früher noch, weil sie Angst haben, dass sie die Stelle bei besserer Auftragslage in Zukunft nicht mit einer neuen Fachkraft besetzt bekommen. Auch der Entwicklung trägt die Theorie der Inflationserwartungen keine Rechnung.

Und sie ist überdies auch deshalb realitätsfremd, weil die Gewerkschaften in den letzten zwei Jahrzehnten häufig nicht einmal die Zielinflation von 2 Prozent in den Lohnverhandlungen durchsetzen konnten. Die Abschlüsse lagen regelmäßig darunter. Dabei müsste eigentlich zusätzlich der mittelfristige Produktivitätsfortschritt verhandelt werden, aber davon fangen wir besser erst gar nicht an. Wenn allerdings schon in »normalen« Zeiten die Löhne hinterherhinken und die Gewerkschaften schwächeln, wie bitte sollen höhere Inflationserwartungen in der Krise dazu führen, dass Gewerkschaften plötzlich so hohe Löhne durchsetzen, dass aus dem Preisschock eine echte Lohn-Preis-Spirale wird? Und wieso sollten die verschiedenen Gewerkschaften einen allgemeinen Zinsanstieg zum Anlass nehmen, für die eigenen Mitglieder in ihrer Branche weniger Lohnplus einzufordern? Fragen über Fragen, die einen nur auf ironische Antworten bringen. Der Vollständigkeit halber muss ich an dieser Stelle noch den dritten Kanal erwähnen, über den Ökonomen auf Inflationsdämpfung hoffen: den Wechselkurs. Auch hier läuft die Wirkung über drei Ecken. Die Logik funktioniert in etwa wie folgt: Hohe Zinsen sollen Anleger in den Euro locken. Ist das erfolgreich, werden Anleger US-Dollar gegen Euro tauschen. Je mehr Anleger das tun, desto mehr gewinnt der Euro im Vergleich zum US-Dollar an Wert. Je mehr US-Dollar man für einen Euro bekommt, desto weniger Euro müssen wir für unsere Ölimporte zahlen. Importe würden also günstiger, die Inflationsrate gesenkt.

Dass die Eurozone sich einem *flexiblen* Wechselkurs verschrieben hat, also gar kein Wechselkursziel für den Euro verfolgt und dafür auch kein Mandat hat, scheint einigen Ökonomen entgangen zu sein. Ebenso, dass der Wechselkurs von etlichen Kriterien abhängt, von denen der Leitzins der Zentralbank nur eines unter vielen ist. Wenn die EZB an den Zinsen dreht, hat das zwar kurzfristig einen Effekt, der kann aber schon innerhalb weniger Tage verpuffen, wenn die Anleger ihre Entscheidungen an neuen Informationen ausrichten.

Maßgeblich für die Skepsis am Wechselkurs-Kanal ist die Einsicht, dass der Finanzmarkt eben kein funktionierender Markt ist, wie liberale Ökonomen ihn in ihren Lehrbüchern skizzieren. Er findet nicht von selbst die »richtigen« Preise, erst recht nicht für Wechselkurse. Ein stabiles Gleichgewicht am Finanzmarkt ist eine Illusion. Stattdessen sind die Preise permanent verzerrt, weil die Anlegerherde regelmäßig kopflos in die eine oder die andere Richtung rennt. Schon der liberale Vordenker Friedrich August von Hayek beschrieb dieses Problem, das an Finanzmärkten auftritt: Die Akteure tragen keine unterschiedlichen Informationen an den Markt, sondern interpretieren alle dieselben zentralen Wirtschaftsdaten. Dazu gehören Zinsentscheide, Wachstumsprognosen, Arbeitsmarktdaten, Pressestatements von Zentralbankern und so weiter. Am Kartoffelmarkt zum Beispiel tragen Verkäufer und Käufer alle eigenen, dezentralen Informationen bei. Darunter: Ernteprognosen, die Bodenqualität oder die Produktionskosten. Am Finanzmarkt hingegen stützen sich alle auf die gleichen Informationen. Und sie interpretieren sie auch alle in ähnlicher Weise. Bei vielversprechenden Daten wird gekauft, auch mit Risiko. Bei entmutigenden verkauft, um das Risiko zu minimieren. So werden die Akteure zur Herde am Finanzmarkt, die zentralen Informationen hinterherrennt. Damit Märkte vernünftige Preise finden, braucht es aber eben dezentrale Informationsgewinnung, kann man schon bei Hayek nachlesen.

Das Problem geht noch weiter. Eigentlich sind Preise dafür da, um knappe Güter zu verteilen. Die Preissignale an Finanzmärkten sind aber ganz andere als auf Konsumgütermärkten. Steigt der Preis für Konsumgüter, etwa für Kartoffeln, sinkt üblicherweise die Nachfrage. Bei schlechter Ernte oder zu hoher Nachfrage zeigt der steigende Preis eine Knappheit an und lässt Kunden auf Nudeln, Reis oder andere Alternativen umsteigen. Diese einfache Logik – höherer Preis, weniger Nachfrage – gilt am Finanzmarkt jedoch nicht. Steigt der Preis für Finanzmarktprodukte wie Aktien oder Währungsderivate, interpretieren Spekulanten das als Signal für eine profitable Preisrallye. Kursgewinne will man selbstverständlich nicht verpassen, dafür ist man schließlich am Markt. Die Kartoffeln werden gegessen, die Finanzprodukte gekauft, um sie später zu hoffentlich höheren Preisen wieder zu verkaufen. Steigende Kurse locken die Herde der Anleger an, was die Preise weiter nach oben treibt. So lange, bis die ersten Spekulanten, die Leittiere, ihre Kursgewinne realisieren und wieder aussteigen. Dann dreht sich die Spirale um. Kaum ist die Musik aus, wollen alle möglichst schnell raus und ihre Kursgewinne realisieren. Viele Verkäufer treffen auf wenige Käufer, die Preise fallen. Ein stumpfes Muster, das immer wieder zu beobachten ist.

Der »richtige« Wechselkurs des Euros, der die Zinsunterschiede oder die Inflationsunterschiede zu anderen Währungen berücksichtigt, existiert nur in VWL-Lehrbüchern. Man kann auch den Test machen: Nehmen Sie eine beliebige Kombination von Währungen und prüfen Sie, ob Zins- oder Inflationsunterschiede die Veränderungen des Wechselkurses erklären können. Das Ergebnis wird ernüchternd sein. Wer den Euro-US-Dollar-Kurs vorhersagen will, muss Kaffeesatz lesen oder Glaskugeln deuten können. Wer Wechselkurse in Abhängigkeit von Zinsänderungen vorhersagen kann, könnte problemlos viel Geld verdienen. Die Realität ist leider eine andere. Es gibt bis heute kein ökonomisches Modell, das Wechselkursveränderungen verlässlich vorhersagen kann. Das ist auch kein Wunder, bildet der Wechselkurs eben das Herdenverhalten der Anleger ab und ist nicht mit harten ökonomischen Fakten wie dem Zins, der Inflation oder der Handelsbilanz zu erklären. Allein schon, weil der Handel mit Währungen und Währungsderivaten viel, viel größer ist als der Handel mit Gütern.

Außerdem: Über Zinsen den Wechselkurs und damit die Inflation zu beeinflussen, bedeutete für die EZB einen Zinswettlauf gegen die mächtigste Zentralbank der Welt, die US-amerikanische FED. Denn Wechselkurse sind immer ein Nullsummenspiel. Steigt der Euro, fällt der Dollar und andersherum.

So oder so: Alle drei Wirkungskanäle, auf die die Zentralbanker setzen, sind zum Scheitern verurteilt. Die Erfolgschancen sind klein, der potenzielle Kollateralschaden groß.

AUS DER KNAPPHEIT HERAUSSPAREN?

Anders als die Technokraten aus der EZB in Frankfurt hat der Finanzminister aus Berlin viel mehr Waffen in seinem Arsenal. Und sogar echtes Präzisionswerkzeug. Tankrabatt und 9-Euro-Ticket haben geschafft, wovon die Zentralbank nur träumen kann. Die Maßnahmen haben die Inflationsrate gesenkt, die Belastung für die Verbraucher gelindert, die Wirtschaft belebt, Jobs gerettet und die Mobilität der Menschen erleichtert. Und all das schon für rund 10 Milliarden Euro. Die Gas- und die Strompreisbremse werden zwar mehr Milliarden brauchen, aber dafür können sie auch einen Anstieg der Inflationsrate vermindern. Weil der Staat die Rechnung für den Preisschock auf die eigene Kappe nimmt. Weitere Milliarden hat der Finanzminister für schwimmende LNG-Terminals ausgegeben, um das Putin-Gas so bald wie möglich zu ersetzen und die 2022 gefürchtete Mangellage im Frühjahr 2023 und im Winter 2024 zu vermeiden. So sehen gezielte Maßnahmen gegen das Fieber und seine Ursachen aus. Dazu kommen sie nahezu ohne Nebenwirkungen aus. Im Gegenteil: Die Wirtschaft dankt es, neue, gute Jobs entstehen, neue Kaufkraft landet erst bei den Arbeitern und später in den Innenstädten und bei Bäcker Lutze. Aber, Moment! Geld ausgeben, um die Teuerwelle zu bekämpfen? Das geht? Wirklich?

Stellen Sie sich dazu den ungläubigen, skeptischen Gesichtsausdruck von Christian Lindner vor. Der Finanzminister führt nämlich in finanzpolitischer Sicht ein schräges Doppelleben. Auf der einen Seite trägt er die Entlastungspakete mit, macht dafür Schulden in dreistelliger Milliardenhöhe und hintergeht die Schuldenbremse, indem er die Schulden über Nebenhaushalte wie den Wirtschaftsstabilisierungsfonds und den Klima- und Transformationsfonds laufen lässt, die nicht unter den regulären Bundeshaushalt und die Schuldenbremse fallen. Auf der anderen Seite inszeniert er sich als Obersparkommissar, der schnellstmöglich zurück zur Schuldenbremse will, sie sogar zur Inflationsbremse erklärt und der »Politik auf Pump« den Kampf ansagt. Der erste Lindner handelt in staatsmännischer Verantwortung, der zweite Lindner als ideologischer FDP-Chef in Vor-Wahlkampf-Stimmung.

Ende Mai 2022 hatte Christian Lindner als neuer Finanzminister seinen ersten G7-Gipfel. Turnusmäßig hatte er sogar den Vorsitz inne und lud die Finanzminister und Zentralbanker der wichtigsten Industriestaaten zum Treffen nach Petersberg ein. Der Krieg und der Preisschock hatten da schon alles überschattet und die Ampelregierung bereits die ersten zwei Entlastungspakete von rund 30 Milliarden auf den Weg gebracht. Die Zentralbanken waren noch in Lauerstellung, vor allem die EZB hielt sich lange zurück, einzig die US-amerikanische FED und die britische Bank of England hatten kleine Zinserhöhungen angekündigt. Lindner nutzte die Bühne der Abschlusserklärung für sein zweites Ich. Das klingt dann so: »Für die staatliche Fiskalpolitik ist klar: Wir müssen raus aus immer expansiveren Politikansätzen. Es ist nicht die Zeit für wirtschaftliche Stimulierung durch staatliche Nachfragestärkung und Subventionen. Sondern wir müssen unsere Defizite reduzieren. Wir müssen raus aus den breit angelegten Ausgabeprogrammen, die noch zusätzlichen Druck auf die Preise auslösen.«[15] Zusammengefasst bedeutete das, dass Lindner Deutschland aus der Inflation heraussparen möchte. Und nebenbei forderte er EZB-Präsidentin Lagarde, wie bereits erwähnt, auf, endlich die Zinsen anzuheben.

Später, als die EZB dann tatsächlich die Zinsen anhob, machte Lindner sich wahlweise zum Verbündeten und zum Opfer genau jener Zinserhöhung. Als Verbündeter klingt das so: »Gerade in Zeiten hoher Inflation wären immer noch höhere Schulden fatal: Der Staat darf nicht mit Milliarden die Nachfrage stimulieren und die Geldpolitik der Europäischen Zentralbank konterkarieren, die klar auf die Bekämpfung der Inflation ausgerichtet ist.«[16] Als Opfer klingt das so: »Wir können nicht immer mehr Geld auf Pump in Umlauf bringen. Die Schuldenbremse ist die Inflationsbremse. Aufgrund der steigenden Zinsen können wir uns Schulden zudem nicht mehr leisten.«[17] Besonders die letzten beiden Sätze sind markant. Denn es ist ja gerade die Schuldenbremse, die den Entlastungspaketen, der Uniper-Rettung und dem Kauf von schwimmenden LNG-Terminals im Weg gestanden hätte. Deshalb war sie 2022 ausgesetzt und wurde auch noch vorsorglich für 2023 und 2024 mit den milliardenschweren Sondervermögen hintergangen. Sich zum Opfer jener Geldpolitik zu machen, die man selbst lautstark eingefordert hatte, ist einfach unehrlich. Ganz abgesehen davon, dass deutsche Staatsanleihen auch bei 2, 3 oder 4 Prozent weggehen wie warme Semmeln, weil sie die sicherste Anlage in der ganzen Europäischen Union sind.

Als Lindner im Sommer 2022 den ersten Haushaltsentwurf für das Jahr 2023 in der Bundespressekonferenz präsentierte, als er vor die Kameras trat, wirkte er sichtlich erschöpft, aber zufrieden. In einem Verhandlungsmarathon hatte er anderen Ministern ihre Ausgabenwünsche ausgeredet, um die Schuldenbremse formal wieder einhalten zu können. Ganze 16 persönliche Gespräche von Minister zu Minister seien dafür nötig gewesen, betonte er in der Sitzung. Unzählige weitere außerdem von den Staatssekretären auf der Ebene darunter. Aber der Aufwand hatte sich gelohnt – zumindest aus Lindners Sicht. Unter dem selbst ausgegebenen Motto »Keine Politik auf Pump mehr« stutzte Lindner den Haushalt sparwütig zusammen. Obwohl er 30 Milliarden mehr für den Zinsdienst einplanen musste, ging die Rechnung auf. Allerdings nur, weil er gut 40 Milliarden Euro aus einer alten Rücklage verfrühstückte, die die CDU/CSU-geführte Vorgängerregierung 2020 aus der ehemaligen Asylrücklage zu einer allgemeinen Rücklage gemacht hatte. Ohne diese 40 Milliarden hätte es noch weiterer Kürzungen bedurft. Gesundheitsminister Lauterbach wird glücklich darüber gewesen sein, denn ihm wurden die meisten Einsparungen abgerungen. Kein Geld mehr für kostenfreie Bürgertests und die finanziellen Löcher in der gesetzlichen Krankenversicherung. Der wahre Spartest für Lindner kommt aber erst 2024, wenn er auf keine satten Rücklagen zurückgreifen kann. Neuen Entlastungspaketen erteilte er dann auch in der Pressekonferenz eine Absage.

Das große Dilemma des Finanzministers: Er muss FDP-Klientelpolitik machen, um FDP-Parteichef zu bleiben. Dabei hat er aber unterschätzt, wie heftig die Krise bei den Haushalten einschlägt und dort zu so massiven Kürzungen führt, dass aus der Energiekrise auch eine handfeste Wirtschaftskrise wird. Die Mehrheit der Deutschen spart gegen die Inflation an. Weil sie muss. Kochen statt Essengehen, Margarine statt Butter, Netflix statt Kino, Ostsee statt Teneriffa. Das als Bundesfinanzminister nachmachen zu wollen, ist eine Schnapsidee. Mit Sparen kommt man in der Krise nicht weit. Im Gegenteil: Noch mehr Schulden hätten geholfen. Um mit größeren Entlastungen eine breitere Brücke für Verbraucher und Firmen zu bauen. Damit Deutschland ohne Firmenpleiten und Privatinsolvenzen über den Abgrund kommt. Das wäre Symptomlinderung, die Zeit erkauft, um ohne Strukturbrüche in die Zukunft zu kommen, in der Energie (hoffentlich) nicht mehr so knapp und teuer ist. Um dafür zu sorgen, dass Deutschland günstiger an Energie kommt – oder sie effizienter nutzt. Etwa indem Wind- und Solarenergie ausgebaut wird, indem Gebäude energetisch saniert und Heizungen modernisiert werden oder indem Bus und Bahn so ausgebaut werden, dass weniger Pendler auf das Auto angewiesen sind. Das wäre Ursachenbekämpfung und das bedeutete eine Investitionsoffensive. Ob Entlastungen oder Investitionen: Beides kostet Geld. Beides wollte Lindner für seine Sparpläne ad acta legen. Die Rückkehr zur Schuldenbremse kam zur Unzeit.

Dass Lindner dabei immer betonte, aus der Inflation herauswachsen zu wollen, ist ein weiterer Widerspruch seiner Sparpläne. Wo soll Wachstum herkommen? Irgendwer müsste dafür mehr Geld ausgeben. Der Finanzminister wollte nicht, die Verbraucher konnten nicht. Ein logischer Widerspruch. Firmen brauchen für Investitionen Sicherheit, die neue Kapazitäten rechtfertigen oder die Umstellung von Gas auf andere Energieträger langfristig rentabel macht. Der beste Anreiz ist eine stabile und brummende Wirtschaft. Genau die war aber ja im Abwärtstrend. In einer taumelnden Wirtschaft schrecken Firmen vor Investitionen zurück. Zu groß ist das Risiko, dass die Investitionen in Erneuerung und Nachhaltigkeit sich nicht rechnen. Dann werden Investitionen aufgeschoben und das Geld beisammengehalten. Rufen nach Steuererhöhungen trat Lindner entgegen. Das wäre »Sabotage am Wirtschaftswachstum«. Recht hat er. Wer weniger Kaufkraft hat, kann weniger ausgeben, dann können die Firmen weniger verkaufen und die Konjunktur landet in der Abwärtsspirale.

Natürlich kommt es ebenfalls darauf an, wen die Steuererhöhungen treffen. Denn ökonomisch gilt: Je größer das Einkommen, desto größer der Einkommensteil, der gespart wird und desto geringer der Teil, der ausgegeben wird. Eine höhere Mehrwertsteuer frisst vor allem die Kaufkraft der kleinen Geldbeutel, die ihr ganzes Geld für den Alltag ausgeben. Ein höherer Spitzensteuersatz wiederum träfe Personen, die nicht alles ausgeben müssen, sondern es schaffen, einen großen Teil zur Seite zu legen. Eine Vermögensteuer wiederum träfe Multimillionäre und Milliardäre, die die größte Sparquote haben. Das bedeutet: Steuern für den Postboten und den Lkw-Fahrer schaden der Nachfrage und der Konjunktur viel mehr als Steuern für Bankmanager und Großerben.

Dass höhere Steuern der Konjunktur grundsätzlich schaden, müsste Lindner wohl noch einmal überdenken: Wenn höhere Steuern schlecht für das Wachstum sind, dann gilt das auch für die Rückkehr zur Schuldenbremse. Denn ob der Staat seinen Bürgern mehr wegnimmt (Steuern) oder weniger zufließen lässt (Ausgabenkürzungen), macht für die Konjunktur keinen Unterschied. Was Lindner streicht, nimmt die Wirtschaft auch weniger ein. Sabotage am Wirtschaftswachstum! Zu allem Überfluss wurden auch noch Kredite teurer – wegen der EZB. So wie Lindner es wollte. Auch hier müsste er konsequenterweise sagen: Sabotage am Wirtschaftswachstum!

Wo in der wirtschaftlichen Lage die Investitionsanreize und das Wachstum herkommen sollten, geschweige denn, wie die Inflationsrate runtergehen sollte, wusste Lindner vermutlich selbst nicht. Die voreilige Rückkehr zur Schuldenbremse war und ist jedenfalls keine Antwort auf diese Fragen. Im Gegenteil: Die Schuldenbremse verstärkte den wirtschaftlichen Aderlass. Sparkommissar Lindner droht zum Wirtschaftscrasher zu werden.

Ein Quartal später wurde Lindners Sparhaushalt ohnehin von der Wirklichkeit eingeholt. Die EU hatte ihre Pläne für Strom- und Gaspreisbremsen so weit vorangetrieben, dass die Ampel zu ihrem Glück gezwungen wurde. Die Strompreisrallye und der endgültige Gaslieferstopp von Gazprom taten ihr Übriges. Ebenso die Warnungen vor einer Wirtschaftskrise, die immer lauter wurden. Mit Ankündigung des 200-Milliarden-Abwehrschirms war die Schuldenbremse deshalb zum Papiertiger geworden. Formal wird sie 2023 zwar nicht gebrochen, weil die Milliarden über den erwähnten Wirtschaftsstabilisierungsfonds laufen, faktisch begräbt Lindner damit aber auch seine Sparfantasien. Dass er nur eine Woche vor Verkündung des Abwehrschirms in einem Gastbeitrag im Spiegel schrieb: »Es ist ein Irrglaube, wir könnten die Inflation mit zusätzlichen Schulden in den Griff bekommen«[18], aber genau das mit dem Abwehrschirm umsetzt, ist die Portion an Ironie, die Lindners ideologisches Klammern an die Schuldenbremse verdient.

Die sparwütigen Widersprüche des Finanzministers verhindern einen konsequenten Whatever-it-takes-Ansatz gegen die Krise. Alles tun, was nötig ist, und gleichzeitig die Schuldenbremse einhalten? Das geht nicht. Wären wir in einem Angriffskrieg, wäre die Schuldenbremse auch gefallen. Es klingt vielleicht hart, aber Deutschland sollte alle Ressourcen mobilisieren, als führte es einen Krieg gegen knappe fossile Energien. Die neuen LNG-Terminals sowie die Laufzeitverlängerung für Atomkraftwerke und Reservekraftwerke waren ein pragmatischer Schritt für eine schnelle Ausweitung des Energieangebots. Andere Programme sind aber auf der Strecke geblieben. Der Ausbau von Wind- und Solarkraftanlagen läuft nur schleppend. Planungs- und Genehmigungsverfahren dauern viel zu lange. Laut der Energieökonomin Claudia Kemfert vom Deutschen Institut für Wirtschaftsforschung warteten im Oktober zehn Gigawatt Windenergie auf ihre Genehmigung. »Wenn wir denn in einer solchen existenziellen Krise sind, da können wir auch sagen, wir winken die durch und reichen die Genehmigungsverfahren nach«, so Kemfert, die sich für ein Boosterprogramm starkmacht, um das Ausbautempo der erneuerbaren Energien zu vervielfachen.[19] Das Problem ist nicht neu: Bei Windkraftanlagen dauert es teilweise bis zu zehn Jahren, um Flächen auszuweisen, Anlagen zu planen, zu genehmigen und letztlich auch zu bauen. Die Gründe dafür sind zu wenig Verwaltungspersonal, zu hohe bürokratische Hürden, Konflikte mit Natur- und Artenschutz und so weiter. Zudem fehlen Fachkräfte und Materialien. Die gebrochenen Lieferketten aus Asien nach Europa sorgen für lange Lieferzeiten bei elektrischen Komponenten wie Transformatoren oder Umspannwerken. Nicht weniger schlecht ist es um den Ausbau von Infrastruktur für den Import, die Erzeugung und die Verteilung von Wasserstoff bestellt.

Auch beim Energiesparen ist die Regierung längst nicht im Whatever-it-takes-Modus. Öffentliche Gebäude weniger zu heizen und bei Dunkelheit nicht zu beleuchten, ist relativ einfach umzusetzen und kostet kein Geld – wird aber auch der Dimension nicht gerecht, die es braucht, um Mangellagen wirksam zu verhindern. Die kommenden Winter werden kritisch. Doch für groß angelegte Energiesparprogramme braucht es auch Geld. Da in der Regierung offensichtlich um jeden Cent gerungen werden muss, bleibt viel liegen.

Ambitionierte Förderprogramme für Firmen, die in effizientere und grünere Produktion und energetische Gebäudesanierung investieren wollen, gibt es nur in kleinem Rahmen. Investitionen in die europäische Produktion von

Heizungs-, Effizienz- und Steuerungstechnologien sollten jedoch mit aller Kraft vorangetrieben werden. Der Vorteil: Diese Geschäftsmodelle haben eine langfristige Perspektive, weil Energie- und Wärmewende ohnehin notwendig sind, um die Erderwärmung zu begrenzen und das Klima zu schützen. Jeder investierte Euro wäre ein gut investierter Euro. Ebenso gut wären Förderungen für Eigentümer und Vermieter, die ihre Häuser und Wohnungen energetisch sanieren. Oder für die Sanierung öffentlicher Gebäude. Natürlich geht nicht alles sofort und gleichzeitig, weil Handwerker, Planer und Ingenieure fehlen. Aber da stellt sich doch die Frage: Wo bleibt die bundesweite Kampagne für die Ausbildung oder Umschulung von Handwerkern und Ingenieuren? Warum bietet der Staat nicht Tausende Euro Willkommensbonus für alle handwerklichen Berufe, die es zur Energiewende braucht? Warum wird dafür nicht genauso Werbung gemacht wie für die Rekrutierung von Bundeswehrsoldaten, die im Fernsehen, an Plakatwänden und sogar auf Pizzakartons gesetzt wird? Warum werden große Aufträge nicht Firmen aus anderen Ländern angeboten, die gerade nicht in dieser akuten Notlage sind? Warum gibt es keine Versuche, die Handwerker und Ingenieure, deren Kapazität in Luxusbauten gebunden ist, mit staatlicher Regulierung freizusetzen und für Aufträge im öffentlichen Interesse verfügbar zu machen? Warum wird die Auslastung dieser knappen Ressource, die es dringend für das Landeswohl braucht, einfach dem Marktmechanismus überlassen? Und warum werden nicht weniger personalintensive Effizienzmaßnahmen wie automatisiertes Heizungsmonitoring oder Smart-Home-Anwendungen massiv gefördert?

Das Gleiche gilt für privates Energiesparen oder das Wahrnehmen von Angeboten zur Energieberatung. Einsparprämien lehnte Habeck in einem legendären ZDF-Interview mit Marietta Slomka ab. »Wenn jemand sagt, ›ich helfe nur, wenn ich noch mal 50 Euro kriege‹ – dann würde ich sagen: ›Die kriegst du nicht, Alter.‹«[20] Solidarität müsse auch ohne Geldanreize gehen, so die Hoffnung des Wirtschaftsministers. Der Zweck heiligt die Mittel, könnte man dagegenhalten. In Anlehnung an den Stromspar-Check, den die Caritas zum Beispiel seit 15 Jahren durchführt, könnten andere Beratungsstellen eingebunden werden. Etwa Verbraucherzentralen, Schuldnerberatung, Mietervereine und so weiter. Nach Schulungen, Materialien und Förderbudgets für notwendige Anschaffungen könnten auch ehrenamtliche »Sparchecker« beraten – offline und online. Gegebenenfalls könnten sogar Menschen mit Berufserfahrung aus der Rente gegen angemessene Bezahlung für ein paar Stunden Beratung gewonnen werden.

Der Kreativität und dem Pragmatismus sollten hier keine Grenzen gesetzt sein. Welche Maßnahmen schnell umsetzbar sind und viel bringen, müssen Ingenieure und Energieexperten bewerten, das sollte man nicht den Ökonomen überlassen. Vielleicht sind einige der eben genannten Beispiele auch nicht umsetzbar. Wichtig ist aber das Prinzip: Der Krieg gegen die fossile Abhängigkeit sollte nicht am Sparwahn und dem parteipolitischen Kalkül des Finanzministers scheitern, sondern höchstens daran, dass Handwerker und Materialien ausgehen. Whatever-it-takes eben!

Ausblick: Werden wir sie wieder los?

Die gute Nachricht zuerst: Die Inflationsrate wird wieder sinken. Wann genau, wie viel genau, ist Kaffeesatzleserei. Es dauert, bis die Börsenpreise für Energie im Supermarkt und bei unseren Heizungen ankommen. Sofern es keinen neuen Preisschock gibt, der die Energiepreise in neue Höhen katapultiert, oder eine Lohn-Preis-Spirale losgetreten wird, wird die Rate wieder sinken.

Die schlechte Nachricht ist: Das heißt nicht, dass alles wieder »gut« wird. Denn die Inflationsrate sagt ja nur etwas über die Veränderung aus, nicht über das Preisniveau. Das Niveau ist aber das, was die Verlierer arm und die Gewinner reich macht. Die Inflationsrate müsste negativ werden, damit das Niveau wieder sinkt.

Dass sie negativ wird, ist wahrscheinlich. An der Börse wird Gas, das in ein, zwei oder drei Jahren geliefert wird, deutlich günstiger gehandelt. Wenn das Gas wieder günstiger wird und Deutschland genug Kapazitäten aufbaut, um unabhängig von russischen Pipelines genug zu importieren, verschwindet der Kostenschock wieder. Günstigeres Gas macht dann auch Strom wieder günstiger, große Preistreiber fallen weg. Werden die günstigeren Preise dann auch an die Verbraucher weitergegeben? Wenn die Marktwirtschaft funktioniert, dann ja. Denn wenn ein Bäcker seine Preise nicht senkt, die Konkurrenz auf der anderen Straßenseite aber schon, gewinnt die Konkurrenz seine Kunden und macht mehr Geschäft. Ebenso bei Supermärkten. Die preisaggressive Geschäftsstrategie von den Aldis, Lidls und Nettos dieses Landes wird den Preisverfall nutzen, um anderen Supermärkten die Kunden abzugraben.

Es gibt aber auch Bereiche, das mussten wir in der Krise schon mal schmerzhaft vor Augen geführt bekommen, wo die Marktwirtschaft nicht funktioniert. Weil einige wenige Anbieter den Markt dominieren und vor echter Konkurrenz gefeit sind. Ein Beispiel dafür sind die Mineralölkonzerne. Schon 2011 stellte das deutsche Kartellamt fest, dass der Tankstellenmarkt ein Oligopol und die Marktwirtschaft gestört ist. Als Reaktion wurde die Markttransparenzstelle gegründet, an die alle Tankstellen täglich ihre Preise melden müssen, damit Kunden Preise besser vergleichen können. Mit Beginn des Krieges ließ Wirtschaftsminister Habeck den Markt noch mal untersuchen. Dabei ging es weniger um die Tankstellen, die nur das letzte Glied in der Kette sind, als vielmehr um die Raffinerien und Großhändler, bei denen das Kartellamt die Preisentwicklung genau unter die Lupe nahm. Und Habeck legte auch beim Kartellrecht nach, verschärfte das Gesetz, damit es »Klauen und Zähne« bekommt.[1] Die Markttransparenzstelle soll damit künftig nicht nur die Preise an der Zapfsäule beobachten, sondern auch die von Raffinerien und Großhändlern. Das Kartellamt bekam mehr Ermittlungsbefugnisse und Eingriffsmöglichkeiten. Die Behörde, die ihren Sitz noch in Bonn hat, soll Auskünfte und Einsicht in Geschäftsunterlagen bei allen Firmen in der Produktionskette verlangen dürfen. Wenn nötig, kann sie auch Durchsuchungen anordnen und Firmen mit zu viel Macht am Markt »entflechten«, also die verschiedenen Geschäftseinheiten einer marktbeherrschenden Firma voneinander trennen. Selbst Christian Lindner, der eigentlich ein großer Fan von Märkten ist, befürwortet ein stärkeres Kartellamt. Er sagt dazu: »Ich bin dafür, dass das Kartellamt mit aller Härte tätig ist.«[2] Da, wo Preise also nicht sinken, obwohl sie könnten, ist die Politik gefragt zu korrigieren.

Dass das Preisniveau wieder auf die Zeit von vor der Krise zurückgeht, ist allerdings unwahrscheinlich. Denn Alternativen zum russischen Gas sind vielleicht sicherer, aber auch teurer. Ebenso die ganzen Umrüstungen, die Firmen unternehmen müssen, um von Gas auf andere Energieträger umzustellen. Wären die Alternativen günstiger, hätte man es ja vorher schon gemacht. Die einzige Ausnahme stellt der Strom dar. Je mehr Strom günstig aus Wind und Sonne produziert wird, desto weniger muss teures Gas oder teures Öl verstromt werden, desto günstiger werden die Strompreise. Gleichwohl wird der Strombedarf in Deutschland massiv steigen. Ob Wärmepumpen oder Elektroautos: ein grünes Deutschland wird stromintensiver. Das Angebot an Strom aus erneuerbaren Energien muss deshalb schneller ausgebaut werden, als die Nachfrage nach Strom wächst, um die Preise merklich zu dämpfen.

Man darf gespannt sein, wie die EZB sich aufstellt, wenn die Inflationsrate in Zukunft fällt, wenn das neue Preisniveau mit dem Kriegsniveau verglichen wird. Noch gespannter darf man sein, was die EZB bei negativen Inflationsraten macht. Sagt sie dann der Deflation den Kampf an und nimmt alle Zinserhöhungen schnell wieder zurück? Hieran erkennt man, wie wichtig der Unterschied zwischen echter Inflation und Preisschock ist. Das Mandat der EZB erlaubt keinen Unterschied. Es interessiert sich nämlich nicht für das Preisniveau, sondern will nur, dass die Veränderung bei 2 Prozent pro Jahr liegt. Von welchem Niveau, ist egal. Ob dieselben Ökonomen, die jetzt hysterisch nach Zinserhöhungen gerufen haben, dann auch genauso hysterisch für Zinssenkungen plädieren?

Das Beste, was man aus Krisen ziehen kann, sind Lehren, was in der Vergangenheit falsch lief und wie es in Zukunft besser geht. *Learning by burning* sozusagen. Wäre die politische Fehlerkultur nur nicht so träge. Und die der Ökonomen, die der Politik die falsche Analyse und die falschen Tipps geliefert haben. Und die der Journalisten, die schreiben, was sie von den Ökonomen gelernt haben.

Ganz offensichtlich passt die Schuldenbremse nicht mehr in die Zeit. Eine Regel, die ausgesetzt und ausgehöhlt werden muss, damit ein Staat in der Krise handlungsfähig ist, ist keine gute Regel. Die Pandemie und der Krieg müssten das Bild der Schuldenbremse erschüttert haben, selbst bei den konservativen Denkern. Die Einsicht müsste aber noch weiter gehen. Denn im Rückblick lässt sich sogar sagen: Hätte der Staat in den letzten zehn Jahren mehr Schulden gemacht, um mehr Geld in die Energie- und Verkehrswende zu investieren, wären wir 2022 nicht so abhängig von teuren Öl- und Gasimporten aus dem Ausland gewesen und hätten uns sowohl die Abhängigkeit von Putin als auch den schmerzlichen Preisschock teilweise erspart. Dann wäre die Inflationsrate geringer, die Gefahr von Firmenpleiten und Abwanderungen geringer und der Alltag für die Menschen bezahlbarer. Wer wie Lindner behauptet, die Schuldenbremse sei eine Inflationsbremse, verschließt die Augen vor der Wirklichkeit. Die Schuldenbremse ist keine Inflationsbremse, sondern ein Preisschockbeschleuniger!

Das Gleiche gilt übrigens für die europäischen Schuldenregeln, die auch ausgesetzt werden mussten. Es wäre ein großer Fehler, für Deutschland und Europa eine neue Ära der Sparpolitik einzuleiten. Die Gefahr besteht, weil die Doppelkrise aus Pandemie und Krieg die staatlichen Schuldenstände in die Höhe getrieben hat. Die Rufe nach Schuldenabbau werden laut sein. Dem muss man mit Vernunft entgegentreten. Was Deutschland und Europa brauchen, ist ein Jahrzehnt der Investitionen, nicht noch ein Jahrzehnt des Gürtel-enger-Schnallens. Genau dieses Vorgehen verhindert es, sich gut auf Schocks vorbereiten zu können. Ein Staat muss nicht heute Geld sparen, um sich Entlastungen in der Krise zu leisten – ein Staat ist ja keine schwäbische Hausfrau –, sondern heute Dämme bauen, Leitungen verlegen, Speicher füllen und an Impfstoffen forschen, um im nächsten Schock vorbereitet zu sein. Statt die Zahlen im Staatshaushalt als Selbstzweck zu sehen, sollte der Fokus darauf liegen, wie wir unsere Ressourcen nutzen. Geld ist nicht knapp, das wird auf Knopfdruck erzeugt, Ressourcen aber sind knapp, die müssen mobilisiert, gebaut und befähigt werden, um uns das Leben besser, günstiger, sicherer zu machen. Dass die Schocks nicht weniger werden, ist ja eine Binsenweisheit. Geopolitischer Meltdown, Klimakrise, Rohstoffknappheit, neue Pandemien – die kommenden Einschläge sind nur eine Frage der Zeit. Die Ahrtal-Flut, die Waldbrände, die Corona-Krise, der Ukraine-Krieg, der China-Taiwan-Konflikt: alles warnende Beispiele.

Der Ärger über die hohen Preise ist außerdem längst nicht nur ein Ärger über Christian Lindner, Robert Habeck und die Ampel. Die haben die Probleme viel mehr geerbt als selbst erzeugt. Der Energiepreisschock geht auf das Konto von 16 Jahren Merkel-Regierung. Sie hat Deutschland weiter in die Abhängigkeit von Russland getrieben – trotz Krimkrise, trotz aller anderen Warnungen. Die einfache Regel: Wer abhängig ist, ist verwundbar. Merkel hat Deutschland zum Gasjunkie gemacht. Zum Beispiel lagen in Europa nach der Krimkrise Pläne auf dem Tisch, um die Gasbeschaffung gemeinsam auf europäischer Ebene zu organisieren, um die Pipeline-Macht von Putin zu reduzieren. Merkel hat das blockiert und stattdessen Nord Stream 2 forciert. Nicht nur, dass vor dem Krieg die Hälfte des nach Deutschland importierten Erdgases aus Russland kam, auch fehlt bis heute die Infrastruktur, um auf Alternativen zu setzen. Russische Energie war günstig, ja. Und günstige Energie hat Deutschland reicher gemacht und war zudem ein Standortvorteil für Unternehmen. Die Quittung kommt heute. Das Mindeste wäre gewesen, mit Milliarden dafür zu sorgen, dass Deutschland Alternativen hat. Indem Häfen erweitert und LNG-Terminals ausgebaut und Wind- und Solarkraft in Rekordtempo vorangetrieben worden wären oder indem auch der Bau der Midi-Catalonia-Pipeline, über die Gas von Portugal und Spanien nach Frankreich und Deutschland hätte gepumpt werden können, forciert worden wäre. Der Energiepreisschock hat die Geiz-ist-geil-Politik als Geiz-ist-teuer-Politik entlarvt. Jede

Kilowattstunde Strom aus Wind und Sonne hätte geholfen, Gas zu sparen und Strom günstig zu halten. Die LNG-Terminals wären die Notfallversicherung gewesen. Bitter: die Große Koalition hatte die Pläne in der Schublade, wollte aber das Geld nicht ausgeben und fand keine privaten Investoren. Die Summen für die Umsetzung wären nichts gewesen im Vergleich zu den Abermilliarden heute. Jedes Terminal hätte wohl rund eine halbe Milliarde Euro gekostet, der Ausbau der Midi-Catalonia-Pipeline sogar ein bisschen weniger, wenn alle Länder sich beteiligt hätten. Stattdessen mietete die Regierung im Frühjahr 2022 Hals über Kopf schwimmende LNG-Terminals, um Flüssiggas ins Land zu bekommen. Eine alte Weisheit: Vorsorge ist günstiger als Nachsorge.

Die Aufzählung ließe sich seitenweise fortführen. Die Deutsche Bahn jagt Börsenfantasien hinterher, statt sich ums Kerngeschäft zu kümmern. Die verheerenden Auswirkungen der Flutkatastrophe hängen mit den klammen Kassen vieler Kommunen zusammen, die gezwungen sind, in Personal und Infrastruktur statt in Entwässerungssysteme, Talsperren und unwetterfeste Kanalisation zu investieren. Seit zwanzig Jahren sind die öffentlichen Nettoinvestitionen in den Kommunen im Minus. Heißt: Die öffentliche Infrastruktur verliert seit zwanzig Jahren an Wert. Der Pflegenotstand in Krankenhäusern und Altenheimen, die unterbesetzten Gesundheitsämter, der Ärztemangel auf dem Land und die fehlende Maskenreserve waren ein Bärendienst für die Pandemiebekämpfung. Diese Mängel sind zur schweren Last im Wettlauf gegen die Pandemie geworden. Die Lehre kann nur sein: Die Geiz-ist-geil-Mentalität bei der öffentlichen Daseinsvorsorge muss aufhören!

Die Schocktherapie setzt auch große Fragezeichen an die stumpfe Vorstellung bis aufs Blut überzeugter Marktwirtschaftler, dass Preissignale alles von allein regeln. Der Krieg hat Deutschland einen fossilen Preisschock verpasst, aber so schnell können sich Firmen und Verbraucher gar nicht anpassen, solange es keine Alternativen gibt. Diese Alternativen sollte die Politik voraussehend aufbauen, mit öffentlichen Investitionen und strategischer Planung, sonst führen Rekordpreise zu Chaos und in die Armutsfalle statt zu vernünftigem Strukturwandel. Auch die Spritpreise treffen uns besonders hart wegen der fehlendenInvestitionen. Solange Bus und Bahn keine vernünftigen Alternativen sind, weil zu teuer, zu unpünktlich, zu langsam, zu unkomfortabel, machen horrende Preise an den Tankstellen einen großen Teil der Gesellschaft ärmer. Stattdessen sollte man alles tun, um die dringend nötige Verkehrswende zu beschleunigen.

Zu »mehr Investitionen« gehört auch die Einsicht: Nicht alles muss sich rechnen, um gut für das Land zu sein. Ein 9-Euro-Ticket als ÖPNV-Magnet rechnet sich nicht im betriebswirtschaftlichen Sinne für den Verkehrsbetrieb, aber im volkswirtschaftlichen Sinne für Deutschland. Kritische Infrastruktur, zu der auch Häfen, Energienetze, Gasspeicher und Pipelines gehören, ist von überragender Bedeutung für die Wirtschaft. In den letzten Jahrzehnten ist mehr und mehr privatisiert und auf Betriebswirtschaftlichkeit getrimmt worden. Noch schlimmer: Sie wurden sogar in die Hand von ausländischen Investoren gegeben. Der größte Gasspeicher in die Hand von Russlands größtem Gaskonzern, Gazprom; die große Ölraffinerie der PCK Schwedt in Ostdeutschland, die 2022 noch Berlin und Brandenburg zu 90 Prozent mit Diesel, Benzin und anderen Ölprodukten versorgte, in die Hand von Russlands größtem Ölkonzern, Rosneft. Nicht nur, dass Russland uns also die Energie liefert, es betreibt auch Gasspeicher und Raffinerien in unserem Land. Ein Fehler, wie sich herausstellt. In der Krise musste die Regierung das ausbügeln, indem private Verlierer wie Uniper und Gazprom Germania verstaatlicht wurden, ausländisch betriebene Speicher und Raffinerien unter Treuhandschaft gestellt werden und andere private Energieriesen das Geschäft ihres Lebens machen – alles auf Kosten von Sicherheit und Kaufkraft der Verbraucher. Das ist die denkbar schlechteste aller Lösungen. Energie ist öffentliche Daseinsvorsorge. Und öffentliche Daseinsvorsorge gehört unter öffentliche Kontrolle. Punkt.

Apropos Kontrolle: Wir müssen ein letztes Mal über die EZB reden. Nach fast 15 Jahren blanker Überforderung mit dem Mandat, für 2 Prozent Inflation zu sorgen, sollten Ökonomen und Politiker zur Kenntnis nehmen, dass es so nicht weitergeht. Warum nicht die Aufgaben neu verteilen? Auf stabile Preise hat die Regierung viel mehr Einfluss als die EZB. Wirtschaftsminister Habeck mit der Energiewende, Finanzminister Lindner mit der Fiskalpolitik und Arbeitsminister Heil am Arbeitsmarkt. Alle drei verfügen über Präzisionswerkzeug, die EZB hingegen nicht. Statt um die Inflation könnte sie sich um die Finanzstabilität kümmern. Dafür sind ihre Werkzeuge gut geeignet, weil sie Zinsen ändern, Anleihen handeln, Zahlungsverkehr abwickeln und Großbanken beaufsichtigen kann. Preis- und Finanzstabilität stehen zudem auch im Konfliktverhältnis zueinander. Schnelle Zinsanstiege sollen Preise runterholen, riskieren aber Kreditausfälle. Auf allen Ebenen verlangt man Unmögliches von der Zentralbank.

Es braucht auch einen viel besseren Inflationsanker. Wenn die Regierung mit den Tarifpartnern verabredete (»konzertierte«), die Stundenlöhne jedes Jahr mindestens um die Zielinflationsrate steigen zu lassen und stattdessen über die Verteilung des Produktivitätszuwachses zu verhandeln, könnte man sich die Küchenpsychologie der Zentralbank sparen.

Die Zunft der Ökonomen hat die Politik in den letzten Jahrzehnten falsch beraten. Sie hat die Finanzkrise nicht kommen sehen; sie hat die Eurokrise nicht lösen können; sie hat vor Inflation und Schuldenkrisen gewarnt, wo keine waren; sie huldigt bis heute der dümmsten Regel aller Zeiten – der Schuldenbremse –und hat keine Rezepte gegen Krisen und Energiepreisschocks.

Mit Blick auf die Krisen, die vor der Tür stehen, drängt die Zeit für neue ökonomische Rezepte.

Dank

Ein Buch zu schreiben, macht die meiste Zeit riesigen Spaß, nötigt einem ein bisschen Durchhaltevermögen ab, aber verlangt vor allem nach der Hilfe und Rücksicht anderer. Denen bin ich zu großem Dank verpflichtet. Im Besonderen gebührt er Nina, die mir Liebe, Halt, Erholung und ganz viel Rücksicht geschenkt hat. Sie hat die größten Opfer gebracht, wenn ich von morgens um sechs Uhr bis abends um zwölf Uhr kaum vom Bildschirm weggekommen bin. Ebenso danke ich meiner Familie, die mir immer den Rücken freihält. Lukas für seine klugen Impulse und seinen unnachahmlichen Antrieb, die meine Texte und meinen Arbeitsalltag besser machen. Und allen Abonnenten meiner YouTube-, Twitch- und Newsletter-Kanäle, die mich mit Zuspruch und Finanzspritzen unterstützen, aber während des Buchschreibens geduldig auf neue Videos und Texte verzichtet haben. Und natürlich allen, bei denen ich intellektuell in der Schuld stehe. Von Herzen nur den größten Dank.

Anmerkungen

Einleitung: Sie ist wieder da!

1 Olaf Scholz, Yasmin Fahimi und Rainer Dulger nach der konzertierten Aktion. *YouTube, Phoenix*, https://youtu.be/UULqDfl4UBQ?t=787, 15.09.2022.
2 Bert Losse, Max Haerder: »Wir halten den Mindestlohn für falsch«. *Wirtschaftswoche*, 10.02.2014.
3 Lindner beharrt auf der Schuldenbremse. *Tagesschau*, https://www.tagesschau.de/inland/innenpolitik/lindner-schuldenbremse-energiepreise-101.html (zuletzt aufgerufen am 16.12.2022), 18.09.2022.
4 »Die Zinsen müssen weiter steigen – und zwar deutlich«. *Deutsche Bundesbank*, https://www.bundesbank.de/de/presse/interviews/-die-zinsen-muessen-weiter-steigen-und-zwar-deutlich–898362 (zuletzt aufgerufen am 16.12.2022), 08.10.2022.
5 Zinserhöhung war »wichtiger Schritt zur Normalisierung der Geldpolitik«. *Deutschlandfunk*, https://www.deutschlandfunk.de/interview-der-woche-mit-bundesbankpraesident-joachim-nagel-dlf-a0e8a1ce-100.html (zuletzt aufgerufen am 16.12.2022), 11.09.2022.
6 Geschäftsbericht 2021. *Deutsche Bundesbank*, 02.03.2021. Online verfügbar unter: https://www.bundesbank.de/resource/blob/885928/03c4d5ef122612e4b8cd3d63c0c49369/mL/2021-geschaeftsbericht-data.pdf (zuletzt aufgerufen am 16.12.2022).

1 Wenn die Wirtschaft fiebert – und der Alltag teurer wird

1 Tim Mahedy, Adam Shapiro: What's Down with Inflation? *FRBSF Economic Letter*, 27.11.2017.

2 Ralph Henger, Maximilian Stockhausen: Energiearmut: Jeder Vierte gibt mehr als zehn Prozent seines Einkommens für Energie aus. https://www.iwkoeln.de/presse/pressemitteilungen/ralph-henger-maximilian-stockhausen-jeder-vierte-haushalt-gibt-mehr-als-zehn-%-seines-einkommens-fuer-energie-aus.html (zuletzt aufgerufen am 16.12.2022), *IW Köln*, 03.07.2022.

3 Konsumklima sinkt auf neues Rekordtief. *Gesellschaft für Konsumforschung*, 28.06.2022. https://www.gfk.com/de/presse/konsumklima-sinkt-auf-neues-rekordtief (zuletzt aufgerufen am 16.12.2022).

2 Gasmangel statt Geldschwemme – Woher kommt die Inflation?

1 Lindner beharrt auf der Schuldenbremse. *Tagesschau*, 18.09.2022. https://www.tagesschau.de/inland/innenpolitik/lindner-schuldenbremse-energiepreise-101.html (zuletzt aufgerufen am 16.12.2022).

2 Bundesbankpräsident Nagel spricht sich für weitere EZB-Leitzinserhöhungen aus. *Finanzen.net*, 19.10.2022. https://www.finanzen.net/nachricht/zinsen/pro-zinserhoehung-bundesbankpraesident-nagel-spricht-sich-fuer-weitere-ezb-leitzinserhoehungen-aus-11808213 (zuletzt aufgerufen am 16.12.2022).

3 Helmut Schmidt: »Zur Lage der Weltwirtschaft in den achtziger Jahren«. *Übersee-Club*, 05.04.1982. https://www.ueberseeclub.de/resources/Server/pdf-Dateien/1980-1984/vortrag-1982-04-05Helmut%20Schmidt.pdf (zuletzt aufgerufen am 16.12.2022).

4 Lindner: Oberstes Gebot jetzt Bekämpfung der Inflation. *Merkur.de*, 30.05.2022. https://www.merkur.de/politik/lindner-oberstes-gebot-jetzt-bekaempfung-der-inflation-zr-91580935.html (zuletzt aufgerufen am 16.12.2022).

5 Robert Habeck zu Russlandsanktionen und Auswirkungen auf die Wirtschaft. *Youtube, Phoenix*, https://www.youtube.com/watch?v=OUBIcWptrBQ (zuletzt aufgerufen am 16.12.2022), 03.03.2022.

6 Robert Habeck zu Russlandsanktionen und Auswirkungen auf die Wirtschaft. *Youtube, Phoenix*, https://www.youtube.com/watch?v=OUBIcWptrBQ (zuletzt aufgerufen am 16.12.2022), 03.03.2022.
7 Weizenpreis: Stärkster Preissprung seit 13 Jahren. *Börse Online*, 28.02.2022.
8 Another perfect storm? *IPES-Food*, 01.05.2022.
9 Bachmann, Rüdiger; Kuhn, Moritz; Peichl, Andreas et al.: Was wäre, wenn …? Die wirtschaftlichen Auswirkungen eines Importstopps russischer Energie auf Deutschland. *ECONtribute*, 07.03.2022.
10 Die neue Acetylen-Anlage. *BASF*, 13.11.2020.
11 BASF-Chef warnt: Das bedeutet Gas-Boykott für deutsche Wirtschaft. *SWR*, 01.04.2022.
12 Johannes Korsche, Christina Kunkel: Der Stoff, ohne den Diesel nicht fahren. *Süddeutsche Zeitung*, 02.11.2022. https://www.sueddeutsche.de/wirtschaft/adblue-diesel-skw-piesteritz-1.5685609 (zuletzt aufgerufen am 16.12.2022).
13 Ebd.
14 Arbeitslosigkeit im Zeitverlauf: Entwicklung der Arbeitslosenquote (Strukturmerkmale). *Bundesagentur für Arbeit*, 08.11.2022. https://statistik.arbeitsagentur.de/Statistikdaten/Detail/Aktuell/iiia4/alo-zeitreihe-dwo/alo-zeitreihe-dwo-b-0-xlsx.xlsx (zuletzt aufgerufen am 16.12.2022).
15 Arbeitslose: »So knüppeldick war's noch nie«. *Der Spiegel*, 16.12.1973. https://www.spiegel.de/politik/arbeitslose-so-knueppeldick-wars-noch-nie-a-ae98ed68-0002-0001-0000-000041810643 (zuletzt aufgerufen am 16.12.2022).
16 Ebd.
17 Gunther Schnabl: Inflation ist immer und überall ein monetäres Phänomen, auch in Pandemie und Krieg. *Austrian Institute*, 23.04.2022. https://austrian-institute.org/de/blog/inflation-ist-immer-und-ueberall-ein-monetaeres-phaenomen-auch-in-pandemie-und-krieg/ (zuletzt aufgerufen am 16.12.2022).
18 Tim Bartz, Christian Reiermann: Wer die Inflation beenden kann – und zu welchem Preis. *Der Spiegel*, 30.06.2022. https://www.spiegel.de/wirtschaft/inflation-wer-die-geldentwertung-beenden-kann-und-zu-welchem-preis-a-0d0cb8d5-d7a0-4ea3-91d5-661c46bace19 (zuletzt aufgerufen am 16.12.2022).
19 Ebd.

20 Geschäftsbericht der Deutschen Bundesbank für das Jahr 1974. *Bundesbank*, 1974. Online verfügbar unter: https://www.bundesbank.de/resource/blob/690126/7d69c67151067fd573a56b0da1b89878/mL/1974-geschaeftsbericht-data.pdf (zuletzt aufgerufen am 16.12.2022).

21 Rudolf Herlt: Geld in Dosen. *Zeit Online*, 14.02.1975. https://www.zeit.de/1975/08/geld-in-dosen (zuletzt aufgerufen am 16.12.2022).

22 Geschäftsbericht der Deutschen Bundesbank für das Jahr 1974. *Bundesbank*, 1974. Online verfügbar unter: https://www.bundesbank.de/resource/blob/690126/7d69c67151067fd573a56b0da1b89878/mL/1974-geschaeftsbericht-data.pdf (zuletzt aufgerufen am 16.12.2022).

23 Monatsbericht April 2017. *Deutsche Bundesbank*, 24.04.2017. https://www.bundesbank.de/de/publikationen/berichte/monatsberichte/monatsbericht-april-2017-665284 (zuletzt aufgerufen am 16.12.2022).

24 Flassbeck, Heiner & Spiecker, Friederike: Der Geldmengenwahn und die Realität. *Blog: www.fspiecker.de*, 04.07.2022.

25 Grafik übernommen von: ebd..

26 Mario Draghi: Answer on »Can the ECB ever run out of money« at ECB Press Conference. *Youtube*, 19.07.2016. https://www.youtube.com/watch?v=_fF3pNTtmfc (zuletzt aufgerufen am 16.12.2022).

27 ECB can't go bankrupt even it suffers losses. *Reuters*, 19.11.2020. https://www.reuters.com/article/us-ecb-policy-bonds-idUSKBN27Z12S (zuletzt aufgerufen am 16.12.2022).

3 Angst als Geschäftsmodell – Wie mit Inflation Stimmung gemacht wird

1 Siehe: Homepage von Marc Friedrich. https://www.marc-friedrich.de (zuletzt aufgerufen am 17.11.2022).

2 Marc Friedrich und Matthias Weik: Der größte Crash aller Zeiten: Wirtschaft, Politik, Gesellschaft. Wie Sie jetzt noch Ihr Geld schützen können. *QUADRIGA*, 31.10.2019.

3 Wertefonds schwächelt nicht nur bei Rendite. *Stiftung Warentest*, 17.01.2020. https://www.test.de/Finanzcrash-Autoren-Friedrich-Weik-Wertefonds-schwaechelt-nicht-nur-bei-Rendite-5561149-0/ (zuletzt aufgerufen am 16.12.2022).

4 Der SOLIT Wertefonds. *SOLIT Wertefonds, https://solit-fonds.de/der-fonds*, Zugriff am 17.11.2022.
5 WGC: Goldkäufe der Zentralbanken im September. *Goldseite.de*, 02.11.2022. https://www.goldseiten.de/artikel/557363–WGC~-Goldkaeufe-der-Zentralbanken-im-September.html (zuletzt aufgerufen am 16.12.2022).
6 FAQ. *SOLIT Wertefonds, https://solit-fonds.de/faq*, Zugriff am 17.11.2022.
7 Fonds-Vergleich: SOLIT WERTEFONDS, MSCI WORLD. *Onvista*, Zugriff: 13.12.2022. https://www.onvista.de/fonds/vergleich?liste=25096683,116465623,3567527 (zuletzt aufgerufen am 16.12.2022).
8 Notker Blechner: Die Angst vor der Lohn-Preis-Spirale. *Tagesschau,* 30.11.2021. https://www.tagesschau.de/wirtschaft/konjunktur/bleibt-die-inflation-so-hoch-101.html (zuletzt aufgerufen am 16.12.2022).
9 Erster Weltkrieg: Industrie und Wirtschaft. *Lebendiges Museum Online*. https://www.dhm.de/lemo/kapitel/erster-weltkrieg/industrie-und-wirtschaft.html (zuletzt aufgerufen am 16.12.2022).
10 Michael Ferber: »Es ist zu hoffen, dass es nicht so schlimm kommt wie nach dem Ersten Weltkrieg«. *Neue Zürcher Zeitung*, 3.12.2020. https://www.nzz.ch/finanzen/hans-werner-sinn-im-interview-ueber-corona-inflation-und-den-euro-ld.1589720 (zuletzt aufgerufen am 16.12.2022).
11 Mark Schieritz: Geld drucken als wäre es 1923. Oder doch 1932? *Zeit Online*, 01.11.2019. https://www.zeit.de/wirtschaft/2019-10/konjunktur-geschichte-inflation-ezb-angst (zuletzt aufgerufen am 16.12.2022).
12 Interview mit Marc Friedrich im Sachwertmagazin. *Friedrich/Partner*, https://www.friedrich-partner.de/blog-post/interview-mit-marc-friedrich-im-sachwertmagazin, 01.09.2021.
13 Tristan Filges: 2022 könnte es zur Hyperinflation kommen, so Autor Marc Friedrich – diese Vermögenstipps sollen euch helfen, die Krise zu meistern. *Business Insider*, 01.06.2021. https://www.businessinsider.de/wirtschaft/in-2022-koennte-es-zur-hyperinflation-kommen-so-autor-marc-friedrich-diese-vermoegenstipps-sollen-euch-helfen-die-krise-zu-meistern-c/ (zuletzt aufgerufen am 16.12.2022).

4 Energieriesen gegen Verbraucher – Inflation als Verteilungskonflikt

1 Peter Sonnenberg: Was die Inflation für den Einzelnen bedeutet. *Tagesschau*, 29.09.2022. https://www.tagesschau.de/wirtschaft/finanzen/inflation-teuerung-erklaerung-101.html (zuletzt aufgerufen am 16.12.2022).

2 Hapag-Lloyd veröffentlicht Jahresabschluss und gibt Prognose für das laufende Geschäftsjahr bekannt. *Hapag-Lloyd*, 10.03.2022.

3 A 10-Point Plan to Reduce the European Union's Reliance on Russian Natural Gas. *Internationale Energieagentur*, 03.03.2022.

4 Eni steigert Gewinn im 3. Quartal stärker als erwartet. *Finanznachrichten*, 28.10.2022. https://www.finanznachrichten.de/nachrichten-2022-10/57428282-eni-steigert-gewinn-im-3-quartal-staerker-als-erwartet-015.htm (zuletzt aufgerufen am 16.12.2022).

5 Christoph Trautvetter, David Kern-Fehrenbach: Kriegsgewinne besteuern. *Rosa Luxemburg Stiftung*, 16.08.2022. https://www.rosalux.de/fileadmin/rls_uploads/pdfs/Studien/220816_NSG-RLS_Studie_Kriegsgewinne-besteuern-2.pdf (zuletzt aufgerufen am 16.12.2022).

6 https://www.rns-pdf.londonstockexchange.com/rns/6727U_1-2019-4-1.pdf#page=32 (zuletzt aufgerufen am 16.12.2022).

7 Weitere Ölkonzerne mit Milliardengewinn. *Tagesschau*, 01.11.2022. https://www.tagesschau.de/wirtschaft/bp-oelkonzern-milliardengewinn-aktienrueckkauf-101.html#:~:text=Beim%20staatlichen%20saudi%2Darabischen%20%C3%96lproduzenten,28%2C7%20Milliar den%20im%20Vorjahr (zuletzt aufgerufen am 16.12.2022).

8 Shell unterzeichnet Vereinbarung zum Verkauf des Tankstellen- und Schmierstoffgeschäfts in Russland. *Shell*, 12.05.2022. https://www.shell.de/ueber-uns/newsroom/zur-sache/shell-unterzeichnet-vereinbarung-zum-verkauf-des-tankstellen-und-schmierstoffgeschaufts-in-russland.html (zuletzt aufgerufen am 16.12.2022).

9 Gewinne der Ölkonzerne steigen weiter. *Tagesschau*, 27.10.2022. https://www.tagesschau.de/wirtschaft/unternehmen/shell-totalenergies-oel-gas-energie-101.html (zuletzt aufgerufen am 16.12.2022).

10 Julia Löhr, Johannes Pennekamp: Autopiloten abschalten. *FAZ*, 31.08.2022.

11 Florian Güßgen, Nele Husmann: Rekordgewinne bei RWE: Muss der Staat jetzt eingreifen?. *WirtschaftsWoche*, 11.08.2022.

12 Christoph Trautvetter, David Kern-Fehrenbach: Kriegsgewinne besteuern. *Rosa Luxemburg Stiftung*, 16.08.2022. https://www.rosalux.de/fileadmin/rls_uploads/pdfs/Studien/220816_NSG-RLS_Studie_Kriegsgewinne-besteuern-2.pdf (zuletzt aufgerufen am 16.12.2022).

13 Malte Conradi, Christian Helten, Jonas Jetzig und Marie-Louise Timcke: Wenn die Reichen sparen würden. *Süddeutsche Zeitung*, 07.10.2022. https://www.sueddeutsche.de/projekte/artikel/wirtschaft/energie-energiekrise-strom-gas-oel-e670572/ (zuletzt aufgerufen am 16.12.2022).

14 Stefan Bach, Michelle Harnisch und Niklas Isaak: Verteilungswirkungen der Energiepolitik – Personelle Einkommensverteilung. *Deutsches Institut für Wirtschaftsforschung (DIW)*, 23.11.2018.

15 Jeder Sechste lässt wegen Inflation Mahlzeit ausfallen. *Zeit Online*, 10.06.2022.

16 Elena Eggert: Zwei Millionen Menschen kommen aktuell zur Tafel. *Rheinische Post*, 05.11.2022. https://rp-online.de/politik/deutschland/rapider-anstieg-tafeln-verzeichnen-zwei-millionen-beduerftige_aid-79367065 (zuletzt aufgerufen am 16.12.2022).

17 MillionärInnen unter dem Mikroskop. *Deutsches Institut für Wirtschaftsforschung (DIW),* 17.07.2020.

18 Schuldneratlas Deutschland 2021. Creditreform, 20.11.2021.

19 Anna Reimann: Armutsbericht des Paritätischen Gesamtverbandes: »Deutschland droht am unteren Rand auseinanderzubrechen«. *Der Spiegel*, 29.06.2022.

20 Finanzexperten sehen kaum noch Spielraum fürs Sparen. *Zeit Online*, 21.08.2022.

21 Hartmut Reitz: BASF rutscht in Deutschland in die roten Zahlen. *SWR Aktuell*, 26.10.2022. https://www.swr.de/swraktuell/rheinland-pfalz/ludwigshafen/basf-rutscht-in-deutschland-in-die-roten-zahlen-100.html (zuletzt aufgerufen am 16.12.2022),

22 Andreas Öhler: Wumms, Ruckel, Ruckel, Wumms. *Zeit Online*, 1.11.2022. https://www.zeit.de/2022/44/doppelwumms-comic-sprache-politik-krisenpolitik (zuletzt aufgerufen am 16.12.2022).

23 Stefan Bach auf Twitter, https://twitter.com/SBachTax/status/1588228619851419648?s=20&t=HL3U3hHJ7OZaXDjDyJlRzQ, 03.11.2022.

24 Julian Olk, Michael Scheppe: Wirtschaftsministerium greift nach harscher Kritik bei Unternehmenshilfen durch. *Handelsblatt*, 19.10.2022. https://www.handelsblatt.com/politik/

deutschland/energiekosten-daempfungsprogramm-wirtschaftsministerium-greift-nach-harscher-kritik-bei-unternehmenshilfen-durch/28753114.html (zuletzt aufgerufen am 16.12.2022).

25 Ebd.

26 Tankrabatt wird bisher größtenteils weitergegeben. *Leibniz-Institut für Wirtschaftsforschung*, 28.07.2022.

27 Ölkonzerne geben Tankrabatt zu 85 bis 100 % weiter. *Leibniz-Institut für Wirtschaftsforschung*, 14.06.2022.

28 Pascal Beucker: Viele warme Worte, nichts Neues. *Taz*, 15.09.2022 https://taz.de/Konzertierte-Aktion-der-Regierung/!5877614/ (zuletzt aufgerufen am 16.12.2022).

5 Gelähmte Zentralbank, gefesselte Minister – Wer kann die Inflation bekämpfen?

1 Joachim Nagel: Das Mandat der EZB: Gewährleistung von Preisstabilität im Euro-Währungsgebiet. *Bundesbank*, 17.10.2022. https://www.bundesbank.de/de/presse/reden/das-mandat-der-ezb-gewaehrleistung-von-preisstabilitaet-im-euro-waehrungsgebiet–899128 (zuletzt aufgerufen am 16.12.2022).

2 Ebd.

3 ECB policy losing some potency, needs fiscal help: Draghi. *Reuters*, 28.10.2019. https://www.reuters.com/article/us-ecb-policy-draghi-idUSKBN1X71LV (zuletzt aufgerufen am 16.12.2022).

4 Leika Kihara: Architect of BOJ stimulus calls for big fiscal spending backed by c.bank. *Reuters*, 13.02.2019. https://in.reuters.com/article/japan-economy-boj-idINKCN1Q70BW (zuletzt aufgerufen am 16.12.2022).

5 Bundestag besorgt über Inflationsentwicklung. *Bundestag,* 10.05.2022. https://www.bundestag.de/dokumente/textarchiv/2022/kw19-de-preissteigerungen-893490 (zuletzt aufgerufen am 16.12.2022).

6 Rede Markus Herbrand zu Teuerspirale – Entlastung der Bürgerinnen und Bürger. *FDP*, 23.06.2022. https://www.fdpbt.de/plenarrede/rede-markus-herbrand-teuerspirale-entlastung-buergerinnen-und-buerger (zuletzt aufgerufen am 16.12.2022).

7 Habenicht, Georg: Lindner über Inflation: »Notenbanken sind sehr sehr sehr unabhängig«. *Finanzmarktwelt*, 25.05.2022.

8 Joachim Nagel: Das Mandat der EZB: Gewährleistung von Preis-

stabilität im Euro-Währungsgebiet. *Bundesbank*, 17.10.2022. https://www.bundesbank.de/de/presse/reden/das-mandat-der-ezb-gewaehrleistung-von-preisstabilitaet-im-euro-waehrungsgebiet-899128#tar-3 (zuletzt aufgerufen am 16.12.2022).

9 Bundesbank erwartet 10 Prozent Inflation. *Frankfurter Allgemeine Zeitung*, 19.09.2022. https://www.faz.net/aktuell/wirtschaft/bundesbank-erwartet-10-%-inflation-wegen-der-energiekrise-18327371.html#:~:text=%E2%80%9EDie%20hohe%20Inflation%20und%20die,und%20die%20davon%20abh%C3%A4ngigen%20Dienstleister (zuletzt aufgerufen am 16.12.2022).

10 Lisa Nienhaus, Judith Wittwer, Markus Zydra: »Die Zinsen müssen weiter steigen – und zwar deutlich«. *Süddeutsche Zeitung*, 8.10.2022. https://www.sueddeutsche.de/wirtschaft/bundesbank-inflation-geldpolitik-1.5670829 (zuletzt aufgerufen am 16.12.2022).

11 Joachim Nagel: Das Mandat der EZB: Gewährleistung von Preisstabilität im Euro-Währungsgebiet. *Bundesbank*, 17.10.2022. https://www.bundesbank.de/de/presse/reden/das-mandat-der-ezb-gewaehrleistung-von-preisstabilitaet-im-euro-waehrungsgebiet-899128#tar-3 (zuletzt aufgerufen am 16.12.2022).

12 Markus Frühauf: Stresstest für Bankaufseher. *Frankfurter Allgemeine Zeitung*, 08.11.2022. https://www.faz.net/aktuell/finanzen/bundesbankpraesident-nagel-geldpolitische-normali-sierung-weiter-hartnaeckig-vorantreiben-18446144.html (zuletzt aufgerufen am 16.12.2022).

13 Lisa Nienhaus, Judith Wittwer, Markus Zydra: »Die Zinsen müssen weiter steigen – und zwar deutlich«. *Süddeutsche Zeitung*, 08.10.2022. https://www.sueddeutsche.de/wirtschaft/bundesbank-inflation-geldpolitik-1.5670829 (zuletzt aufgerufen am 16.12.2022).

14 Inflationserwartungen: Studie zu Erwartungen von Privatpersonen in Deutschland. *Deutsche Bundesbank*, 12.08.2022.

15 G7-Abschluss: Bundesfinanzminister Lindner (FDP) informiert über die Tagungsergebnisse. *Youtube, Phoenix,* https://www.youtube.com/watch?v=tvqTIvxfQJ4, 20.05.2022.

16 Schuldenbremse einhalten und Investitionen stärken. *FDP*. https://www.fdp.de/schuldenbremse (zuletzt aufgerufen am 14.11.2022).

17 Bundesfinanzminister Christian Lindner im Interview mit

dem Handelsblatt. *Bundesministerium der Finanzen*, 04.08.2022. https://www.bundesfinanzministerium.de/Content/DE/Interviews/2022/2022-08-04-handelsblatt.html (zuletzt aufgerufen am 16.12.2022).

18 Wir können nicht dauerhaft auf Pump arbeiten: Gastbeitrag von Christian Lindner für den SPIEGEL. *Bundesministerium der Finanzen*, 21.09.2022. https://www.bundesfinanzministerium.de/Content/DE/Standardartikel/Presse/Namensartikel/2022/2022-09-21-lindner-zur-schuldenbremse.html (zuletzt aufgerufen am 16.12.2022).

19 Wir können nicht dauerhaft auf Pump arbeiten: Gastbeitrag von Christian Lindner für den SPIEGEL. *Bundesministerium der Finanzen*, 21.09.2022. https://youtube/YyjJglRBrKc (zuletzt aufgerufen am 16.12.2022).

20 Habeck im ZDF Energieprämie? »Kriegst du nicht, Alter«. ZDF, 23.06.2022. https://www.zdf.de/nachrichten/politik/habeck-gas-alarmstufe-interview-100.html (zuletzt aufgerufen am 16.12.2022).

6 Ausblick: Werden wir sie wieder los?

1 Pläne des Wirtschaftsministers: Kartellrecht mit »Klauen und Zähnen«. *Tagesschau*, 13.06.2022.

2 Ebd.